梵藏漢心經對照

附：印順導師註釋、英日漢譯及梵藏心經音檔

林光明　林怡馨　編著

The Heart Sutra in Sanskrit, Tibetan, and Chinese

With Annotations by Ven. Yinshun,
Translations in English, Japanese & Chinese
And Recitations in Sanskrit & Tibetan in Audio Files

Tony K. Lin & Josephine Lin

謹以此書紀念 印順導師

圖 1：　印順導師百歲法相，於台中華雨精舍 2004 年初留影。

圖 2：作者帶相關作品恭請　印順導師指教（2004 年攝）。

圖 3：作者供養　印順導師（2004 年攝）。

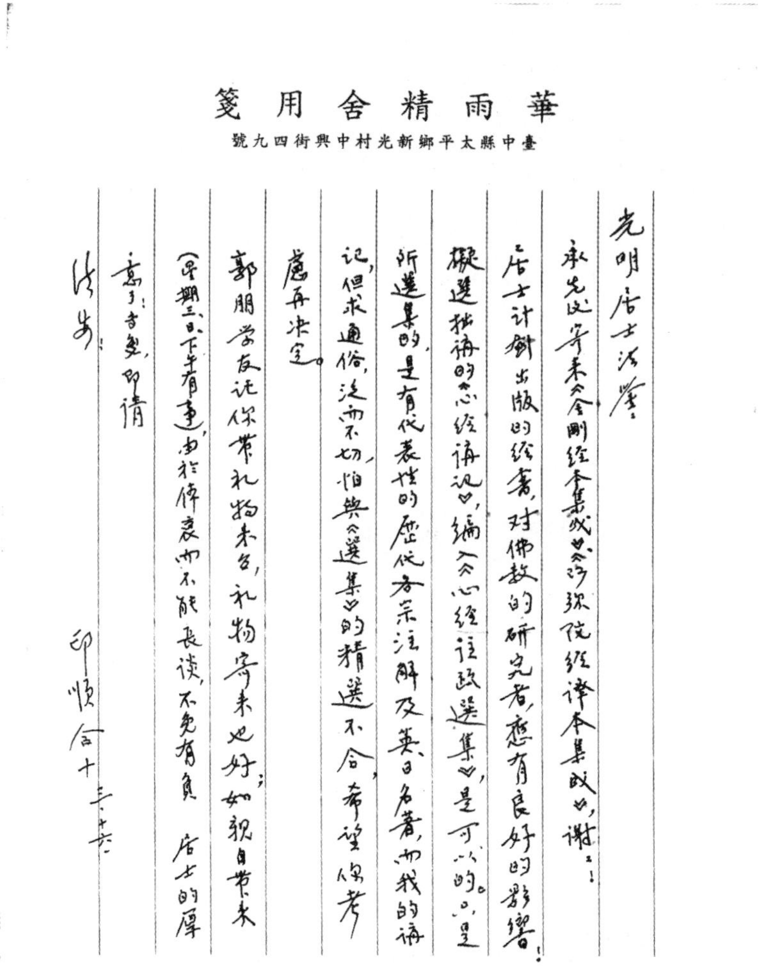

華雨精舍用箋

臺中縣太平鄉新光村中興街四九號

光明居士法鑒：

承先後寄來《金剛經本集成》《阿彌陀經譯本集成》，謝謝！

居士計劃出版的經書，對佛教的研究者，應有良好的影響！

擬選拙稿的《心經講記》，編入《心經注疏選集》，是可以的。只是所選集的，是有代表性的歷代各宗注解及英日名著，而我的講記，但求通俗，泛而不切，怕與《選集》的精選不合，希望你考慮再決定。

鄭朋學友託你帶禮物來台，禮物寄來也好，如親自帶來（星期三、日下午有事），由於體衰而不能長談，不免有負　居士的厚意！專此奉復，即請

法安！

印順　合十　三、十六

圖 4：筆者珍藏之　印順導師親筆來函。

圖 5：《高麗大藏經》般若心經木刻版。

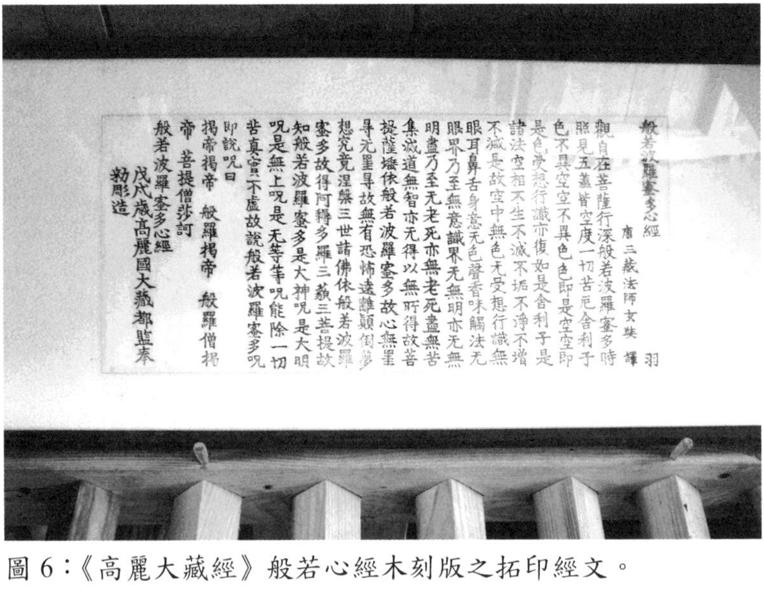

圖 6：《高麗大藏經》般若心經木刻版之拓印經文。

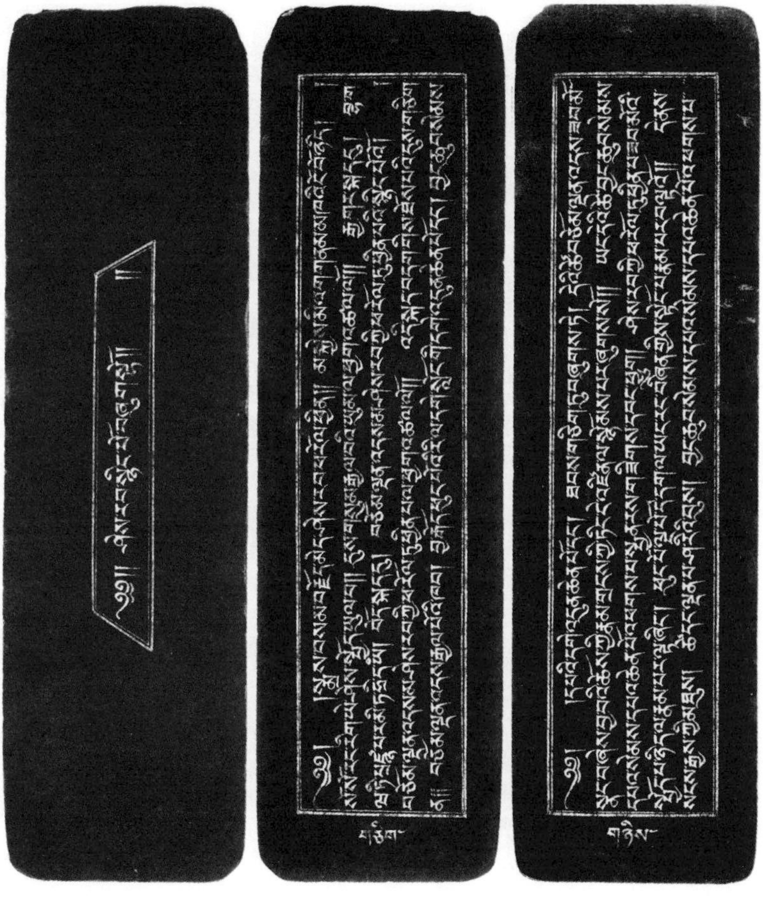

圖 7-9：筆者珍藏之《心經》寫本，共有九葉。一至三葉，
內容相當於本書藏文心經編號第 1 至 5-(1)。

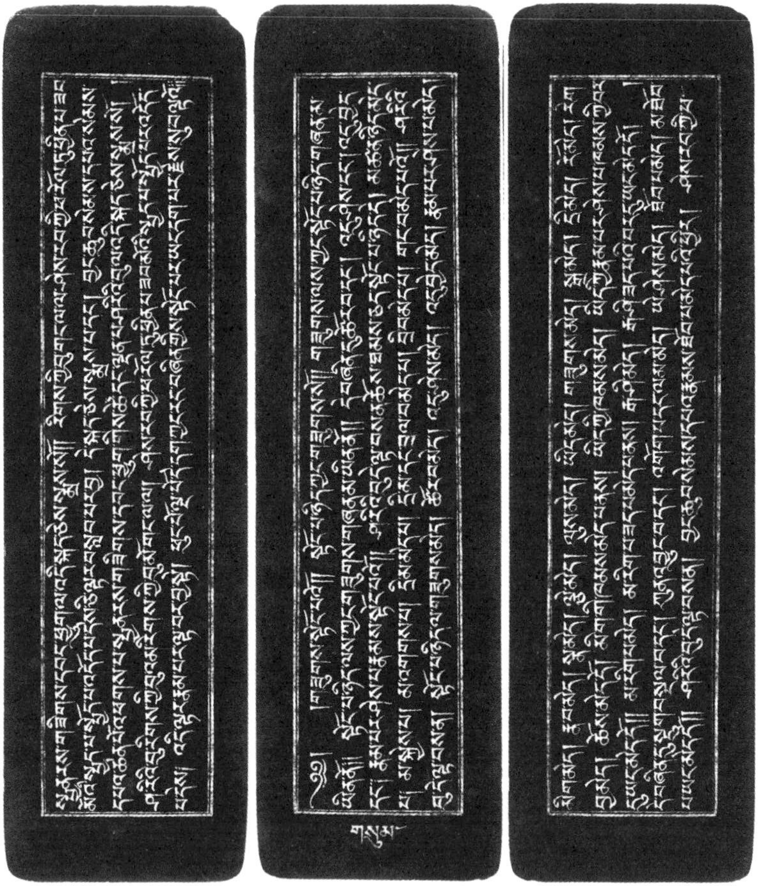

圖 10-12：筆者珍藏之《心經》寫本，共有九葉。四至六葉，內容相當於本書藏文心經編號第 5-(2)至 21。

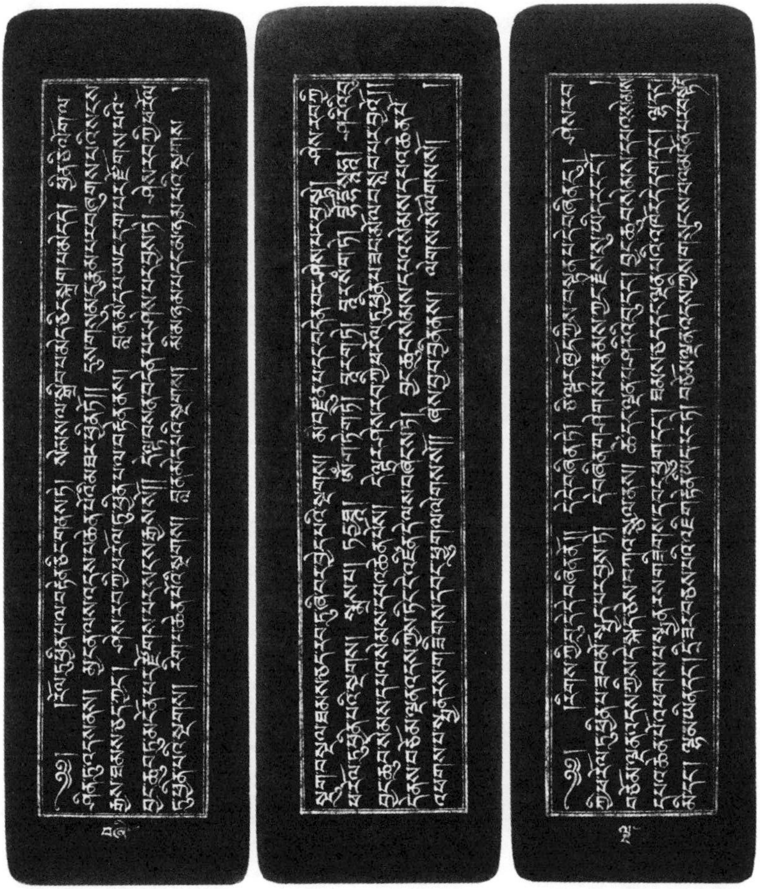

圖 13-15：筆者珍藏之《心經》寫本，共有九葉。七至九葉，
內容相當於本書藏文心經編號第 22 至 32-(7)。

圖 16：　印順導師（中）與郭朋教授（右）及張新鷹（左）合影。

圖 17：傅偉勳伉儷（左一、二）、藍吉富伉儷（中二）與筆者偕內人（右一、二）於台北餐聚合影。

總　序

重新再版

這次交由布克文化重新出版的佛學系列叢書，每一本都是曾經一度在二手拍賣市場競得高價的絕版書籍。

在接獲無數讀者們的請託與詢問，筆者卻窘迫於財力不足與個人能力無法再將過往這些廣受同修朋友關注的佛學系列叢書再度付梓，所幸在這麼困頓的時候，布克文化總編輯賈俊國提出替絕版書籍重新再版的計畫。

透過小女怡馨的引薦，筆者得知布克文化的編輯群都是自己的讀者，他們在尋找筆者過往書籍卻總是有遍尋不著的問題，找到了也可能索價不菲難以負擔，這對於有心追求知識的朋友確實是一個困境。

我們以為，真正的學問不應該是昂貴或遙不可及的。

在仔細閱覽過筆者的每一本著作，布克文化決定選擇原名《梵藏心經自學》作為重新再版的第一本書籍，書名《梵藏漢心經對照》。

從這本書以降，筆者每一本絕版的佛學系列書籍將再度問世，讓每一位企求世間答案的朋友們透過輕鬆自學的方式，從千古流傳的傳世經典領悟出屬於自己的智慧真諦。

重新校對

從筆者第一本佛學研究書籍到現在，眨眼之間不知不覺已經經過了數十年光景。

為了將最好的作品呈現在各位讀者面前，在編撰的過程當中，筆者自然反覆校對、力求完美，但恐怕有時還是力有未逮，過往的成品可能依舊未臻完善。

在幾十年的反覆交錯校對之後，筆者再度結合布克文化的力量，以現代方法重新為這套佛學系列叢書再作精密的糾錯與校正，期許這一系列被大家從絕版書籍中再度迎接回來的佛學研究叢書，能夠以最嚴謹最講究的態度再度問世。

重新製作

回頭再看所有在這幾十年間陸續問世的最初版本，即便筆者試圖以最大的努力與心力呈現最好的作品給各位同修前輩，重新再以現代方法的標準來看，筆者以為有些部分或許能夠以更加先進更加新穎的方式來呈現，結合表格、圖示與更多的對照比對，筆者相信在學習上能夠達到事半功倍又簡單易學的輕鬆效果。

在這些重新校對、編輯與製作的過程，難度不啻於重新撰寫一本書；為了將最好的成品再度呈現在大家眼前，我們深信，所有的艱難與辛苦，一定都是值得的。

輕鬆上手

以過去研究撰寫佛學相關叢書的數十年經驗，筆者經常遇到同修朋友們反應經典的艱深與難解。

為了能夠讓所有期望一探佛學奧妙的朋友更深入其中的玄機之意，筆者在重新編撰這套佛學系列叢書時，特別著重結構，並且採用因循漸近的方式，從基本背景、知識、觀念再逐漸帶入核心。

古往今來，曾經有許多不識字的同修以精誠所至的信仰戰勝了大家以為的門檻，現在，筆者藉由布克文化的協助再將既有的工具再度進化升級，簡易化全世界公認最困難語言的梵文，讓任何願意學習的朋友都能容易閱讀、輕鬆上手。

這系列曾經一度絕版的佛學系列叢書能夠有機會捲土重來，首先要感謝布克文化的每一位工作人員：他們如此珍惜看重筆者的作品，讓這些即將淹沒在歷史雲煙當中的佛學研究撥雲見日，重新以全新面貌出現在世人面前。

最重要的是感謝現在捧起這本書的你。

謝謝你們，讓佛學系列叢書再度問世。

林光明

2018.12.22

(4) 梵藏漢心經對照

Preface by Prof. B. Mukherjee

Prof. Tony Lin, the author of the present book, has been an old acquaintance of mine since my involvement in the Buddhist community of Taiwan. He had proved himself an impressive polyglot individual to me ever since I knew him. Some ten years ago, when I was still holding a teaching position at the Chinese Buddhist Institute, he came to me and asked if I could offer him some tutoring on Sanskrit. I agreed without hesitation. For the first two hours during the Sanskrit tutoring class, it was a rather interesting experience for me, because he could soon grasp the grammatical traits of datives in Sanskrit through his knowledge gained in learning German. As for locative, ablative or instrumental in Sanskrit, he found that they could also be easily understood through the comprehension of the post-positioned grammatical units found in the Japanese language. Also, the inflected forms like verbs and adjectives could also be better understood in a fast way with some concept of grammar developed in his German learning. He also proved himself a quick learner in our tutoring classes.

With my assistance Tony later published two books entitled *A Study of the Mantra of Great Compassion* and *A Study of the Amita Mantra*, both of which had laid their foundation on the reconstructed Sanskrit text presented by use of Roman transliteration. Another book on mantra study called *Getting to Know Mantras* was published by The Dharma Drum Publishing Corp., which introduces some ten mantras popular among the Chinese Buddhists. So far as I know, it was one of the best-selling books among the many publications made by The Dharma Drum. Other important works compiled by Tony are *A Comparative Study of Collected Versions of the Amitabha Sutra* (containing 12 different versions), *Collected Versions of the Diamond Sutra* (containing 15 versions), and *Collected Translations of the Heart Sutra*, which provides over 200 versions readily translated into 14 languages. *The New Edition of All Mantras in Mahapitaka*, the NEAM, is the most scholarly work ever compiled on the Buddhist mantras. This mantra library for the very first time provides the most detailed referencing system that presents reconstructed Sanskrit mantras in an encyclopedic scale. It gives a total of 10,402 mantras given in 6 languages.

The main purpose of the publication of the current book, *Teach Yourself the Sanskrit and Tibetan Heart Sutra*, is to let the reader approach the text through self-study while acquainting himself or herself with the literal meanings of the Sanskrit and Tibetan Buddhist terms in the *Heart Sutra*. This book is written in Chinese; however, it also provides renderings in Sanskrit, English and Japanese, with the annotations cited from the Venerable Yinshun's *A Commentary on the Prajna Sutra*. A written assent was obtained from the Venerable Yinshun for citing the content of his work, however.

The editing work has made it easier for the reader to comprehend the Sanskrit Buddhist terms in their originals found in the *Heart Sutra*. Readers, whether they are beginners or researchers, will find the book useful in their investigation of the text by following this approach, as it gives a detailed analysis of the text word by word.

So far the most commonly known Chinese translation of the *Heart Sutra* is attributed to Hsuan-tsang. According to Tony's research, there are at least twenty disparities found in Hsuan-tsang's translation compared with the condensed versions in Sanskrit, which is commonly accepted nowadays. One article related to this point is included in Chapter 5, Section 4 of this book. It will be very helpful to the reader's further understanding of the context by grasping the literal meanings of the Sanskrit terms.

Owing to the fact that the Tibetan complete version of the *Heart Sutra* is a valuable reference for a further comparative study, the author has provided in Chapter 4 a Tibetan translation of the text. It is intended for both textual and comparative analyses.

Several of the author's essays as well as two translation texts of the *Heart Sutra* are collected in the book. The two Chinese translations in an earlier date had remained unknown to people for several hundred years before they came to public attention again. They are the translations done by Chi-kwang in the Ming dynasty and Emperor Yun-chen in the Qing dynasty. In the book, the author gives an account of how these two translations were discovered. The reader will have a chance to review the full texts and an analysis of the differences made by the author.

Among the many Buddhist scriptures, the *Heart Sutra* has been the most translated canonical text. It is available in several languages. The present book, though written in Chinese, could still be useful to an English speaker who does not partake in the study of the Chinese language, since it provides not only sentence-by-sentence translations in English but also detailed analyses of the renditions of the Sanskrit originals word by word. I gave a cursory glance to the draft and soon concluded that most English readers would also find it a useful tool to their investigating and understanding the text of the *Heart Sutra*.

Over the years during my stay in Taiwan, several audio recordings on Buddhist incantations had been released by Tony's publishing house, among which one was my chanting of the *Heart Sutra* in Sanskrit tongue. However, the text being read at that time was not further divided into 33 segments. Paragraphing of the text in the current book thus has been re-arranged into 33 segments. The audio files that accompany this book also contain two recitations of the Tibetan *Heart Sutra*, one of which was the chant given by Thegtse Rinpoche of the Nyingma sect (also known as the Red sect), the other one being the recitation given by Ms. Chi-an Lin. The text in Tibetan also has been further divided into 33 segments, which makes the reading of the text more accessible.

It is my personal opinion that among the English translations of the *Heart Sutra* known to us, Edward Conze's and Muller's works could serve as the most representative ones. I was glad to see the efforts having been made in editing this book in which Tony has presented to readers his own translation as well as detailed textual analyses both in Chinese and English.

Tony is known as a successful entrepreneur in introducing foreign hi-tech licenses in the fields of electronics and petrochemicals to Taiwan. Much of his study on Buddhist mantras is done in his off time, for which I would always express my admiration. I hope he would maintain his continuous efforts as expected. I know recently he has been undertaking the compiling work of a Sanskrit-Chinese dictionary which contains over 150,000 entries of Sanskrit vocabulary. The compilation is now at its final stage of completion. And I look forward to its publication in the near future, for it will be a great contribution to the Chinese Buddhist community.

In the year that follows the Venerable Yinshun will have his 100th birthday anniversary. His friends and students therefore will observe the tradition to publicize a series of articles to celebrate his 99th Chinese birthday. I feel sorry for my absence on such a special occasion to extend my congratulation to him, as I am already back in India. And I realize that this book is specially written in homage to the Venerable Yinshun for the celebration of his 100th birthday anniversary. Just recently I received an e-mailed photo of the Venerable Yinshun from Tony which he would like me to keep for memory. Since I cannot make it to Taiwan to participate in the celebration activities, I would like to take this opportunity to send my best wishes to the Venerable Yinshun and wish him good health upon the birth of this book.

Biswadeb Mukherjee

2004.3.20

穆　序

我因受邀於台灣的法鼓山中華佛學研究所擔任教授的關係，識得林光明教授。他對學習語文很有興趣，也很有天份，大概學過十幾種外國語文。

十多年前林光明來找我，要我教他梵文。第一次上課的 2 個小時很有趣，他從我的講解發現梵文的受格與與格，可以從德文四種格的觀念去了解；而位格、從格與具格等，可以從日文的後接助詞的觀念去了解；再加上動詞與形容詞的變化等，也很容易從德文類似的變化觀點來了解。梵、德、英、日文交雜，第一堂課很快就過去了。而他也很快地就對梵文有相當程度的認識。

後來他出版了以梵文為基礎的《大悲咒研究》與《往生咒研究》二本有關咒語的書，也在法鼓山的法鼓文集出了一本《認識咒語》，介紹了十幾個常用咒語，該書是法鼓文集裡的暢銷書之一。此外，他分別收錄了十二種《阿彌陀經》比對的《阿彌陀經譯本集成》；十五種《金剛經》比對的《金剛經譯本集成》；以及分段比對約二百種版本《心經》的《心經集成》；也出版了收有 10,402 個咒語的《新編大藏全咒》，所有的書都有梵文等多國語文的比對。

這次的《梵藏心經自學》[1]，主要目的是讓讀者以自學的方式，能看懂梵文和藏文《心經》的字面意義。書中收

---

[1] 初版書名為《梵藏心經自學——附：印順導師註釋．英日漢譯與梵藏 CD》，最新修訂二版現已更名為《梵藏漢心經對照》。

有梵文、英文、日文的逐句比對與其相對應之漢譯文，以及印順導師的《般若經講記》註釋的內容。

書中將梵文逐字拆解分析，並收錄了幾本字典裡對各梵字的解釋，讓讀者可以清楚了解《心經》梵文原典的意思。這種編寫法，對完全不懂梵文、或只是初步學過梵文、乃至對梵文有相當了解的讀者來說都很有用，它可以幫助讀者了解《心經》的內容，正確掌握經文的字面意義。

由於一般最常用的《心經》是玄奘漢譯本，據林光明的研究，此漢譯本與目前通行的梵文本至少有 20 點差異，因此了解梵文原典，有助於對《心經》經義的了解。

藏譯本也很有參考價值，對差異的分析與經義的釐清有相當的助益。因此，書中第四章收了藏文《心經》，並逐字詳細地做了藏文內容的意義解析，供讀者比較研究。

書中也收了幾篇林光明已發表的與《心經》有關的文章，其中二篇是失傳了數百年的兩個譯本，一是明代智光的譯本，一是清代雍正的譯本。文中他解釋了這兩本發現的經過，並附全文，也將重點差異作了介紹。

《心經》是所有佛教經典中，被譯成最多外國文字的經典。雖然本書基本上是以漢文書寫，不過對不懂漢文的英文讀者也可以使用，因為它不只逐句作了英文的翻譯，在梵文的逐字解釋中，每個字也都附上詳細的英文解釋。對英文讀者來說，即使不懂漢文，也能在清楚的段落編輯裡，從英文與梵文的內容而看懂《心經》。

幾年前由我念誦梵文《心經》，嘉豐出版社製成錄音帶，當時沒有將《心經》分成 33 段，此次則增添了 33 段的分段法，同時也附了由林祺安小姐所讀誦以及西藏紅教寧瑪巴的德澤仁波切所唱誦的藏文《心經》，這對學習者來說，是很方便的。

英譯本方面，選錄穆勒和孔睿英譯本《心經》，與林光明自己的英譯文比對，並附上所有梵文的詳細英文與漢文解釋，使我感到當年的梵文教學有了豐富的成果。我很樂意為中英文讀者介紹這本新書，也期待將來此書能出版英譯本。

林光明教授的本業是石化電子的高科技技術引進工作，業餘為佛教文化盡力，我覺得非常佩服，期待他能繼續努力。目前他正在編寫《梵漢字典》，希望這個歷史創舉可以早日完成。

明年（2005 年）印順導師將度百歲誕辰，按照中國人的習俗，在他 99 歲時，教界友人為他舉辦祝壽活動，出版祝壽文集。我已經回印度，沒有機會來參加為印順導師祝壽的活動，本書是為了祝賀印順導師百歲誕辰而作，林光明也傳真了印順導師的相片給我作紀念，我雖然不能前往參加任何祝壽活動，不過藉著為本書寫序的機會，衷心地祝福印順導師身體健康，指導後進。

穆克紀
2004.3.20

(12) 梵藏漢心經對照

萬　序

——序林著《梵藏心經自學》[1]

在許多奇妙因緣的輻輳之下，自己竟然不知不覺地步入了一個以往並不熟悉的學術領地，而開始著手敦煌石室《心經》音寫抄本的對勘與校釋。這一類奠基性的刻板工作其實並非個人所擅，而且也一向不是自己樂於從事的學術志業。記得是去年十一月左右，應某學誌之邀審查了一件由英文撰寫而以「奘師《心經》音寫本」為探究主題的學術論文。在這一件篇幅將近六十頁的論文裡，作者藉由中村元等人的梵語校訂本而審視了《大正藏》所收錄的《心經》音寫本，並嘗試透過「漢、梵語音對勘分析」的立場而著手評估此一音寫本的成就與缺失。

與前揭論文若相彷彿的，1994 年左右在玄奘河南故里召開的一次學術研討會裡，中國社科院亞太研究所的葛維鈞教授也發表了一篇題名為〈論《心經》的奘譯〉的文章，不過該一論文則是以石室音寫抄本對勘 Conze 校本與其他漢譯傳本而著手評述奘師迻譯該一文本的成就與缺失（文見《南亞研究》，1994 年第 3 期，頁 2-9）。就個人日前所審查的這篇論文來講，該文作者的寫作態度固然是極其認真的，但不論是佛教學、敦煌學乃至漢語音韻學方面的相關知識，作者似乎又都顯得相當生疏。

在費時幾近一個月的審查過程裡，個人利用了中央大學中國文學系「漢文佛典研究室」所藏《敦煌寶藏》以及

1　初版書名為《梵藏心經自學——附：印順導師註釋．英日漢譯與梵藏 CD》，最新修訂二版現已更名為《梵藏漢心經對照》。

其他相關資料，一方面仔細地對讀了石室抄本與《大正藏》的錄文，同時並著手查核前揭論文裡的各項論點，結果赫然發現該文的作者深受舛誤百出的《大正藏》錄文所害，其文中諸多不甚正確的觀察與論述，實乃拜《大正藏》充滿訛誤的錄文之賜。在個人長達七千餘字的審查報告裡，則分別從佛教學、敦煌學與漢語音韻學三個方面扼要地評述了該篇以「奘師《心經》音寫本」為探究主題的論文。在審查報告的撰寫期間，個人基於該項工作之需也同時著手了五件石室抄本的若干對勘。然而，就在該一審查報告送出之後，自己竟意猶未盡地捨不得離開這些擺在案頭上的《心經》音寫抄本。

其實不論是敦煌學，或是漢語音韻學，這兩門學科對筆者個人來講，除了一些基本知識而外，它們並非自己特別喜愛或專擅的學術領域，自然也就更談不上曾經做過任何深入的鑽研了。由於近時在目前服務的單位開設了有關法雲《翻譯名義集》的研究課程，而該書各項條目裡充斥的大量音寫詞，頓時之間也成為了課堂上的研討主題，同時也激起了師生之間想要一探究竟的學術企圖。中外學者們在隋唐音韻乃至西元七、八世紀以降西北方言上的相關研究，正是在這樣一個課程的脈絡下，進入了個人的閱讀世界裡。從今年年初開始，筆者一方面著手五件石室《心經》音寫抄本的對勘與校釋工作，同時也努力地蒐羅敦煌學與佛教學兩大領域裡學者之間有關《心經》音寫本的研究。福井文雅與方廣錩兩位學者的精心研究，以及昔日曾有師生之緣的陳燕珠女士遠赴北京房山雲居寺所做有關《房山石經》的田野報告，也就是在這種情況下成為了個人近幾個月以來書桌上擺放的案頭書。

《心經》這一部傳誦千古而家喻戶曉的佛典，其梵文原典與各式譯本之多，在浩如湮海的三藏之中，堪稱獨步。近時由林光明先生在「去蕪存菁」的編輯原則下所完成的百納本《心經集成》，其間包括古今梵、藏、漢各式文本，乃至當代各種語文的譯本，其總數便高達一百八十四種之多，由此或可窺見該一佛教文本在流通上的悠久與深廣！

雖然個人目前的對勘與校釋工作仍是以漢字轉寫的《心經》音寫本為中心，但是除了敦煌石室抄本與房山石經本之外，那些傳世的各種《心經》音寫抄本其實也都是個人極感興趣的本子。其間特別是榛葉元水於昭和七年纂編刊行的《心經異本全集》，據悉該書之中曾收有十七種包括法隆寺貝葉寫經，以及東寺觀智院所藏而署為奘師所譯的音寫抄本的照像寫真。榛葉元水的這部著作當然更是個人極力想要到手的重要文獻，但是卻始終苦於遍尋不著。不意正擬放棄之際，經由昔日門生游芬芳小姐的引介而認識了《心經集成》一書的纂編者林光明先生，並承蒙先生抬愛，慷慨地連同福井文雅、白石真道與榛葉元水等人的著作都一併惠借給了素昧平生的筆者。雖然在林先生這一批寶貴資料到手的時候，個人對石室抄本的對勘與校釋工作其實業已進入尾聲，但無論如何仍對林先生的熱腸古道感激不已，同時也打算在翻閱這些新到手的資料之餘，著手整頓前此的一些對勘與校釋。

林先生繼百納本《心經集成》之後，筆耕不輟，新近又編著了《梵藏心經自學》一書，披覽之餘，深深感受到先生亟思普及梵藏等佛教經典語文的用心，他囑咐我為這本即將付梓的作品寫個小序。個人雖學殖薄淺，但也略知梵藏等佛教經典語文的研習對厚植佛教學術研究的重要性，然而多數有志於斯學者卻往往視此類語文的研習為畏途，終而裹足不前，其因或肇端於良善的教材難覓，個人由衷期盼有更多的讀者能夠駕著林先生這條精心設計的自學小舟，進而逍遙於梵藏佛教文獻的義理大海，分享其間的法乳滋味。因而特將個人與林先生結緣的經過，述之如上，實不敢言序，但誌個人學術生涯裡的一段奇妙因緣而已矣。

萬金川

2004.3.24

自　序

1998 年 1 月，現代禪的《本地風光》雜誌刊登了我的〈心經譯註探微〉一文，此文收錄在本書第六章第三篇，文中提及我計畫出版四本《心經》相關書籍，即：(1)《心經集成》，(2)《梵漢日英心經》，(3)《心經註疏選集》，(4)《心經研究（一）：玄奘譯本與梵文本差異試析》。在《心經註疏選集》項下，提到我很高興該書已蒙　印順導師書面同意，允許我在書中採用《般若經講記》一書中有關《心經》的資料。

那篇文章發表後，我於 2000 年 2 月出版了收有 14 種語文、近二百版本譯本《心經》的《心經集成》。計畫中的另外三本，由於因緣不具足而暫緩出版。

今年佛學界的好友們為　印順導師舉辦祝壽活動，包括書籍出版與論文發表會。想起　印順導師與我的因緣，感念他的著作與面談對我的幫助，因此決定將上述《梵漢日英心經》、《心經註疏選集》與《心經研究（一）：玄奘譯本與梵文本差異試析》三本，融合改寫成較精簡的型式出版，為　導師祝壽。這個精簡化的成果，就是本書所呈現的內容，名為《梵藏心經自學——附印順導師註疏、英日漢譯與梵藏 CD》[1]。

導師與我的因緣，於本書緒論中再詳細說明，在此僅敘述四位與此因緣有深厚關係的師長，他們是：傅偉勳教授、

---

[1] 初版書名為《梵藏心經自學——附：印順導師註釋・英日漢譯與梵藏 CD》，最新修訂二版現已更名為《梵藏漢心經對照》。

藍吉富教授、李元松老師等三位師長。我受他們的影響，對導師的著作十分尊重，也有相當程度的研讀。藍老師是我十幾年來研讀與寫作過程中最重要的諮詢對象之一，他相當推崇　印順導師，認為　導師應該是中國唐末以來研究印度佛教的第一人。

另一位是郭朋教授，我因工作關係常到大陸，藍老師因此介紹我認識了他。郭教授是　印順導師的學生，每次我到北京去看他，他總不忘準備禮物讓我帶回台灣送給　導師，也成就了我拜會　導師的因緣。

日前我翻閱舊照片，發現一張傅偉勳、藍吉富兩對賢伉儷以及我和內人共六人的合照，使我想起這幾年來我熱中佛學研究與出版工作，內人卻能無怨無悔在各方面支持我；又想起傅偉勳、李元松二位已離開人間，心裡有無限感慨！因此特別把這張照片收在本書作紀念，謝謝他們成就　印順導師與我的一段因緣。

本書印製前，我曾透過藍吉富老師也直接請示過性瀅法師，有關本書的編寫方法是否妥當，以及是否能正式採用　導師的資料等問題。性瀅法師說：既然導師給了我一封信，表示他已同意了，應該沒有問題。在此謝謝她答應這件事，也謝謝她提供　印順導師的相片，放在本書封面內頁。

本書能完成有很多的感謝要說，總而言之，就說謝天吧！這個天不是中國人的謝天謝地觀念中的天，也不是佛教宇宙觀的天，用通俗的話說，這裏的天比較接近因緣具足的意思。

接著要謝謝　印順導師，因為想為他祝壽才有完成本書的動力。也謝謝我的梵文入門指導老師穆克紀教授，他目前在遙遠的印度加爾各答的病床上，仍然關心本書的進展，並幫忙題序，希望他能早日康復。謝謝至今尚未謀面，只有在電話中有幾次長談的萬金川教授幫本書寫序，以及北京中國社科院張新鷹教授提供　印順導師與他及郭朋的合照。最後，謝謝游芬芳、陳惠珍、葉雲蘭、林愛真、蔡豐姣、蔡坤昌、林怡馨的協助編排；還有陳一標教授、黃英傑老師的幫忙與指教，還有戴彰紀董事長及冠鈞公司林甘霖總經理在精神與經濟上的贊助，功德無量。

此外，光碟的錄製，要謝謝穆克紀教授（Dr. Biswadeb Mukherjee）早年為我做的梵文心經錄音，還有林祺安小姐唸誦藏文心經、全佛黃心如小姐提供的德澤仁波切唱誦藏文心經。也謝謝胡福和先生與翁嘉智先生的錄音與剪輯。

本書是為　印順導師祝壽而成書，謹祝　導師法體安康、長久住世，繼續教導我們，實現人間佛教的理念。

林光明

2004.3.25

修訂二版自序

2004 年 4 月，我出版了《梵藏心經自學》[1]一書。當時是應佛學界的好友們，為　印順導師舉辦祝壽活動而有該作，在該書的〈自序〉裡，我略敘個人與　導師的因緣。此外，也說明該書在內容編排上引用　導師的《般若經講記》的來龍去脈，因此該書全名為《梵藏心經自學——附：印順導師註釋．英日漢譯與梵藏 CD》。

2008 年，《梵藏心經自學》已告售罄，時值　印順導師圓寂三週年，在重新修訂並調整初版的部分內容後再版，藉以紀念　印順導師。2017 年年底，《梵藏心經自學》修訂版又告售罄，不少讀者來電詢問，也有提供調整內容的意見：不外乎希望增列梵文悉曇體。

對於讀者的熱心參與，我們倍感欣慰與振奮，也思考再版的可能性，甚至開始著手在修訂版上，再加入梵字悉曇體的內容，期待藉著此書和更多讀者廣結佛緣，也希望透過此書，讓眾多讀者從　導師的註解中獲得法益。

由於咒語的範疇有限，我一直笑說我們是佛教界的弱勢團體。所幸，一直都有朋友同好、或者是熱心的讀者，在精神上撫慰鼓舞、金錢上賣力奧援，我們的編務才能持續至今，也藉此機會謝謝諸多人間菩薩。

此次《梵藏心經自學》的再版，基於成本與流通的考量，

---

[1] 初版書名為《梵藏心經自學——附：印順導師註釋．英日漢譯與梵藏 CD》，最新修訂二版現已更名為《梵藏漢心經對照》。

在 2017 年年底，承蒙城邦集團布克文化出版社協助，在多次討論後，最後決定加上梵字「悉曇體」的《心經》內容。書名新訂作：《梵藏漢心經對照》。

本書這次的修訂二版，感謝佛光大學蘇南望傑教授對第四章藏文心經逐句註釋內容的再次校訂。此外，感謝葉雲蘭小姐、以及布克文化出版社全體人員協助全書的內容。

最後願以此次的修訂再版，回向一切法界眾生，希望大家都能直探心的本源，讓生命自在豁達。

林光明

2018.8.25

修訂一版說明

本書初版業已售罄，藉此再版機會，修訂並調整初版中的部分內容。

以下為四個主要修訂調整之內容說明：

一、初版之梵藏心經，僅列出梵藏文之羅馬轉寫，部分讀者反應，還希望增列梵文原文。故修訂一版中，於第三及第四章逐句對照梵藏文心經之中，分別增列梵文天城體及藏文，以方便讀者參考學習。

二、因本書初版之後，本社出版了第一本漢文的梵文辭典——《梵漢大辭典》。為方便使用漢文的讀者學習，故修訂版中的梵文詞條，改以本社之《梵漢大辭典》(「梵漢」)，及原本之「摩威」與「阿題」為檢索來源。

三、初版之部分內容誤植或疏漏之處，本修訂版酌予更正。

四、本書初版時，適逢　印順導師百歲嵩壽，而本書承蒙　導師授權引用其對心經之註解，以及在　導師百歲高齡之際，蒙　導師首肯授與編者等人三皈收為俗家弟子，為感念　導師之恩德，故將此書作為向　導師祝壽之用。而此番修訂再版，又逢　導師圓寂將屆四週年，故將此書改為紀念　導師，希望透過本書的引導，讓更多讀者能由　導師註解獲得法益。

修訂二版說明

本書初版及修訂一版業已售罄，藉此再版機會，修訂並調整修訂一版中的部分內容。

以下為修訂二版主要修訂調整之內容說明：

一、本書再次出版，感謝布克文化共同協助。

二、修訂一版部分內容不足與疏漏之處，修訂二版酌予更正。

三、應廣大讀者要求，修訂二版於第三章同時增列梵文悉曇體。

四、第四章藏文心經逐句註釋，商請著名藏文學者佛光大學蘇南望傑教授再次核訂修改。

五、修訂二版以提供音檔方式取代傳統 CD 光碟。

六、修訂二版追加附錄，收錄梵文心經的咒輪與咒牌。

七、修訂二版增訂《梵藏漢心經對照》學習講義，並同時提供電子版本取代傳統紙本版本。

目　錄

次　目　錄

第三章　梵文心經逐句對照與註釋

第四章　藏文心經逐句註釋

相片目錄

第一章

緒論

一、前言與本書各章內容簡介

筆者最初延請印度國際大學教授穆克紀博士（Prof. Dr. Biswadeb Mukherjee）恭誦〈梵文略本心經〉，並出版錄音帶。[1]後再於 2000 年出版了《心經集成》一書，囊括梵、漢、日、英、韓、法等十四種語文的廣略本《心經》近二百譯本，並逐句對照完成。也將此梵文《心經》譯成白話漢文、英文，及日本中村元教授梵文《心經》之日譯文譯成漢譯文。[2]

《心經集成》成書之後，陸續接獲許多喜愛誦讀《心經》的讀者朋友們廣泛回響，大多希望筆者能藉由對照的方式，再逐字、逐句解析，以便於自修學習梵文《心經》及藏文《心經》。因為解析後的梵、藏經典也有幫助背誦記憶的功效，這樣一來，也讓讀者朋友們可將梵、藏《心經》當成日常課誦本。因為這樣的回響，加上為　印順導師祝壽的臨門一腳，乃激起了筆者出版本書的一段奇妙緣起！

本書所錄用的〈梵文略本《心經》〉簡稱「林略梵」，是筆者詳參各種《心經》梵文資料後所做的修訂本。「林略梵」與近年流行最廣、也最常被人引用的，其與中村元教授修訂的《梵文心經》微有差異。[3]本書所採用的《藏文心經》簡稱

---

1 請參：梵文略本《心經》，臺北：佶茂出版社。

2 請見：林光明編著《心經集成》，臺北：嘉豐出版社（2000a.）。

3 差異有二。請詳：梵文略本《心經》之單張〈簡介〉，臺北：佶茂出版社。本文已收錄在本書第六章第四篇。

「林藏格」，則是筆者參考各《心經》藏文木刻本[1]，並以學術界通用之「東北」（Tōhoku） 羅馬轉寫法，所轉寫出來的試訂本。「東北」轉寫系統與 Wylie 及 USLC 羅馬轉寫的對照，請詳見第二章末（本書第 36 頁）。

本書內容分成幾個部分，茲依序略述如次：

相片

收有　印順導師的照片、　印順導師與筆者合影，以及筆者珍藏之　印順導師親筆來函、藏文心經寫本，幾張和《心經》有關的彩圖資料，還有　印順導師與郭朋教授及張新鷹的合影，傅偉勳、藍吉富及筆者等夫婦六人的合照。

序文

簡單說明本書的因緣，曾獲　印順導師親筆書信，允許筆者引用他在《般若經講記》中的《般若波羅蜜多心經講記》之內容，還有在此過程中幫忙筆者極多的前輩師長，以及謝謝所有幫忙此書完成的朋友們。

第一章　緒論

一：介紹本書的寫作緣起、目的、文獻說明及章節內容。同時引介本書整體的內容述要。

二：敘述　印順導師與筆者的因緣。

---

[1] (1) 德格版チベット大藏經（南天書局），1991，第 7 冊，No.21，[ka.144b4~146a3]384 頁/288 片（第 6 行）-384 頁/291 片（第 3 行）。

(2) 德格版チベット大藏經（南天書局），1991，第 18 冊，No. 531，[ka.94b1~95b3] 22 頁/154 片（第 1 行）-23 頁/156 片（第 3 行）。

第二章　經文分段法及略語與文法略符

由於梵文與藏譯《心經》在略、廣的文字數量差異頗多，因此筆者擇取最流通的〈玄奘漢譯本〉為底本，編號分成 33 個句子做基礎，再與梵文與藏譯《心經》做比對，將多出（或缺略）的段落，以「編號-(1)、-(2)、-(3) ……」依次標示其出現的位置。本章內容分為兩大項：

一、經文分段原則及對照表

（一）分段原則

1. 梵文分段原則：以〈玄奘漢譯本〉為底本，編號分成 33 句。
2. 藏文分段原則：也以〈玄奘漢譯本〉為底本，編號依於梵文《心經》亦分成 33 個句子。

（二）《玄奘》與梵藏本及筆者漢譯之分段對照表

1. 梵文分段對照表：以〈玄奘漢譯本〉為底本，編號分成 33 句為基礎；製作《玄奘》譯本、〈林略梵〉、〈林梵漢〉等三者的梵文與二漢譯文的比較表，比對該句段落在文句上的異同。
2. 藏文分段對照表：仍以〈玄奘漢譯本〉為底本，編號依於梵文《心經》亦分成 33 個句子。製作《玄奘》譯本、〈林藏格〉、〈林藏漢〉等三者的藏文與二漢譯文的比較表，比對該句段落在文句上的異同。

二、略語與文法略符

本書使用逐句、逐字梵文與藏譯《心經》的句構與古典文法之註釋，因而形成大量文獻學與文法學的解說。

為了便於讀者自修學習梵文與藏文的《心經》誦讀，也為使閱讀本書簡潔流暢，故在書中出現的文獻與文法說明整理成「略語」、「文法略符」及「藏文羅馬轉寫」。

（一）略語：文獻的說明簡略語。

（二）文法略符：文法的說明簡略標示。

（三）藏文羅馬轉寫：將「東北」（Tōhoku）轉寫系統與 Wylie 及 USLC 羅馬轉寫，對照成表。參見本書第 36 頁。

第三章　梵文《心經》逐句對照與註釋

筆者依〈玄奘漢譯本〉為底本，編號分成 33 句；比對〈林略梵〉、〈林梵英〉、〈林梵漢〉、〈穆勒英〉、〈穆勒漢〉、〈孔睿英〉、〈林睿漢〉、〈村紀日〉、〈林村漢〉，先作成逐句對照的九種比對。

其次，將梵文《心經》逐句以　印順導師《般若經講記》解說其內容，並附上相關梵文詞條與資料。之後，筆者對該句梵文逐字依「字彙條碼」之序，將梵文做成解析、文法分析及註釋研究。「字彙條碼」的用法，請見本書索引。

第四章　藏文《心經》逐句註釋

以〈玄奘漢譯本〉為底本，逐句編號依於梵文《心經》，編號亦分成 33 個句子，比對〈林藏格〉及筆者自行翻譯的〈林藏漢〉。之後，筆者對該句藏文逐字再依照第三章梵文《心經》的「字彙條碼」，依序將藏文做解析文法及註釋說明。讀者在閱讀時為了便於梵藏對讀，可以很快速地以「字彙條碼」找到梵藏逐句、逐字的對照。

在此順便提一下筆者的心情：本書所做大量字典與文法的資料，是佛學梵文課與佛學藏文課的老師，最常要求學生查閱字典與思索文法關係的作業。本書的詳盡引述與說明，是為一般讀者省下念書工夫而做的，對上佛學梵藏文課的同學們來說，雖然在作作業時是個方便的參考工具，但也建議同學們可先不參考本書，自己自行查一遍。學術的工夫是長年累積的，「不經查資料辛苦，那得學識飽滿腹」。

第五章　梵藏心經學習

說明本書所附音檔的內容，一開始先說明音檔分三部分內容，即：第一部分是穆克紀教授（Prof. Dr. Biswadeb Mukherjee）唸誦的梵文《心經》；第二部分是林祺安小姐唸誦的藏文《心經》；第三部分是德澤仁波切所唱誦的藏文《心經》。其次說明用通訊軟體 LINE、抑或微信掃描 QR Code 的下載方式。最後以表格的方式，附上音檔的梵文及藏文轉寫及漢譯內容，方便讀者在學習時的比對。

第六章　《心經》專題研究

本章收了四篇筆者以前發表過與《心經》有關的文章：

第一篇　〈新發現智光漢譯廣本心經〉

發表於 1998 年《十方》雜誌 17 卷 No.3，頁 41-45。

第二篇　〈清雍正譯廣本心經〉

發表於 1999 年《十方》雜誌 17 卷 No.5，頁 29-35。

第三篇　〈心經譯註探微〉

發表於 1998 年 1 月現代禪第 24 期《本地風光》雜誌。

第四篇　〈梵文略本心經〉

發表於〈穆克紀教授恭誦：梵文略本心經〉單張。

附錄

收錄梵文各種不同字型之《心經》咒輪與《心經》咒牌。

參考書目

將本書所使用過的經典古籍、網路、影音、電子佛典、中日及西文工具書、中外文研究著作及論文著作一併表列，以提供讀者進一步研讀的參考。

索引

將「字彙條碼」與梵藏逐句、逐字的相互對照，便於連結而達成記憶梵、藏單字與單詞的功效。

二、印順導師與我

在未談及　印順導師對筆者的思想引導與影響之前，先談　印順導師與筆者之間的三段因緣。

第一件：1996 年由於郭朋老師的介紹，筆者前往台中拜會　印順導師。當時侍者告訴我：只能面談十分鐘。很意外的是：　導師與我談了一小時，他與侍者竟然都沒有下逐客令。

數日後，台南妙心寺的傳道法師轉述當日的情形：「據侍者說，他們好久沒看到　導師與訪客談得這麼開心了，因此沒有準時下逐客令。」筆者問傳道法師，到底是因筆者說了甚麼，讓　導師這麼高興。傳道法師說：「　導師對於有關傅偉勳教授、藍吉富教授與你結拜為三兄弟的故事覺得很有趣，對你說話與請教問題的方式也很歡喜，因此　導師才繼續和你談了那麼久。」

第二件：去年（2003）三月底由昭慧法師主辦、現代禪協辦的第四屆「人間佛教．薪火相傳」海峽兩岸學術研討會，有一場原訂由藍吉富教授發表一篇論文，不過藍老師臨時有事無法參加。

因此在一月底時，大會跟當時在廣州的我以電話聯絡，問我可否接替藍老師完成一篇論文，並提出報告，但必須在時限內完成。我當場回答說：「為　導師做任何事，筆者都願意，不過我想寫的角度是　導師對咒語的看法，內容是引用導師的著作來說明　導師對咒語並不如一般人所說的那麼排斥，也想引用他的著作來證明　導師的梵文程度比多半的學者好。」筆者又告訴大會：「請給我幾天考慮，我在 2 月 5 日以前可以給確切的答案，是否可如期完成。」大會方面同意筆者書寫的方向，也同意筆者到 2 月 5 日再作最後決定。

於是筆者請游芬芳小姐幫忙，從電腦上下載所有　導師著述的有關咒語的內容。另一方面，筆者也帶著　導師的兩本書：《藥師經講記》與《般若經講記》，隨著家人飛到峇里島過農曆年。2 月 2 日筆者完成了基本構想，2 月 5 日寫好了大綱，回電給大會說可以如期完成論文。

三月份的論文發表會，主持人是筆者的老友楊曾文教授。在會場上，筆者以詼諧的口吻引經據典，特別是筆者手持的《藥師經講記》、《般若經講記》兩書中的咒語部分，證明　導師精通梵文，深度了解咒語，也認為咒語有其功效，更贊成大家使用咒語。會場上數度引起聽眾大笑。

在場的傳道法師為筆者雖引經據典，卻有點過分的發言感到莞爾，他為筆者解圍並補充說明：「　導師其實並不完全贊成咒語，這一點大家都知道。不過林光明大量引用的資料都是　導師的講經記，有憑有據，也不能說林光明有錯。但導師在講經的時候當然要站在該經的角度來講，因此才會解釋咒語並說明咒語的功效，這與一般情形下　導師對咒語的看法稍有不同，這一點也要大家注意一下。」

數日後，據筆者多年亦師亦友的李元松老師的轉述：「大會相關人員把論文發表會的錄影帶拿給　導師看，　導師看到這個愛逗他開心的林光明又在大放厥辭，引經據典述說導師對梵文的精通與對咒語的讚嘆，不禁笑了起來。」

第三件：1996 年，筆者為了編寫《心經註疏選集》，曾寫信請問　印順導師能否容許筆者全文採用他在《般若經講記》的《心經講記》部分的注釋，十分感謝　印順導師同意筆者的請求，並正式回了一封信。筆者將此信複製收在本書的封面內頁做為證明與紀念。

筆者原計畫出版四本《心經》相關書籍，即：

(1)《心經譯本集成》(後定名為《心經集成》)

(2)《梵漢日英心經》

(3)《心經註疏選集》

(4)《心經研究（一）：玄奘譯本與梵文本差異試析》

《心經集成》已於 2000 年出版，其他三本書也已編寫完成，但因因緣不具足所以沒有出版。其中在《心經註疏選集》裡，收錄了　導師的註釋。編寫的方式是以宗派的角度出發，也就是說，從中國佛教的十大宗派裡找尋各種不同的《心經》注釋本。筆者共選了歷代近三十本較好的注釋書，然後以本書以及《心經集成》所用的 33 段分段法，將各家對同一段的注釋，依前後順序並列在一起[1]。然因緣多變，本書最後的呈現是選擇呈現　印順導師的《般若經講記》內容，以及筆者從梵文逐字解釋的角度所收的註釋。

非常謝謝　導師對筆者思想的導引，雖然只與他正式見過一次面，談了一個多小時而已，但他的著作是筆者研讀佛學過程中最重要的入門與參考資料。

2001 年應澳門「六祖慧能思想第二次國際學術研討會」之邀寫壇經的論文時，筆者把　導師對禪宗的著作從頭到尾翻了好幾遍，從該篇論文及「楊曾文教授校敦博本六祖壇經

---

[1] 換句話說，「觀自在菩薩」項目下，讀者可見到近 30 種不同的注釋；在他本所無的「度一切苦厄」之下，也可看到各家不同的解說；在「咒語」項下，更可看到百家爭鳴的注釋。這本書對有興趣的讀者而言肯定很有意思，但恐怕一般的讀者或許會覺得龐大的篇幅有些冗長。

及其英譯」的內容，可看出筆者仔細拜閱過　導師著作的內容。

此外，每次講到或寫到各種佛經在解釋「經」一詞時，筆者最愛參考的就是　導師對經的說明；而書寫或演說有關咒語的內容時，說到咒語最常見的結束詞「娑婆訶」時，筆者也總是引用　導師的解釋。

這十幾年的佛學研究與寫作過程中，在著作部分給筆者最多指引，幫筆者最大忙的是　導師；而當面或電話回答筆者最多問題的則是藍老師。藉此機會筆者衷心地謝謝他們兩位的指導與提攜。

近年來筆者在咒語的整理與梵字的推廣上有了一點小小心得。對於《心經》，筆者也出版了收有近二百個版本的《心經集成》，並發表了二篇有關已失傳數百年的《心經》的發現經過與內容。如今這本《梵藏漢心經對照》的注釋書即將出版，並引用了　導師的文章，希望本書不會讓　導師失望，也不辜負　導師對筆者的厚愛。

第二章

經文分段法及略語與文法略符

一、經文分段原則及對照表

由於梵文與藏譯《心經》，在略、廣的文字數量差異頗多，因此，筆者擇取最流通的《玄奘》漢譯本為底本，編號分成 33 句做基礎；比對梵文與藏譯《心經》，再將缺略（或多出）的段落，以編號「編號-(1)、-(2)、-(3) ……」依次標示其出現的位置。

（一）分段原則：以《玄奘》為底本，編號分成 33 句做基礎；區劃成：

1. 梵文分段原則

依最流通的《玄奘》為底本，編號分成 33 個句子（以 1. 2. 3. 4. 5. …… 33. 來標示）。其中，第 1 句為首題經名，第 33 句為尾題經名。

依《玄奘》比對梵文《心經》，再將《玄奘》缺略的段落，以「編號-(1)、-(2)、-(3) ……」依次標示其出現的位置。

2. 藏文分段原則

仍以《玄奘》為底本，編號依於梵文《心經》亦分成 33 個句子。

將《玄奘》比對藏譯《心經》，再將其中《玄奘》缺略的段落，以「編號-(1)、-(2)、-(3) ……」依次標示其出現的位置。

（二）《玄奘》與梵藏本及筆者漢譯之分段對照表

1. 梵文分段對照表：

以下依《心經集成》列出 33 句《玄奘》、〈林略梵〉、筆者漢譯之〈林梵漢〉的分段比對，以做為本書第三章梵文《心經》整體的分段簡介。

編號	《玄奘》	林略梵	林梵漢
1.	般若波羅蜜多心經	Prajñāpāramitā-hṛdaya-sūtraṃ	般若波羅蜜多心經
1-(1)	（《玄奘》缺歸敬文）	Namaḥ Sarvajñāya	皈敬知一切者！
2.	觀自在菩薩，	Āryāvalokiteśvaro bodhisattvo	聖觀自在菩薩，
3.	行深般若波羅蜜多時，	gaṃbhīrāyāṃ prajñāpāramitāyāṃ caryāṃ caramāṇo	正修行於甚深「般若波羅蜜多」行的時候，
4.	照見五蘊皆空，	vyavalokayati sma pañca skandhāḥ, tāṃś ca svabhāva-śūnyān paśyati sma.	他觀照五蘊，也已觀見那些對自性而言是空的（五蘊）。
5.	度一切苦厄。	---（梵文缺）---	---（梵文缺，無漢譯）---
6.	舍利子！	iha Śāriputra	於此（行深般若波羅蜜多……）之中！舍利子啊！
6-(1)	（《玄奘》缺）	rūpaṃ śūnyatā śūnyataiva rūpaṃ.	色者，空性也；空性即色也；

編號	《玄奘》	林略梵	林梵漢
7.	色不異空， 空不異色； （《玄奘》所譯與藏本前後兩半句位置顛倒）	rūpān na pṛthak śūnyatā, śūnyatāyā na pṛthag rūpaṃ.	空性（是）不異於色，色（是）不異於空性；
8.	色即是空， 空即是色；	yad rūpaṃ sā śūnyatā, yā śūnyatā tad rūpaṃ.	凡（是）色，它（是）空性； 凡空性，它（是）色。
9.	受、想、行、識，亦復如是。	evam eva vedanā-saṃjñā-saṃskāra-vijñānāni.	受、想、行、識，就是如此(性空)。
10.	舍利子！是諸法空相，	iha Śāriputra sarva-dharmāḥ śūnyatā-lakṣaṇā	於此（修行般若波羅蜜多之法），舍利子！一切法（是具有)空性的特徵：
11.	不生、不滅， 不垢、不淨， 不增、不減。	anutpannā aniruddhā amalāvimalā nonā na paripūrṇāḥ.	（一切法是） 不被生、不被滅；(是）不染垢、不清淨；(是）不減損、不增長的。
12.	是故，空中：	tasmāc Chāriputra śūnyatāyāṃ	是故，舍利子！空中
13.	無色，無受、想、行、識；	na rūpaṃ na vedanā na saṃjñā na saṃskārā na vijñānānaṃ.	無色、無受、無想、無行、無識；

編號	《玄奘》	林略梵	林梵漢
14.	無眼、耳、鼻、舌、身、意；	na cakṣuḥ-śrotra-ghrāṇa-jihvā-kāya-manāṃsi,	無眼、耳、鼻、舌、身、意；
15.	無色、聲、香、味、觸、法；	na rūpa-śabda-gandha-rasa-spraṣṭavya-dharmāḥ,	無色、聲、香、味、觸、法；
16.	無眼界，乃至無意識界；	na cakṣur-dhātur yāvan na mano-vijñāna-dhātuḥ,	無眼界，乃至無意識界；
17.	無無明，亦無無明盡；	na vidyā nāvidyā na vidyākṣayo nāvidyākṣayo	（在空性中）沒有明、沒有無明、沒有明盡、沒有無明盡；
18.	乃至無老死，亦無老死盡；	yāvan na jarāmaraṇaṃ na jarāmaraṇakṣayo,	乃至（在空性中）沒有老死、沒有老死盡；
19.	無苦、集、滅、道；	na duḥkha-samudaya-nirodha-mārgā,	（在空性中）沒有苦、集、滅、道；
20.	無智，亦無得。	na jñānaṃ na prāptiḥ.	（在空性中）沒有智，沒有得。
21.	以無所得故，	tasmād aprāptitvād	是故，以無所得狀態之故，
22.	菩提薩埵依般若波羅蜜多故，心無罣礙；	[兩個梵文版本：] (1) bodhisattvānāṃ prajñāpāramitām āśritya viharaty acittāvaraṇaḥ. (2)bodhisattvasya prajñāpāramitām āśritya viharaty acittāvaraṇaḥ.	[兩梵本的直譯：] (1)依諸菩薩的般若波羅蜜多而住，（那人）沒有心的罣礙。 (2)菩薩依般若波羅蜜多而住，（菩薩）沒有心的罣礙。

編號	《玄奘》	林略梵	林梵漢
23.	無罣礙故， 無有恐怖，	cittāvaraṇa- nāstitvād atrasto	因為沒有心的罣礙故，所以沒有恐怖，
24.	遠離顛倒、夢想，究竟涅槃。	viparyāsātikrānto niṣṭhanirvāṇaḥ.	遠離顛倒，達成涅槃。
25.	三世諸佛依般若波羅蜜多故，得阿耨多羅三藐三菩提。	tryadhvavyavasthitāḥ sarva-buddhāḥ prajñā- pāramitām āśrityānuttarāṃ samyaksaṃbodhim abhisaṃbuddhāḥ.	安住於三世之一切諸佛，依般若波羅蜜多故，證得阿耨多羅三藐三菩提。
26.	故知般若波羅蜜多是大神咒、	tasmāj jñātavyaṃ prajñāpāramitā mahāmantro	是故，應知般若波羅蜜多(是)大咒、
27.	是大明咒、 是無上咒、 是無等等咒，	mahāvidyāmantro 'nuttaramantro 'samasamamantraḥ	是大明咒、是無上咒、是無等等咒，
28.	能除一切苦；	sarvaduḥkha- praśamanaḥ,	能使一切苦滅除，
29.	真實，不虛故，	satyam amithyatvāt.	由於不虛假之故，（是）真實的，
30.	（故）說般若波羅蜜多咒，	prajñāpāramitāyāṃ ukto mantraḥ,	於般若波羅蜜多中而說咒，
31.	即說咒曰：	tad yathā:	即說咒曰：

編號	《玄奘》	林略梵	林梵漢
32.	「揭諦！揭諦！般羅揭諦！般羅僧揭諦！菩提僧莎訶！」	gate gate pāragate pāra-saṃgate bodhi svāhā.	「揭諦 揭諦 波羅揭諦 波羅僧 揭諦菩提 娑婆訶（去吧！去吧！向彼岸去吧！ 全向彼岸去吧！菩提！莎訶！）」
33.	般若波羅蜜多心經	iti Prajñāpāramitā-hṛdaya-sūtraṃ samāptam.	以上般若波羅蜜多心經圓滿。

2. 藏文分段對照表：

以下仍以《玄奘》為底本，編號也依《心經集成》分成 33 個句子。將《玄奘》、〈林藏格〉、以及筆者漢譯分段比對，以為本書第四章藏文《心經》整體的分段簡介。

編號	《玄奘》	林藏格	林藏漢
1.	般若波羅蜜多心經	rgya gar skad du / *Bhagavatī- prajñā-pāramitā-hṛdaya* / bod skad du / *Bcom ldan ḥdas ma śes rab kyi pha rol tu phyin paḥi sñiṅ po* / bam po gcig go //	以印度語（說，是）《薄伽梵母般若波羅蜜多心經》。 以西藏語（說，是）《佛母般若波羅蜜多心經》。 一卷。
1-(1)	（《玄奘》缺歸敬文）	Bcom ldan ḥdas ma śes rab kyi pha rol tu phyin pa la phyag ḥtshal lo //	歸敬：薄伽梵母——（即）般若波羅蜜多。

編 號	《 玄 奘 》	林 藏 格	林 藏 漢
1-(2)	(《玄奘》缺宣講的背景)	1-(2-1) ḥdi skad bdag gis thos pa dus gcig na /	1-(2-1) 當時我是這樣聽說的(如是我聞,一時)。
		1-(2-2) bcom ldan ḥdas rgyal poḥi khab na bya rgod phuṅ poḥi ri la / dge sloṅ gi dge ḥdun chen po daṅ / byaṅ chub sems dpaḥi dge ḥdun chen po daṅ thabs cig tu bshugs te/	1-(2-2) 薄伽梵與大比丘僧眾以及大菩薩僧眾一同住於王舍城靈鷲山中。
		1-(2-3) deḥi tshe bcom ldan ḥdas zab mo snaṅ ba shes bya baḥi chos kyi rnam graṅs kyi tiṅ ṅe ḥdsin la sñoms par shugs so //	1-(2-3) 那時,薄伽梵自然地進入名為「顯明甚深」之法門的三昧。
2.	觀自在菩薩,	yaṅ deḥi tshe Byaṅ chub sems dpaḥ sems dpaḥ chen po ḥphags pa spyan ras gzigs dbaṅ phyug	又,那時候,聖觀自在菩薩摩訶薩,
3.	行深般若波羅蜜多時,	śes rab kyi pha rol tu phyin pa zab moḥi spyod pa ñid la rnam par lta shiṅ /	他詳細地觀察甚深的般若波羅蜜多之行。並且,
4.	照見五蘊皆空,	phuṅ po lṅa po de dag la yaṅ raṅ bshin gyis stoṅ par rnam par ltaḥo //	他也清楚地觀察到那些五蘊以自性而言是空的。

編 號	《 玄 奘 》	林 藏 格	林 藏 漢
5.	度一切苦厄。	---（無）---	---（無）---
5-(1)	（《玄奘》缺）	de nas saṅs rgyas kyi mthus / tshe daṅ ldan pa Śā-riḥi bus byaṅ chub sems dpaḥ sems dpaḥ chen po ḥphags pa spyan ras gzigs dbaṅ phyug la ḥdi skad ces smras so //	然後，長老舍利子藉由佛陀的力量，（舍利子）對聖觀自在菩薩摩訶薩說了（以下）「這段話」——
5-(2)	（《玄奘》缺）	rigs kyi buḥam / rigs kyi bu mo gaṅ la la śes rab kyi pha rol tu phyin pa zab moḥi spyod pa spyad par ḥdod pa des ji ltar bslab par bya / de skad ces smras pa daṅ /	「任何一位想要實踐甚深般若波羅蜜多行的善男子或善女人，他應該如何修學呢？」 （當長老舍利子）說完「（前述）那段話」，接著，
5-(3)	（《玄奘》缺）	byaṅ chub sems dpaḥ sems dpaḥ chen po ḥphags pa spyan ras gzigs dbaṅ phyug gis tshe daṅ ldan pa Śa-ra-dva-tiḥi bu la ḥdi skad ces smras so //	聖觀自在菩薩摩訶薩就對長老舍利弗說了這（以下）「一段話」——

編號	《玄奘》	林藏格	林藏漢
5-(4)	（《玄奘》缺）	Śā -riḥi bu rigs kyi buḥam / rigs kyi bu mo gaṅ la la śes rab kyi pha rol tu phyin pa zab moḥi spyod pa spyad par ḥdod pa des ḥdi ltar rnam par blta bar bya ste /	「舍利子呀！任何一位想要實踐甚深般若波羅蜜多行的善男子或善女人，他應該像這樣地（如下地）仔細觀察，
5-(5)	（《玄奘》缺）	phuṅ po lṅa po de dag kyaṅ raṅ bshin gyis stoṅ par rnam par yaṅ dag par rjes su bltaḥo //	亦即也應該詳細、正確、隨順地觀察那些五蘊是自性空的。」
6.	舍利子！	（藏譯缺）	---（無）---
6-(1).	色者，空性也；空性，即色也。 （《玄奘》譯與藏本皆缺，此譯句引自林梵漢）	（藏譯缺）	---（無）---
8.	色即是空， 空即是色； （《玄奘》所譯與藏本的 7.和 8.位置顛倒）	gzugs stoṅ paḥo // stoṅ pa ñid gzugs so //	「色（即是）空，空性（即是）色。
7.	色不異空， 空不異色； （《玄奘》所譯與藏本的前後兩半句位置顛倒）	gzugs las stoṅ pa ñid gshan ma yin / stoṅ pa ñid las kyaṅ gzugs gshan ma yin no //	空不異色， 色不異空。

編號	《玄奘》	林藏格	林藏漢
9.	受、想、行、識，亦復如是。	de bshin du tshor ba daṅ / ḥdu śes daṅ / ḥdu byed daṅ / rnam par śes pa rnams stoṅ paḥo //	同樣地，受和想、行、識（四者也如色一般）是空的。」
10.	舍利子！是諸法空相，	Śā-riḥi bu de lta bas na chos thams cad stoṅ pa ñid de / mtshan ñid med pa /	舍利子！因此，一切法是空性、無相，
11.	不生、不滅，不垢、不淨，不增、不減。	ma skyes pa / ma ḥgags pa / dri ma med pa / dri ma daṅ bral ba med pa / bri ba med pa / gaṅ ba med paḥo //	不生、不滅、不垢、不淨、不減、不增的。
12.	是故，空中：	Śā-riḥi bu/ de lta bas na stoṅ pa ñid la	舍利子！因此，在空性當中——
13.	無色，無受、想、行、識；	gzugs med / tshor ba med / ḥdu śes med / ḥdu byed rnams med / rnam par śes pa med /	無色（蘊）、無受（蘊）、無想（蘊）、無諸行（蘊）、無識（蘊）。
14.	無眼、耳、鼻、舌、身、意；	mig med / rna ba med / sna med / lce med / lus med / yid med /	無眼（根）、無耳（根)、無鼻（根）、無舌（根）、無身（根）、無意（根）、

編號	《玄奘》	林藏格	林藏漢
15.	無色、聲、香、味、觸、法；	gzugs med / sgra med / dri med / ro med / reg bya med / chos med do //	無色（塵）、無聲（塵）、無香（塵）、無味（塵）、無觸（塵）、無法（塵）。
16.	無眼界，乃至無意識界；	mig gi khams med pa nas yid kyi khams med / yid kyi rnam par śes paḥi khams kyi bar du yaṅ med do //	從無眼界到無意界，乃至意識界也不存在。
17.	無無明，亦無無明盡；	ma rig pa med / ma rig pa zad pa med pa nas	沒有無明，從沒有無明盡至……
18.	乃至無老死，亦無老死盡；	rga śi med / rga śi zad paḥi bar du yaṅ med do //	沒有老死，乃至老死盡也不存在。
19.	無苦、集、滅、道；	sdug bsṅal ba daṅ / kun ḥbyuṅ ba daṅ / ḥgog pa daṅ / lam med /	沒有苦和集、滅、道。
20.	無智，亦無得。	ye śes med / thob pa med / ma thob pa yaṅ med do //	沒有聖智，沒有得，也沒有無得。
20-(1)	（《玄奘》缺）	Śā-riḥi bu de lta bas na	舍利子！因此，
21.	以無所得故，	byaṅ chub sems dpaḥ rnams thob pa med paḥi phyir /	諸菩薩由於無所得之故，

編號	《玄奘》	林藏格	林藏漢
22.	菩提薩埵依般若波羅蜜多故，心無罣礙；	śes rab kyi pha rol tu phyin pa la brten ciṅ gnas te / sems la sgrib pa med pas	（諸菩薩）所以（能）依止並安住於般若波羅蜜多；由於在內心沒有障蔽……。
23.	無罣礙故， 無有恐怖，	skrag pa med de /	（由於在內心沒蓋障，因此也就） 沒有恐懼；
24.	遠離顛倒、夢想，究竟涅槃。	phyin ci log las śin tu ḥdas nas mya ṅan las ḥdas paḥi mthar phyin to //	從顛倒中完全地超越之後，已到達涅槃的究竟。
25.	三世諸佛依般若波羅蜜多故，得阿耨多羅三藐三菩提。	dus gsum du rnam par bshugs paḥi saṅs rgyas thams cad kyaṅ / śes rab kyi pha rol tu phyin pa la brten nas / bla na med pa yaṅ dag par rdsogs paḥi byaṅ chub tu mṅon par rdsogs par saṅs rgyas so //	安住於三世當中的一切諸佛也在依止般若波羅蜜多後，於無上正確圓滿的菩提中，現前圓滿地成佛。
26.	故知般若波羅蜜多是大神咒、	de lta bas na śes rab kyi pha rol tu phyin paḥi sṅags /	因此，般若波羅蜜多咒，
27.	是大明咒、 是無上咒、 是無等等咒，	rig pa chen poḥi sṅags / bla na med paḥi sṅags / mi mñam pa daṅ mñam paḥi sṅags /	就是大明咒，就是無上咒，就是無等等咒，
28.	能除一切苦；	sdug bsṅal thams cad rab tu shi bar byed paḥi sṅags /	就是能完全止息一切苦的咒；

編號	《玄奘》	林藏格	林藏漢
29.	真實，不虛故，	mi rdsun pas na bden par śes par bya ste /	由於沒有虛假，所以應當了解是真實的。
30.	（故）說般若波羅蜜多咒，	śes rab kyi pha rol tu phyin paḥi sṅags smras pa /	般若波羅蜜多咒（的內容）就說了——
31.	即說咒曰：	ta dya tha /	即說咒曰：
32.	「揭諦！揭諦！般羅揭諦！般羅僧揭諦！菩提僧莎訶！」	ga-te ga-te pā-ra-ga-te / pā-ra-saṁ-ga-te / bo-dhi-svā-hā /	揭諦、揭諦、波羅揭諦、波羅僧揭諦、菩提娑婆訶，
32-(1)	（《玄奘》缺）	Śā-riḥi bu byaṅ-chub sems dpaḥ sems dpaḥ chen pos de ltar śes rab kyi pha rol tu phyin pa zab mo la bslab par byaḥo //	「舍利子！菩薩摩訶薩應該如前述一般地修學甚深般若波羅蜜多。」
32-(2)	（《玄奘》缺）	de nas Bcom-ldan-ḥdas tiṅ-ṅe-ḥdsin de las bsheṅs te / byaṅ chub sems dpaḥ sems dpaḥ chen po ḥphags pa spyan ras gzigs dbaṅ phyug la legs so shes bya ba byin nas /	在（觀自在菩薩摩訶薩對舍利子說了）那（段話）之後，薄伽梵從那個（名為「顯明甚深」的）三昧起身，並對聖觀自在菩薩摩訶薩給予「讚嘆」（如下）——

編號	《玄奘》	林藏格	林藏漢
32-(3)	(《玄奘》缺)	legs so legs so //rigs kyi bu de de bshin no // rigs kyi bu de de bshin te / ji ltar khyod kyis bstan pa de bshin du śes rab kyi pha rol tu phyin pa zab mo la spyad par bya ste / de bshin gśegs pa rnams kyaṅ rjes su yi raṅ ṅo //	「善哉！善哉！彼男子（應）如此！正如應該如你（觀自在菩薩摩訶薩）所說的那樣實行甚深般若波羅蜜多（行），諸善逝也隨喜。」
32-(4)	(《玄奘》缺)	Bcom ldan ḥdas kyis de skad ces bkaḥ stsal nas /	薄伽梵開示了「那段話」之後，
32-(5)	(《玄奘》缺)	tshe daṅ ldan pa Śa-ra-dva-tiḥi bu daṅ / byaṅ chub sems dpaḥ sems dpaḥ chen po ḥphags pa spyan ras gzigs dbaṅ phyug daṅ / thams cad daṅ ldan paḥi ḥkhor de daṅ /	長老舍利弗及聖觀自在菩薩摩訶薩、以及所有那（些與會）大眾、以及……
32-(6)	(《玄奘》缺)	lha daṅ / mi daṅ / lha ma yin daṅ / dri zar bcas paḥi ḥjig rten yi raṅs te /	天、人、阿修羅、乾闥婆……等的世間（皆）隨喜，並且，
32-(7)	(《玄奘》缺)	Bcom ldan ḥdas kyis gsuṅs pa la mṅon par bstod do //	對於薄伽梵所說的（內容）非常讚揚。

編號	《玄奘》	林藏格	林藏漢
33.	般若波羅蜜多心經	*Bcom ldan ḥdas ma śes rab kyi pha rol tu phyin paḥi sñiṅ po shes bya ba theg pa chen poḥi mdo* rdsogs so // //	名為《薄伽梵母——般若波羅蜜多心經》的大乘經典竟。
33-(1)	（《玄奘》缺）	rgya gar gyi mkhan po Vi-ma-la mi-tra daṅ / lo ccha va gde sloṅ Rin chen sdes bsgyur ciṅ /	印度的堪布無垢友（梵：Vimala mitra）及譯師寶軍比丘（藏：gde sloṅ Rin chen sdes）翻譯；
33-(2)	（《玄奘》缺）	shu chen gyi lo ccha va Dge blo daṅ Nam mkhaḥ la sogs pas shus te gtan la phab pa // //	主校譯師善慧（藏：Dge blo）及虛空（藏：Nam mkhaḥ）等校勘並訂正。
33-(3)	（《玄奘》缺）	dpal bsam yas lhun gyis grub paḥi gtsug lag gi dge rgyas bye ma gliṅ gi rtsig ṅos la bris pa daṅ shu dag legs par bgyis so // //	繕寫於吉祥桑耶任運成就寺（城牆外圍）之遍淨沙院的牆面，做了記錄並善加校勘。

二、略語與文法略符

（一） 略語

略語是將形式較長的詞彙簡化為短語的形式，一般略語通常為原來詞彙中節錄部分詞素後所產生的新詞。學術上略語、縮語、簡稱在使用上的定義並不相同，以下略語為筆者自創略語，全書將使用以下略語代表原始詞彙，自第三章開始不另外加註說明。

〈心經觀的變遷〉 = 福井文雅
---. 1983.〈般若心經觀在中國的變遷〉,《敦煌學》6，東京：春秋社。

《Das》 = Das, S. C. 藏文文法書。

《MG27》 = Macdonell, A. A.梵文文法書，第 27 條。

《PG95》 =Perry, E. D. 梵文文法書，第 95 條。

《孔睿》p.270 = 孔睿（Edward Conze）"*Materials for a Dictionary of Prajñāpāramitā Literatare*"，第 270 頁。

《玄奘》 = No. 251《般若波羅蜜多心經》,（T8, p848a）[唐 玄奘譯]

《百科》 = 藍吉富編
---. 1994 《中華佛教百科全書》，台南：中華佛教百科文獻基金會。

《西域記》 = No. 2087《大唐西域記》,（T51, p867）
[唐 玄奘]

《東初》 = 東初法師
---. 1979. 《般若心經思想史》，臺北：天華。

《法月》 = No. 252《普遍智藏般若波羅蜜多心經》,（T8, p849b）[唐 法月重譯]

《法成》 = No. 255《般若波羅蜜多心經（燉煌石室本）》,（T8, p850b） [唐 法成譯]

《施護》 = No. 257《佛說聖佛母般若波羅蜜多經》,（T8，p852b） [宋 施護譯]

《唐梵對字音》 = No. 256《唐梵飜對字音般若波羅蜜多心經 [燉煌出 S.700] 》,（T8, p851b）
[觀自在菩薩與三藏法師玄奘親教授梵本不潤色]

《般利》 = No. 253《般若波羅蜜多心經》,（T8, p849b）
[唐 罽賓國三藏般若共利言等譯]

《梵語初階》 =《梵語初階》，梵文文法書，第 31 頁第 95 條。
§95 p.31

《智慧輪》 = No. 254《般若波羅蜜多心經》,（T8, p850a）
[唐上都大興善寺三藏智慧輪譯]

《義淨》 = 《探盈異譯心經》, [唐 義淨譯]
收錄於 榛葉良男（元水）著
---. 1978《般若心經大成》，東京：開明書院。

《聖德新編》 = 藍吉富編
---. 1995 《觀世音菩薩聖德新編》，臺北：迦陵。

《聖嚴》 = 聖嚴法師

---. 1997. 《心的經典-- 心經新釋》，臺北：法鼓文化。

《葉阿月》 = 葉阿月
---. 1990.《超越智慧的完成》，臺北：新文豐。

《達賴談心經》 = 鄭振煌 譯、達賴喇嘛 著
---.2004.《達賴喇嘛談心經》，臺北：圓神。

《歷史的研究》 = 福井文雅
---. 1987.《般若心經の的歷史研究》，東京：春秋社。

《總合的研究》 = 福井文雅
---. 2000.《般若心經の總合的研究》，東京：春秋社。

《講記》 = 印順法師
---. 1973. 《般若經講記》，臺北：正聞。

《羅什》 = No. 250《摩訶般若波羅蜜大明咒經》，（T8, p847c） [後秦龜茲三藏鳩摩羅什譯]

《藏漢》 = 張怡蓀主編。
---.1993. 《藏漢大辭典》，北京：民族。

孔睿英 = 孔睿（Edward Conze）英譯略本
---.1957. *Buddhist Wisdom Books Containing The Diamond Sutra and The Heart Sutra*, London. 頁77~102。

村紀日 = 中村元・紀野一義所依梵文之日譯
---.1992.《般若心經 金剛般若經》，東京：岩波書店，頁 11-15。

林村漢　　= 林光明依中村元・紀野一義梵文日譯所作之漢譯

林梵英　　= 林光明依梵文所作之英譯

林梵漢　　= 林光明依梵文所作之漢譯

林略梵　　= 林光明參考各種〈梵文略本《心經》〉資料之梵文的修訂本

林睿漢　　= 林光明依孔睿（Edward Conze）英譯略本所作之漢譯

林藏格　　= 林光明參考各種《心經》木刻本藏文，並以羅馬轉寫出的試訂本

林藏漢　　= 林光明依藏文所作之漢譯

阿題　　= Apte, V.S.
---. 1978. *THE PRACTICAL SANSKRIT-ENGLISH DICTIONARY*，京都：臨川書店。

梵漢　　= 林光明・林怡馨合編
---.2005.《梵漢大辭典》，臺北：嘉豐。

摩威　　= Williams, Monier
---. 1988. *SANSKRIT-ENGLISH DICTIONARY*，New York：The Clarendon Press.

穆勒英　　= 穆勒（Max Müller）依法隆寺貝葉校訂本所作之英譯本
F. Max Müller,M. A. and Bunyiu Nanjio（南條文雄）,Hon. M. A., Oxon.,*The Ancient Palm-Leaves containing the Pragñâ-Pâramitâ- Hridaya-Sûtra and the Ushnîsha- Vigaya-Dhâranî,*

Netherlands:The Edition Oxford, Reprint 1972, 48-50 頁。

（二） 文法略符

√	=詞根、字根
√vid-6	=第六類動詞詞根 vid。
°	=語形之省略。例： duḥkhe sukha°（=duḥkhe sukhasaṃjñā）。
*	=表不合語法或不能接受的形式，或者表假設或假擬的形式。
+	=表詞素之界線
<	=表"從…"
=	=表"與…相等"
>	=表"變為…"，"發展為…"
"…"	=梵、藏之引文等。例："śes rab kyi pha rol tu phyin pa..."。
'…'	=西文之釋語。例：it means 'forward', 'forth'.
3sg.	=第 3 人稱、單數
Ā、P	=為自言（Ātmanepada）、為他言（Parasmaipada）。
Ab.	=ablatibe（從格）
abs.	=absolute （絕對、獨立）。例：G.或 L.abs.（=絕對屬格或處格）
adj.	=adjective（形容詞）

ff.	=表連續
LOP 質詞	=藏文文法的（Locative/Objective/Purpose）之 Particles
業格、對格	=accusative（=Acc.）
有財釋	=bahuvrīhi（=Bv.）
使役動詞	=causative（=caus.）
複合詞	=compound（=comp.）
與格、為格	=dative（=D.）
雙數	=dual（=du.）
相違釋	= dvandva（=Dv.）
陰性	=feminine（=f.）
未來被動分詞	=future passive participle（=fpp.）
屬格	=genitive（=G.）
絕對分詞	=gerund（=ger.）
具格	=instrumental（=I.）
未完成過去式	=imperfect（=impf.）
不變化詞	=indeclinable（indec.）
不定詞	=infinitive（=inf.）
命令式	=imperative（=ipv.）
持業釋	=karmadhāraya（=Kdh）
處格、位格	= locative（=L.）
陽性	=masculine（=m.）
主格	=nominative（=N.）

中性	=neuter（=n.）
祈願式	=optative（=opt.）
複數	=plural（=pl.）
過去被動分詞	= past passive participle（=ppp.）
單數	=singular（=sg.）
依主釋	= tatpuruṣa（=Tp.）
呼格	=vocative（=V.）

（三） 藏文羅馬轉寫

本書所採的藏文羅馬轉寫以「東北」（Tōhoku）轉寫系統為主。

藏文羅馬轉寫有許多種系統，歐美學者較常用的是 Wylie 轉寫系統，中國大陸和日本學者較習慣使用 USLC 轉寫系統，USLC 轉寫系統除了用於轉寫藏文，也適用於轉寫梵文。（USLC 的全名是 United States Library of Congress）。另有「東北」（Tōhoku）轉寫系統也頗為通用，如《梵和大辭典》、德格版《西藏大藏經總目錄》等都是使用「東北」轉寫系統。

「東北」（Tōhoku）轉寫系統，係依東北帝國大學宇井伯壽、鈴木宗忠、金倉圓照等編《西藏大藏經總目錄》（仙台・東北帝國大學文學部，1934），2 vols.（1970 Tokyo reprint，1982 Taipei reprint in 1 vol.）的轉寫，名為「東北」系統。茲將藏文字母與「東北」轉寫系統、Wylie 及 USLC 羅馬轉寫製為對照表格，完整轉寫系統對照一覽表請參考次頁。

編號	藏文母音	東北	USLC	Wylie	編號	藏文母音	東北	USLC	Wylie
1	ཨི	i	i	i	3	ཨེ	e	e	e
2	ཨུ	u	u	u	4	ཨོ	o	o	o

編號	藏文子音	東北	USLC	Wylie	編號	藏文子音	東北	USLC	Wylie
1	ཀ	ka	ka	ka	16	མ	ma	ma	ma
2	ཁ	kha	kha	kha	17	ཙ	tsa	tsa	tsa
3	ག	ga	ga	ga	18	ཚ	tsha	tsha	tsha
4	ང	ṅa	ṅa	nga	19	ཛ	dsa	dza	dza
5	ཅ	ca	ca	ca	20	ཝ	wa	wa (va)	va
6	ཆ	cha	cha	cha	21	ཞ	sha	źa	zha
7	ཇ	ja	ja	ja	22	ཟ	za	za	za
8	ཉ	ña	ña	nya	23	འ	ḥa	’a	’a
9	ཏ	ta	ta	ta	24	ཡ	ya	ya	ya
10	ཐ	tha	tha	tha	25	ར	ra	ra	ra
11	ད	da	da	da	26	ལ	la	la	la
12	ན	na	na	na	27	ཤ	śa	śa	sha
13	པ	pa	pa	pa	28	ས	sa	sa	sa
14	ཕ	pha	pha	pha	29	ཧ	ha	ha	ha
15	བ	ba	ba	ba	30	ཨ	a	a	a

東北、USLC 和 Wylie 轉寫系統對照表

從上面的對照表可以看出「東北」與 USLC 有 འ（ḥa，’a）、ཛ（dsa，dza）和 ཞ（sha，źa）不同；而 USLC 和 Wylie 轉寫系統不同的是 ང（ṅa，nga）、ཉ（ña，nya）、ཝ（wa，va）、ཞ（źa，zha）、ཤ（śa，sha）。

第三章

梵文心經逐句對照與註釋

1. 經名：般若波羅蜜多心經

प्रज्ञापारमिताहृदयसूत्रं
𑖢𑖿𑖨𑖕𑖿𑖗𑖯𑖢𑖯𑖨𑖦𑖰𑖝𑖯 𑖮𑖴𑖟𑖧 𑖭𑖳𑖝𑖿𑖨𑖽

林略梵：*Prajñāpāramitā-hṛdaya-sūtraṃ*
林梵英：*The Heart Sutra of Prajnaparamita*
林梵漢：般若波羅蜜多心經
穆勒英：*PRAGÑÂ-PÂRAMITÂ-HRIDAYA-SÛTRA.*
穆勒漢：般若波羅蜜多經
孔睿英：*THE "HEART OF PERFECT WISDOM"*
林睿漢：圓滿智慧之心要
村紀日：---（無）---
林村漢：---（無）---

《講記》

般若波羅蜜多心經（Prajñāpāramitā-hṛdaya-sūtra）：波羅蜜多（pāramitā），是度一切苦厄；般若（prajñā），是解除苦痛的主要方法；此經就是顯示這出苦主要方法的精要。心（hṛdaya），可以有多種的解釋，然此處取心要、精要的意思。

佛法有五乘的差別，五乘都是佛法，究竟那些是最主要的呢？佛為一些根機淺的，但教他受持三歸，奉守五戒，乃至教他修四禪、四無色等定，這是世間的人、天乘法。又印度人一向著重山林的生活，偏於自了，佛為適應這一類的根機，為說聲聞、緣覺乘法，使從持戒修定發慧的過程，解脫一己的生死苦痛。這些，都不是究竟的佛法，不是契合佛陀本懷的佛法。唯有菩薩行的大乘法，纔是佛法中最究竟的心要。大乘法可以從三個意義去了解：一、菩提心（bodhi-citta），菩提心即以長期修集福德智慧，乃至成最後圓滿的遍正覺，為修學佛法的崇高目標，堅定信願以求其實現。二、大悲心（mahā-karuṇā），菩提心是從大悲心生起的，大悲心是對於人世間一切苦痛的同情，想施以救濟，使世間得到部分的與究竟圓滿的解脫自在。有情——人是互相依待而存在的，如他人不能脫離苦痛，即等於自己的缺陷，所以大乘要以利他的大悲行，完成自我的淨化。三、般若慧（prajñā-mati），有了崇高的理想，偉大的同情，還要有了達真理的智慧，才能完成圓滿的人生——成佛。以此三種而行六波羅蜜多，是大乘佛法的特質。般若波羅蜜多，即大乘六波羅蜜多的別名，所以般若波羅蜜多心經，可解說為大乘心，大乘法即佛法的心要。

然大乘中法門很多，在很多的大乘法門中，般若波羅蜜多又算是主要中之最主要了。因為修學大乘的菩薩行，無論是利濟他人或是淨化自己，都需要般若的智慧來領導——不是說只要般若。布施乃至禪定，世間外道也有，算不得是佛法中的特法。《般若經》裡常說：般若為導。若沒有般若，一切修行皆成為盲目的，不是落於凡外——人天，就是墮於小乘——聲聞、緣覺。從教典說：「一切經中《般若經》最大」。因為《般若經》是特別發揚般若的體悟宇宙人生真理的，所以《般若經》在一切經中為最大。在全體大乘法中，般若波羅蜜多及其經典最為精要。所以《般若波羅蜜多心經》，用六離合釋（ṣaṭ-samāsāḥ）來說，是持業釋（karma-dhāraya），般若波羅蜜多即是心。

更進一層說，此經是一切《般若經》的心要：《般若經》的部帙繁多，文義廣博，此經以寥寥二百餘字，攝之淨盡，可說是《般若波羅蜜多經》的心要了。

上面所說的心義，一、整個佛法以大乘佛法為主要為中心；二、大乘法中以般若波羅蜜多法為主要為中心；三、《般若波羅蜜經》中，又以此經為主要為中心，所以名為《般若波羅蜜多心經》。

經，梵語修多羅（sūtra），譯為線，線有貫攝零星散碎的功能。佛弟子將佛所說的法，依文義次第，結集成章成部，如線貫物一樣。能歷久不失，所以名為修多羅。中文的經字，本也是線，如織布有經線緯線。後人以古代有價值的典籍為經，漸漸附以可依可法的尊貴意思，所以佛典也譯之為經了。（《講記》pp.165-167）

林註釋：

1-1.

玄奘漢譯本的全名為《般若波羅蜜多心經》，簡稱《般若心經》或《心經》，也有稱為《摩訶般若波羅蜜多心經》。若從現代通行梵文本看，無「大」，也就是沒有「摩訶」（mahā） 二字。

諸漢譯中有「摩訶」二字的漢譯本，目前流傳有鳩摩羅什的《摩訶般若波羅蜜大明咒經》（T8, p.847）。此外，支謙與實叉難陀的漢譯本已失佚。據《大唐內典錄》卷二（T55, p.229a）、《大周刊定眾經目錄》卷二（T55, p.381b）、《古今譯經圖紀》卷一（T55, p.352a）、《開元釋教錄》卷二（T55, p.488c）等文獻記載，支謙譯本名為《(摩訶）般若波羅蜜咒經》。實叉難陀譯本名為《摩訶般若髓心經》（一卷）。

（亦參：《總合的研究》，pp.175-178）。

1-2.

印度梵文原典與漢譯佛教經典，在經名部分有不同習慣用法。梵文原典在經文前並無經名，只有一句或一小段歸敬文，而在經文結束後才有一段文字說明：這就是「（某某）經」（梵文是 iti...sūtra），或以上「（某某經）完結（圓滿）」（梵文是 iti...samāptam）。前者如《阿彌陀經》即「名為極樂莊嚴之大乘經」（Sukhāvatī-vyūho nāma Mahāyāna-sūtram），後者如本經之「以上般若波羅蜜多心（經）完結（圓滿）」（iti Prajñāpāramitā-hṛdayaṃ samāptam）。

漢譯經典習慣在經文前冠上經名（即首題經名），有時也會在經文結束之後再重覆一次經名（即尾題經名）。首題經名往往取自梵文最後的「結尾文」。如《心經》是以 "Prajñāpāramitā-hṛdayaṃ"「般若波羅蜜多心」再加上「經（sūtra）」，而成經名：《般若波羅蜜多心經》。

〈村紀日〉或因此而無首題經名。

1-3.

《孔睿》p.270 將 Prajñāpāramitā-hṛdaya 註釋為：Heart of Perfect Wisdom，即「圓滿智慧之心要」。但他的英譯本經名卻為「Heart Sutra」（《心經》），這也許是受到漢譯本的影響。

梵文 hṛdaya 是心要、心臟、精髓、中心、最勝、最祕（真言、陀羅尼）等義。hṛdaya 與本經出現「心無罣礙」的「心（citta）」意義上有很大的區別。hṛdaya 是指「（肉團）心」；但 citta 則指「心（思慮分別）」、

「心（意識）」。

唐代經錄文獻、敦煌經卷（斯坦因(Mark Aurel Stein，1862－1943)及伯希和(Paul Pelliot，1878－1945)二人所得、列寧格勒(Leningrad)、及北京所藏等為主要資料）、以及正倉院文書，皆將《般若波羅蜜「多心」經》略名為《多心經》；另外，法成所譯大本心經（《般若波羅蜜「多心」經》）也可能解成如此。唐代普遍使用《多心經》成為通稱，一直沿用至宋代；此似未參究梵典原文，而將《般若波羅蜜「多心」經》略名為《多心經》。

最初引《多心經》的略稱，可能是唐代禿氏祐祥《天平寫經與大通方廣經》、另《呂氏春秋》卷十八、《漢書》卷四十主張本經是「多心經」，而有「心的變動多」的意思，此偏離了 hṛdaya 的意義。到了明代《心經》、《般若心經》這兩種目前的通稱才一般化。

敦煌經卷以略稱的《多心經》尾題，據近代敦煌學者的研究：因為漢譯之後的經文，中國人相信手抄漢譯佛經書寫的功德，故一般推論為中國人尤以在敦煌經商的商隊手抄斷字錯誤的緣故。

而作者可能是明朝吳承恩（約 1500－1582）所創作的《西遊記》亦將《般若波羅蜜多心經》略名為《多心經》。

（亦參：《總合的研究》，pp.199-216、《歷史的研究》，pp.25-64、〈心經觀的變遷〉，pp.11-21）。

1-4.

逐字說明梵文如下：

1-4.1 प्रज्ञापारमिता（prajñā-pāramitā 𑖢𑖿𑖨𑖕𑖿𑖗𑖯 𑖢𑖯𑖨𑖦𑖰𑖝𑖯）

陰性複合詞。

音譯「般若波羅蜜多」。由複合詞的詞構分析，依梵文可意譯為「智慧到彼岸」、「智慧的完成」。可分解為(1) prajñā、(2) pāramitā；二字為同位語。

摩威 p.659b : perfection in knowledge.
孔睿 p.269 : perfection of wisdom.
阿題 p.1063a : f., a true or transcendental wisdom; Buddh.

1-4.1.1　प्रज्ञा（prajñā 𑖢𑖿𑖨𑖕𑖿𑖗𑖯）　陰性詞。

音譯「般若」，意譯「慧、智慧、知識」。

摩威 p.659b : wisdom; with Buddha true or transcendental wisdom.
孔睿 p.269 : wisdom; wise understanding.
梵漢 p.912： 慧、知法。
阿題 p.1063a : pra-√jñā 9U., to know, know about, be acquainted with.

此字可再分解為(1) pra (2) jñā：

1-4.1.1.1　प्र（pra 𑖢𑖿𑖨）：

表示「向前、向上」的前置詞。

摩威 p.652b: before, forward, in front, on, forth（mostly in connection with a verb, esp. with a verb of motion which is often to be supplied）
梵漢 p.899： 勝。
阿題 p.1052a : indec., as a prefix to verbs it means ‘forward’, ‘forth’, ‘in front’, ‘onward’, ‘before’, ‘away’.

1-4.1.1.2 ज्ञा（√jñā ཛྙཱ）:

摩威 p.425~3 : knowing, a wide and learned man

梵漢 p. 535 ：了，知，能知，能識，得悟，得曉，善解，善了知，善能解了，如實知。

阿題 p.743b : 9 U. jānāti, jānīte, to know(in all senses), to learn, become acquainted with, to comprehend, apprehend, understand.

1-4.1.2 पारमिता（pāramitā 𑖢𑖯𑖨𑖦𑖰𑖝𑖯） 陰性詞。

音譯「波羅蜜多」。意譯有二：(1)「到達彼岸」(2)「到達彼岸的狀態、（德的）完滿達成」。（cf.《葉阿月》pp.20-21）

摩威 p.619c : coming or leading to the opposite shore, complete attainment, perfection in; transcendental virtue （there are 6 or 10, viz. dāna, śīla, kṣānti, vīrya, dhyāna, prajñā to which are sometimes added upāya, praṇidhāna, bala, jñāna. ）括弧裏的說明意為「有六個或十個『波羅蜜多』，即：布施、持戒、忍辱、精進、禪定、般若，有時另加有方便、願、力、智」。

孔睿 p.260 : perfection.

梵漢 p.845 ：彼岸，到彼岸，度，度無極，盡邊。

阿題 p.1011b : pāramita (a.) gone to the opposite bank or side, crossed, traversed. pāramitā (f.) complete attainment, perfection.

पारमिता（pāramitā 𑖢𑖯𑖨𑖦𑖰𑖝𑖯）此詞的二種詞構意思，

分別解析如下：

1-4.1.2.1　पारम्（pāram 𑖢𑖯𑖨𑖦𑖿）　單數，業格

阿題 p.1010a: m., n., the further or opposite bank of a river or ocean, the further or opposite side of anything.

1-4.1.2.2　इता（itā 𑖂𑖝𑖯）

阿題 p.379a.: ppp.陰性詞, gone to.

इता（itā 𑖂𑖝𑖯）　字根 √i

इ（√i 𑖂）

阿題 p.379a.: 2 P., eti, to go.

1-4.　पारमि（pārami 𑖢𑖯𑖨𑖦𑖰）= पारम्（pāram 𑖢𑖯𑖨𑖦𑖿）+ इ（√i 𑖂）= पारम्（pāram 𑖢𑖯𑖨𑖦𑖿）- गम्（√gam 𑖐𑖦𑖿）

摩威 p.619b : to reach the end, go through, study or learn thoroughly.

梵漢 p.845： 渡對岸，到達終局，完全。

1-5.　हृदय（hṛdaya 𑖮𑖴𑖟𑖧）　中性名詞。

或音譯「訶梨陀」，意譯為「心臟、心要、肝要」。

摩威 p.1302b : heart.

孔睿 p.443 : heart; chest.

梵漢 p.497： 心。

阿題 p.1763a : n., the heart, soul, mind, the interior or essence of anything, true or divine knowledge.

1-6.　सूत्र（sūtra 𑖭𑖳𑖝𑖿𑖨）中性名詞。सूत्रं（sūtraṃ 𑖭𑖳𑖝𑖿𑖨𑖼）中性詞，單數，主格。或音譯為「修多羅」，意譯「經」。

摩威 p.1241c : n., a thread, yarn, string, line, cord, wire,

a measuring line；the sacred thread or cord wom by the first three classes, a girdle, a fibre, a line, stroke, a sketch, plan.

梵漢 p.1246：絲，線，繯，經典，綱要書，草案，計畫，簡單的規則。

阿題 p.1698a：n., a thread, string, line, cord, a collection of threads, a rule, canon, decree（in law）.

1.-(1) 歸敬文

नमः सर्वज्ञाय

𑖡𑖦𑖾 𑖭𑖨𑖿𑖪𑖕𑖿𑖗𑖯𑖧

林略梵： Namaḥ Sarvajñāya

林梵英： Homage to the Omniscient！

林梵漢： 皈敬知一切者！

穆勒英： Adoration to the Omniscient！

穆勒漢： 禮敬知一切者！

孔睿英： Homage to the Perfection of Wisdom, the Lovely, The Holy！

林睿漢： 向圓滿智慧，美好的，神聖的致敬！

村紀日： 全知者である覚った人に礼したてまつる。

林村漢： 向全知的悟覺者禮敬。

林註釋：

1-(1)-1

玄奘漢譯本無歸敬文，但梵文及藏、日、英譯本幾乎皆有。Namaḥ Sarvajñāya（cf.《MG 27, 43》、《PG 95》、《梵語初階》§95 p.31：字尾-s 遇下一字 sarva-，即開頭為 k、kh、p、ph、ś、ṣ、s 其中之一時，此-s→-ḥ）

1-(1)-2

नमस्（namas 𑖡𑖦𑖭𑖿）　不變化詞。

「歸命、敬禮」之意，經常後接「與格（為格）」名詞，偶爾接所有格。此處連接 sarvajñā 是「與格 D」。

摩威 p.528a：bow, obeisance, reverential salutation（often with dative ）（括弧內意為:常連接與格）

孔睿 p.216：homage.

梵漢 p.764：歸依，歸命，禮，敬禮，歸禮。

阿題 p.378a.：indec., a bow, salutation, obeisance,（this word is, by itself, invariably used with D.）

1-(1)-3

सर्वज्ञाय（sarvajñāya 𑖭𑖨𑖿𑖪𑖕𑖿𑖗𑖯𑖧）→ **सर्वज्ञ**（sarva-jña 𑖭𑖨𑖿𑖪𑖕𑖿𑖗）陽性複合詞。

「向知一切者」之意，字面上指事（智）或人（智者）。若依原語意「知一切者」，則指「佛」本人。

〈林村漢〉1-1，p.7 譯為「向全知的悟覺者」。此處與《孔睿》歸敬文不同，《孔睿》將 Bhagavatyai（陰性與格），譯為“ the Lovely ”。在漢譯陰性形的 Bhagavatī（藏：Bcom ldan ḥdas ma）譯成「佛母」。

此處陰性的 Bhagavatī 正好與 Prajñā-pāramitā 同格、也由藏譯本的 Bcom ldan ḥdas ma śes rab kyi pha rol tu phyin pa la phyag ḥtshal lo // （歸敬佛母——般若波羅蜜多），顯示出歸敬的對象是「般若波羅蜜多」、「佛母」。

sarva-jña 由(1) sarva、(2) jña　組成「依主釋」。

摩威 p.1185b：all-knowing, omniscient; a Buddha, an Arhat （with Jainas）.

孔睿 p.416：all-knowing.

梵漢 p.1140：一切智，一切種智。

阿題 p.1656a：a., all-knowing; m., an epithet of Buddha.

1-(1)-3.1　सर्व（sarva 𑖭𑖨𑖿𑖪）　中性名詞。

「一切、諸、所有、全部」之意。

摩威 p.1184c：whole, entire, all, every;
（陽性詞）every one. （複數形） all;
（中性名詞，單數形） everything.

梵漢 p.1138：一切，皆；諸；總；全，眾，普一切，遍一切。

1-(1)-3.2　ज्ञाय（jñāya 𑖕𑖿𑖗𑖯𑖧）智者：jña(adj.)→陽性、單數、與格。　√jñā：請參閱註釋 1-4.1.1.2。

2. 觀自在菩薩

आर्यावलोकितेश्वरो बोधिसत्त्वो

𑖁𑖨𑖿𑖧𑖯𑖪𑖩𑖺𑖎𑖰𑖝𑖸𑖫𑖿𑖪𑖨𑖺 𑖤𑖺𑖠𑖰𑖭𑖝𑖿𑖝𑖿𑖪𑖺

林略梵： Āryāvalokiteśvaro bodhisattvo

林梵英：　The Holy Avalokitesvara Bodhisattva,
林梵漢：　聖觀自在菩薩，
穆勒英：　The venerable Bodhisattva Avalokiteśvara,
穆勒漢：　尊貴的菩薩觀自在，
孔睿英：　Avalokita, the Holy Lord and Bodhisattva,
林睿漢：　觀自在！這位神聖的尊者・菩薩，
村紀日：　求道者にして聖なる観音は、
林村漢：　求道者聖觀音

《講記》

「觀自在菩薩（Avalokiteśvaro bodhisattva）」，即般若觀慧已得自在的菩薩，不一定指補怛落迦（Potala 或 Potalaka，漢譯為「普陀山」）的觀世音菩薩。（編者案：依佛教史料、考古學及近代學界的研究，兩梵文名詞的演變，請詳：2-3.3）菩薩是依德立名的，有某種特殊功德，即名他為某某。《華嚴經》每有若干同名同號的菩薩，即由於此。所以，誰有觀自在的功德，誰就可以稱為觀自在。「觀（avalokita）」是對於宇宙人生真理的觀察，由此洞見人生的究竟。

下文「照見」，即是般若觀慧的作用。「自在（īśvara）」即是自由，擺脫了有漏有取的蘊等繫縛，即得身心的自由自在。用經文來解釋，「照見五蘊皆空」即是「觀」，「度一切苦厄」即得「自在」。由此，「觀自在菩薩」可作兩說：一、特別指補怛落迦的觀自在菩薩。二、凡是能觀察真理獲得痛苦解脫者，都名觀自在菩薩——本經指後者。經上說八地以上的菩薩，得色自在、心自在、智自在，為菩薩的觀自在者。然菩薩登地，通達真理，斷我法執，度生死苦，即可名「觀自在」。

就是勝解行者，能於畢竟空觀修習相應，也可以隨分得名觀自在了。

「菩薩」，梵語應云「菩提薩埵（bodhi-sattva）」。菩提（bodhi）譯為「覺悟」，對事理能如實明白，了知人生的真意義，由此向人生的究竟努力以赴。這不是世間知識所知，唯有般若慧（prajñā-mati）纔能究竟洞見的。佛是具有最高覺悟者，菩薩即以佛的大覺為理想的追求者。薩埵（sattva）譯為「有情」，情是堅強意欲向前衝進的力量。人和一般動物，都有這種緊張衝動的力量，所以都是有情。有的譬喻為金剛心，就是說明這種堅忍的毅力。合起來，菩提薩埵譯為「覺有情」，有覺悟的有情，不但不是普通的動物，就是混過一世的人，也配不上這個名稱。必須是了知人生的究竟所在，而且是為著這個而努力前進的，所以菩薩為一類具有智慧成分的有情。又可以說：菩提薩埵是追求覺悟的有情。有情雖同有緊張衝動的活力，可惜都把他們用在食、色、名位上。菩薩是把這種強毅的力量，致力於人生究竟的獲得，起大勇猛，利濟人群以求完成自己，就是吃苦招難，也在所不計。所以經裡常常稱讚菩薩不惜犧牲，難行能行。以堅毅的力量求完成自己的理想——覺悟真理，利濟人群，淨化自己，這才不愧稱為菩薩。又，覺是菩薩所要追求的，有情是菩薩所要救濟的。上求佛道，下化有情，就是這覺有情的目的和理想。由此看來，菩薩並不意味什麼神與鬼，是類似世間的聖賢而更高尚的。凡有求證真理利濟有情的行者，都可名菩薩。修到能照見五蘊皆空，度脫一切苦厄，即是觀自在菩薩。此明能觀的人。（《講記》pp.170-172）

林註釋：

2-1.

आर्यावलोकितेश्वरो（Āryāvalokiteśvaro 𑖁𑖨𑖿𑖧𑖯𑖪𑖩𑖺𑖎𑖰𑖝𑖸𑖫𑖿𑖪𑖨𑖺）原為 आर्या वलोकितेश्वरस्（Āryāvalokiteśvaras 𑖁𑖨𑖿𑖧𑖯𑖪𑖩𑖺𑖎𑖰𑖝𑖸𑖫𑖿𑖪𑖨𑖭𑖿），字尾 as 因後接有聲子音 bodhisattvo 而變成 o。

（cf.《MG 45.2.b》、《PG 118》、《梵語初階》§ 118 p.38：as +有聲子音＝ o +有聲子音 ）

आर्यावलोकितेश्वरस्（Ārya-avalokiteśvaras 𑖁𑖨𑖿𑖧𑖀𑖪𑖩𑖺𑖎𑖰𑖝𑖸𑖫𑖿𑖪𑖨𑖭𑖿），陽性詞，單數，主格。

（詞頭大寫以表專有名詞）「聖觀自在（菩提薩埵）」之意，簡稱「聖觀自在（菩薩）」或「觀自在（菩薩）」。

此字由(1) ārya，(2) avalokiteśvara 組成；（母音 a+a＝ā，cf.《MG 19》、《PG 105》、《梵語初階》§ 105 p.34）。

ārya 修飾 Avalokiteśvara。Āryāvalokiteśvaras 與下一字 bodhisattvas 是同位語。

2-1.1　आर्य（ārya 𑖁𑖨𑖿𑖧）　形容詞。

「聖」之意。在〈大悲咒〉中音譯為「阿利耶」。

摩威 p.152b : a respectable or honourable or faithful man; adj. respectable, noble.

孔睿 p.112 : holy（Hr.）; holy man, saint.

梵漢 p.160： 貴；聖，聖者，妙聖，賢聖善。

阿題 p.356a.: a., worthy, venerable, respectable, noble.

2-1.2　अवलोकितेश्वर（avalokiteśvara 𑖀𑖪𑖩𑖺𑖎𑖰𑖝𑖸𑖫𑖿𑖪𑖨）

陽性詞，單數，主格。

「觀自在」之意。此句可分解為(1) avalokita、(2) īśvara。

（母音 a、ā + i、ī = e，cf.《MG 19》、《PG 105》、《梵語初階》§105 p.34）。

阿題 p.256a.: m. Name of a Bodddhisattva worshipped by the northern Buddhists.

2-1.2.1　अवलोकित（avalokita 𑖀𑖪𑖩𑖺𑖎𑖰𑖝）　是字根 lok 的過去受動分詞。

「觀照到的」之意。在玄奘《西域記》中音譯為「阿縛盧枳多」。

阿題 p.256a.: ppp. seen　觀；

अव（ava 𑖀𑖪）- लोक्（√lok 𑖩𑖺𑖎𑖿）

阿題 p.256a.: 1 Ā. or 10 P., to see, behold, view, look at,　observe.

लोक्（lok 𑖩𑖺𑖎𑖿）：

摩威 p.907-3 : seen, beheld, viewed.

梵漢 p.210： 觀，觀察。

2-1.2.2　ईश्वर（īśvara 𑖂𑖫𑖿𑖪𑖨）

ईश्वर（īśvara 𑖂𑖫𑖿𑖪𑖨）意為「自在」。在玄奘《西域記》中音譯為「伊濕伐羅」。

梵漢 p.511： 王，自在，主宰，自在行，富，自在天。（< √īś 阿題 p.394a.: a., powerful, able, capable of.; m., a lord, master, a king, prince, ruler.）

「觀世音」的另一個梵語是 avalokita-svara；

svara 陽性詞，(< √svṛ ,「聲」1P.1 to sound (阿題 p.1744a)、sound (阿題 p.1741a))。關於這兩詞所作的探討，請詳 2-3.。

2-2.

बोधिसत्त्वस्（bodhisattvas 𑖤𑖺𑖠𑖰𑖭𑖝𑖿𑖝𑖿𑖪𑖭𑖿）
（+gaṃbhīrāyāṃ）→बोधिसत्त्वो（bodhisattvo 𑖤𑖺𑖠𑖰𑖭𑖝𑖿𑖝𑖿𑖪𑖺）

（ cf.《MG 45.2.b》、《PG 118》、《梵語初階》§118 p.38：as +有聲子音＝ o +有聲子音 ）

陽性詞，單數，主格。音譯為「菩提薩埵」是「菩薩」之意。

此字由(1) bodhi、(2) sattva 所組成的複合詞。依主釋（與格關係），意為「致力為菩提的有情」。bodhi（覺）+sattva（有情），通常直譯為「覺有情」。在《本生經》（Jātaka）中亦稱釋尊前生的敬稱。

摩威 p.734c：‘one whose essence is perfect knowledge’, one who is on the way to the attainment of perfect knowledge, i.e., a Buddhist saint when he has only one birth to undergo before abstaining the state of a supreme Buddha and then Nirvāṇa.

梵漢 p.290：開士，大士。

बोधिसत्त्व（bodhisattva 𑖤𑖺𑖠𑖰𑖭𑖝𑖿𑖝𑖿𑖪）

阿題 p.1173a：m., a Buddhist saint, one who is on the way to the attainment of perfect knowledge and has only a certain number of births to undergo before attaining to the state of a Supreme

Buddha and complete annihilation（this position could be attained by a long series of pious and virtuous）.

2-2.1 बोधि（bodhi 𑖤𑖺𑖠𑖰）

常音譯為「菩提」，意譯「覺」。

摩威 p.734c : perfect knowledge or wisdom.

孔睿 p.301 : enlightenment（Hr.） ; understanding.

（ < √budh 阿題 p.1169a : 1 U., 4 Ā., to know, understand, to wake up）.

阿題 p.1172b : m. perfect wisdom or enlightenment.

梵漢 p.288 ：覺，道，得道。

2-2.2 सत्त्व（sattva 𑖭𑖝𑖿𑖝𑖿𑖪）

常音譯為「薩埵」,「有情」之意。

梵漢 p.1156：有，有相，力，勇，勇健，喜，喜樂，剛決，猛健，情，(順) 境，事，心力，人，彼，他，眾生，有情，有情者，眷屬，黎庶，寮庶，含識。

摩威 p.1135-2 ：陽性詞，a living or sentient being, creature;中性詞，truth, reality.

阿題 p.1613a : m., n., a living or sentient being, animal, beast.

2-3.

आर्यावलोकितेश्वर（Āryāvalokiteśvara 𑖁𑖨𑖿𑖧𑖯𑖪𑖩𑖺𑖎𑖰𑖝𑖸𑖫𑖿𑖪𑖨）或譯為「聖觀音、聖觀自在」。事實上這二個漢譯的梵文寫法與字源並不相同，差別在第 12 字與 13 字兩個拼音字母，一個是 as，一個是 eś。

古來對 आर्यावलोकितेश्वर（Āryāvalokiteśvara 𑖁𑖨𑖿𑖧𑖯

𑖪𑖩𑖺𑖎𑖰𑖝𑖸𑖫𑖿𑖪𑖨）的意譯，有古譯的「聖觀音」、「聖觀世音」及新譯的「聖觀自在」。

2-3.1　「聖觀音」意譯的梵文是這樣組成的：

आर्या（Āryā 𑖁𑖨𑖿𑖧）（聖）+（a）वलोकित（valokita 𑖪𑖩𑖺𑖎𑖰𑖝）（觀、見、觀察）+ श्वर（svara 𑖭𑖿𑖪𑖨）（聲音）。此字中的 श्वर（svara 𑖭𑖿𑖪𑖨）意為「聲」。

摩威 p.1285a : sound, noise.

孔睿 p. 439 : voice.

（< √svṛ 阿題 p.1741a : 1 P. 1 to sound.）

阿題 p.1744a : m., sound.

梵漢 p.1256：音；聲；言，語；音聲；音韻；音詞；發聲；言語。

從梵文看，譯為「觀音」比「觀世音」為佳。一般認為漢譯的「世」是因為「觀（avalokita）」，其中 loka 有「世界之意」，因此譯為觀世音。

2-3.2　आर्यावलोकितेश्वर（Āryāvalokiteśvara 𑖁𑖨𑖿𑖧𑖪𑖩𑖺𑖎𑖰𑖝𑖸𑖫𑖿𑖪𑖨）

意為「聖觀自在」。此字是這樣組成的：

आर्या（Āryā 𑖁𑖨𑖿𑖧）（聖）+ अवलोकित（avalokita 𑖀𑖪𑖩𑖺𑖎𑖰𑖝）（觀）+ ईश्वर（īśvara 𑖂𑖫𑖿𑖪𑖨）（自在）

ईश्वर（īśvara 𑖂𑖫𑖿𑖪𑖨）來自ईश्（√īś 𑖂𑖫𑖿）字根，原意「統治 rule、控制 control」，因此 īśvara 為統治者、控制者之意，引申為獨立、自主、自在、不受別人控制。漢文常將此字譯為自在、王、主宰、自在行、富、自在天等。

「聖觀自在」中兩個梵文的連音變化情形是：

一、「聖 ārya」的字尾 a 與「觀 avalokita」的字首 a 產生連音變化成長音 ā；

二、「觀 avalokita」字尾 a 與「自在 īśvara」字首「ī」，產生連音變化為「e」。

三個詞連起來成複合詞 Āryāvalokiteśvara。

2-3.3 有關梵文 avalokiteśvara 與 avalokita-svara 兩詞的區別：

據玄奘《大唐西域記卷第三》(T51，p.883.b) 記載：

「石窣堵波西渡大河三四十里至一精舍，中有阿縛 盧枳低濕伐羅菩薩像（唐言觀自在。合字連聲，梵語如上。分文散音，即阿縛盧枳多，譯曰觀。伊濕伐羅，譯曰自在。舊譯為『光世音』、或云『觀世』音、或『觀世自在』皆訛謬也）。」

但是，唐代玄應所撰《一切經音義》及宋代因此而集的《翻譯名義序，事彙部》(T54，pp.1061.c-2.a) 都提到：「應法師云：阿婆盧吉低舍婆羅。此云：觀世自在。雪山已來經本云娑婆羅，則譯為音。」

由這些漢譯史料的記載，玄應認為：「舍[濕]婆羅(śvara)=自在」是根據天竺本，「娑[颯]婆羅(svara)=音」則根據龜茲本。因此，玄應提出：無論是譯為「觀自在」、「觀世自在」、「觀音」、或「觀世音」，都不算錯誤。這樣的觀點，較早的日本學者明覺在《悉曇要訣》卷三說：「avabhasa，此云光，故 ava 亦云光。avaloka 云觀，故 ava 亦云觀。此為『增字翻』之意。新譯中亦 (lokaci) śvara 云觀世自在，豈非『增字翻』意？另，s 和 ś 二字，梵文多濫，此字作不同，不知何形為正，故隨形而翻歟？「舍[濕]婆羅 (śvara)」據天竺本，「娑[颯]婆羅（svara）」據龜茲本，此為『異事翻』」。

總之，日本學者後藤大用在《觀世音菩薩の研究》指出兩者語義上的統一：「avalokita-svara」就是「已被觀的音聲」之義的「觀音」、「觀世音」。而「avalokiteśvara」就是有「已被觀的自在」之義的「觀自在」、「觀世自在」。又，這兩種梵名，若依經錄所載以及考古研究——從雪山龜茲傳來的古經，比後來從印度直接請來的經典較古，則應是「avalokita-svara」先出現，爾後才轉變為「avalokiteśvara」的。這一點也可以從思想史上探究其教義時，獲得進一步的證明。

是故，漢譯「觀音」早在後漢支曜譯（158 年）《成具光明定意經》中出現。「觀音」並非是「觀世音」的略稱。「觀世音」也並非肇於羅什的《觀世音普門品》，它早在羅什之前一百五十年的曹魏、西晉時代康僧鎧 223 年的《郁伽長者所問經》及 252 年的《無量壽經》就已使用了。「觀音」是羅什之前的古譯，而「觀自在」是新譯，出現在玄奘譯（663 年）《大般若波羅蜜多經》。

（亦參：藍吉富編《聖德新編》pp.43-64、《葉阿月》pp.26-27。）

3. 行深般若波羅蜜多時

गम्भीरायां प्रज्ञापारमितायां चर्यां चरमाणो

林略梵：gaṃbhīrāyāṃ prajñāpāramitāyāṃ caryāṃ caramāṇo

林梵英：while conducting himself according to the profound perfection of wisdom,

林梵漢：（聖觀自在菩薩）他正修行於甚深「般若波羅蜜多」之行的時候，

穆勒英：Performing his study in the deep Prajñâpâramitâ（perfection of wisdom），

穆勒漢：行其深遠的般若波羅蜜多（智慧的完成）之學時，

孔睿英：was moving in the deep course of the wisdom which has gone beyond.

林睿漢：在修行深遠的超越的智慧時，

村紀日：深遠な智慧の完成を実践していたときに、

林村漢：在修行深遠的「智慧的完成」時，

《講記》

「行深般若波羅蜜多時」，此說觀自在菩薩所修的法門。智慧，是甚深的。深淺本是相對的，沒有一定的標準，但此處所說的深，專指體驗第一義空的智慧，不是一般凡夫所能得到的，故名為深。《般若經》裡，弟子問佛：深奧是何義？佛答以：「空是其義，無相、無願、不生不滅是其義。」這空無相無願——即空性（śūnyatā），不是一般人所能了達的，所以極為深奧。《十二門論》也說：「大分深義，所謂空也。」（《講

記》pp.172-173）

林註釋：

3.

此句的句構是：

गम्भीरायां（gaṃbhīrāyāṃ 𑖐𑖽𑖥𑖱𑖨𑖯𑖧𑖯𑖽）（陰性，單數，位格）

प्रज्ञापारमितायां（prajñāpāramitāyāṃ 𑖢𑖿𑖨𑖕𑖿𑖗𑖯𑖢𑖯𑖨𑖦𑖰𑖝𑖯𑖧𑖯𑖽）（陰性，單數，位格）

चर्यां（caryāṃ 𑖓𑖨𑖿𑖧𑖯𑖽）（陰性詞，單數，受格）

चरमाणस्（caramāṇas 𑖓𑖨𑖦𑖯𑖜𑖭𑖿）（陽性詞，單數，主格）

此句為「獨立位格」的文法學形式，有解讀成「表條件或時間」的副詞型，用以修飾 caryāṃ 和下一句 vyavalokayati。（可參：《MG》，p.205）

3-1.

गम्भीर(gaṃbhīra 𑖐𑖽𑖥𑖱𑖨)→ **गम्भीरायाम्**(gaṃbhīrāyām 𑖐𑖽𑖥𑖱𑖨𑖯𑖧𑖯𑖦𑖿)（位格）→ **गम्भीरायां**（gaṃbhīrāyāṃ 𑖐𑖽𑖥𑖱𑖨𑖯𑖧𑖯𑖽）（鼻音化）

陰性詞，單數，位格。「於甚深的」之意。修飾 prajñapāramitāyām 智慧的完成。

摩威 p.346c : deep; depth.

孔睿 p.164 : deep.

梵漢 p.444：深，甚深，深遠，深妙，極甚深，深寬廣，深奧；幽；濬。

गम्भीर（gaṃbhīra 𑖐𑖽𑖥𑖱𑖨）

阿題 p.648a.: a. deep（in all senses）, difficult to be perceived or understood.

3-2.

प्रज्ञापारमित्（prajñāpāramit 𑖢𑖿𑖨𑖕𑖿𑖗𑖯𑖢𑖯𑖨𑖦𑖰𑖝𑖿）→ प्रज्ञापारमितायाम्（prajñāpā ramitāyam 𑖢𑖿𑖨𑖕𑖿𑖗𑖯𑖢𑖯𑖨𑖦𑖰𑖝𑖯𑖧𑖦𑖿）（位格）→ प्रज्ञापारमितायां（prajñāpāramitā yaṃ 𑖢𑖿𑖨𑖕𑖿𑖗𑖯𑖢𑖯𑖨𑖦𑖰𑖝𑖯𑖧𑖽）（鼻音化）

陰性詞，單數，位格。音譯「般若波羅蜜多」，持業釋（同位格關係），意譯「智慧的完成」。請參閱註釋 1-4.。

3-3.

चर्या（caryā 𑖓𑖨𑖿𑖧𑖯）→ चर्याम्（caryām 𑖓𑖨𑖿𑖧𑖯𑖦𑖿）（受格）→ चर्यां（ca ryāṃ 𑖓𑖨𑖿𑖧𑖯𑖽）（鼻音化）

陰性詞，單數，受格。意為「加行，行」。為 caramāṇa（行）的受詞。

चर्या（caryā 𑖓𑖨𑖿𑖧𑖯）:

摩威 p.390a : going about, wandering; due observance of all rites and customs.

孔睿 p.172 : course, coursing.

梵漢 p.316 ：行，所行，所行道，所行之道，遊行；業；事。

阿題 p.699b.: f. behaviour, conduct, practice, regular performance of all rites or customs, a custom

3-4.

चरमाण（caramāṇa 𑖓𑖨𑖦𑖯𑖜）→ चरमाणस्（caramāṇas 𑖓𑖨𑖦𑖯𑖜𑖭𑖿）（主格）→ चरमाणो（caramāṇo 𑖓𑖨𑖦𑖯

𑖜𑖾）（+vyavaloka-yati）

（ cf.《MG 45.2.b》、《PG 118》、《梵語初階》§118 p.38：as +有聲子音＝ o +有聲子音）。

第一類動詞√car，√car+a 為自言(Ā) 的現在分詞。形成陽性，單數，主格，修飾「觀自在菩薩」。caramāṇas（(觀自在菩薩)正在行），前一字的 caryām 為其受格。此字與下一個動詞 " vyavalokayati "（照見）的動作是同時，而且也是「觀自在菩薩」所發出的動作。

摩威 p.389a : carati＝ move one's self ; observe, practise, do or act in general, effect.

孔睿 p.172 : coursing.

梵漢 p.314：奉行。

阿題 p.698a: pres.part. <√car,1 P., carati, to move, to perform, do, act, practise.

3-5.

依梵文原本此處有兩個「行」字，一個是分詞「行(caramāṇas) 」，另一個是名詞「行(caryām)」。梵文直譯為：「正在修行（分詞）」甚深的般若羅蜜多之「行（名詞）」的時候。

4. 照見五蘊皆空

व्यवलोकयति स्म पञ्चस्कन्धाः। ताँश्च
स्वभावशून्यान्पश्यति स्म ॥

𑖪𑖿𑖧𑖪𑖩𑖺𑖎𑖧𑖝𑖰 𑖭𑖿𑖦 𑖢𑖗𑖿𑖓 𑖭𑖿𑖎𑖡𑖿𑖠𑖯𑖾 𑖝𑖯𑖽𑖫𑖿𑖓 𑖭𑖿𑖪𑖥𑖯𑖪 𑖫𑖳

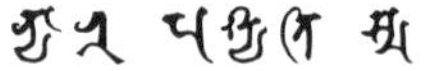

林略梵：vyavalokayati sma pañca skandhāḥ, tāṃś ca svabhāva-śūnyān paśyati sma.

林梵英：contemplated the five aggregates, and he saw them to be empty in their own-being.

林梵漢：（聖觀自在菩薩）他觀照五蘊，也已觀見那些對自性而言是空的（五蘊）。

穆勒英：thought thus: ‘There are the five Skandhas, and these he considered as by their nature empty（phenomenal）’.

穆勒漢：如是思惟：現象界有五蘊，他認為其等之自性皆空。

孔睿英：he looked down from on high, he beheld but five heaps, and he saw that in their own-being they were empty.

林睿漢：他自高處下望，觀照到只有五蘊，而且照見其等本性是空的。

村紀日：存在するものには五つの構成要素があると見きわめた。しかも、かれは、これらの構成要素が、その本性からいうと、実体のないものであると見抜いたのであった。

林村漢：觀察到：存在者都有五種構成要素。同時他也照見：這些構成要素自其本性而言都空無實體。

《講記》

能「照見五蘊皆空」的，即是甚深般若慧。般若的悟見真理，如火光的照顯暗室，眼睛的能見眾色一樣。五蘊（pañca

skandhāḥ)，是物質精神的一切，能於此五類法洞見其空，即是見到一切法空。有的譯本，在五蘊下加個「等」字，即等於下文所要講的十二處、十八界、四諦、十二緣起等。空性，是要在具體的事實上去悟解，依有明空，空依有顯，若離開了具體存在的事物，也不知什麼是空了。所以佛經明空，總是帶著具體的事實的，如說五蘊空，十二處空等。

蘊，是積聚的意思，即是一類一類的總聚。佛把世間法總分為五類：色、受、想、行、識。一切物質的現象，總攝為色；精神的現象，開為受、想、行、識四種，總名之曰五蘊。色蘊的色，不是青黃等色，也不是男女之色。此色有二義：一、質礙義，二、變壞義。質礙義者：凡是有體積，佔有空間位置的，如扇子有扇子的體積和扇子所佔據的方位，鐘有鐘的體積和鐘所佔據的方位；扇子與鐘都是有質礙的，兩者相遇即相障礙而不能並容。變壞義是：有體積而存在的，受到另一質礙物的衝擊，可能而且是終久要歸於變壞的。有此二義，即名為色，即等於近人所說的物質。舊科學家所說物質最終的單元，依佛法也還是要變壞的。常人見到現存事物的表面，不了解事物內在的矛盾，於是設想物體最後固定的實體。其實，一切色法——物，自始至終即在不斷的衝擊、障礙，向著變壞的道路前進。

關於心理活動，佛把它分為受、想、行、識。心理現象不如物質現象的容易了知，最親切的，要自己從反省的工夫中去理解。佛觀察心理的主要活動為三類：一、受蘊：在我們與外境接觸時，內心上生起一種領納的作用。如接觸到可意的境界時，內心起一種適悅的情緒，這名為樂受；接觸到不適意的境界時，內心起一種不適悅的情緒，即是苦受。另有一種中容的境界，使人起不苦不樂的感覺，此名捨受。二、想蘊：想是在內心與外境接觸時，所起的認識作用，舉凡思想上的概念以及對於外境的了解、聯想、分析、綜合都是想的作用。三、行蘊：此行是造作的意思，與外境接觸時，內心生起如何適應、改造等的心理活動，依之動身發語而成為行為。行是意志的，以此執行對於境界的安排與處理。其他的心理活動，凡是受、想所不攝的，都可以包括在這行蘊裡。四、識蘊：此也是心理活動，是以一切內心的活動為對象的。就是把上面主觀上的受、想、行等客觀化了，於此等客觀化了的受、想、行，生起了別認識的作用，即是識蘊。識，一方面是一切精神活動的主觀力，一方面即受、想等綜合而成為統一性的。

這五蘊，是佛法對於物質、精神兩種現象的分類。佛不是專門的心理學家或物理學家，佛所以要這樣說的，是使人由此了知五蘊無我。一般人總直覺的有一個自我存在，佛為指出自我是沒有的，有的不過是物質與精神現象所起的協調作用而已。若離此五蘊，想找一實體的自我，是找不到的。身體是色，情緒上的苦樂感覺是受，認識事物的形相是想，意志上所起的欲求造作是行，了別統攝一切心理活動的是識，除此各種活動以外，還有什麼是實體的自我呢？佛為破眾生實我計執，故說五蘊。有些小乘學者以為佛說五蘊無我，我確是無的，而五蘊法是有情組織的原素，是實有的。這是不知佛意，我執雖稍稍除去，法執又轉深，故說：五蘊皆空。五蘊中的自我固不可得，五蘊法的自身也不可得。因為五蘊法也是由因緣條件而存在的，由此所起的作用和形態，都不過是關係的假現。如五蘊的某一點是真實的，那麼，這就是我了。真實的自我不可得，故五蘊皆空。但這種假現的作用與形態，雖空而還是有的。如氫氧合成的水，有解渴、灌田、滌物等作用，有體積流動的形態，從此等形態作用上看，一般即認為是實有的。然若以甚深智慧來觀察，則知任何作用與形態，都是依關係條件而假立的，關係條件起了變化，形態也就變化了，作用也就不存在了。事物若是有實體性，則事物應永遠保持他固有的狀態，不應有變化，應不受關係條件的變動。事實上，一切法都不是這樣，如剝芭蕉一樣，剝到最後，也得不到一點實在的。諸法的存在，是如幻不實的，需要在諸法的當體了知其本性是空，這才不會執為是實有了。

一分學者，以為我無而法有，這是因於智慧淺薄的緣故。在同一因緣法上，智慧深刻者，即能知其法空，所以說行深般若波羅蜜多時，照見五蘊皆空。有的譯本，譯照見五蘊皆空為照見五蘊等自性皆空（svabhāva-śūnyāt），自性就是含攝得不變、獨存的實體性，此實體性不可得，故曰皆空，而不是破壞因緣生法。空從具體的有上顯出，有在無性的空上成立，空有相成，不相衝突。這和常人的看法很不相同，常人以為有的不是沒有，空是沒有的不是有，把空和有的中間劃著一條不可溝通的界限。依般若法門說：空和有是極相成的，二者似乎矛盾而是統一的。佛法是要人在存在的現象上去把握本性空，同時在畢竟空的實相中去了解現象界的緣起法。能這樣的觀察、體驗，即得度一切苦。徹底的度苦，必須體驗空性，了知一切法空，生死間的苦痛繫縛，才能徹底解除。（《講記》pp.173-177）

林註釋：

4-1.

व्यवलोक स्म（vy+ava+√lok-10 sma 𑖪𑖿𑖧𑖿+𑖀𑖪+𑖩𑖺𑖎𑖿 𑖭𑖿𑖦）→ व्यवलोकयति स्म（vyavalokayati sma 𑖪𑖿𑖧𑖪𑖩𑖺𑖎𑖧𑖝𑖰 𑖭𑖿𑖦）

व्यवलोकयति（vyavalokayati 𑖪𑖿𑖧𑖪𑖩𑖺𑖎𑖧𑖝𑖰）為現在式、單數第三人稱為他言，「他照見、觀察」之意。

स्म（sma 𑖭𑖿𑖦）（不變化詞）：接在現在式動詞或現在分詞之後，表過去時態。

व्यवलोकयति स्म(vyavalokayati sma 𑖪𑖿𑖧𑖪𑖩𑖺𑖎𑖧𑖝𑖰 𑖭𑖿𑖦):

阿題 p.256a.: 1 Ā. or 10 P., to see, behold, view, look at; observe (lit.).

此詞由(1) vi，(2) ava，(3) √lok-10(現在式+aya)+ti（現在式、第三人稱、單數、為他言），(4) sma 所組成。意為:「(觀自在菩薩) 他照見到、觀察到」。

4-1.1 वि（vi 𑖪𑖰）

「分離、反對」的前置詞。

摩威 p.949c : apart, asunder, in different directions, to and from, about, away, away from, off, without; as a prefix to express ‘division’, ‘distribution’, ‘arrangement’, ‘order’, ‘opposition’.

梵漢 p.1409：分離。

阿題 p.1422a : ind.1 as a prefix to verbs and nouns it expresses (a) separation, distinction（apart, asunder, away, off &C.）.

4-1.2　अव（ava 𑖀𑖪）

「遠離、下方」的前置詞。

4-1.3　लोकयति स्म（lokayati sma 𑖩𑖺𑖎𑖧𑖝𑖰 𑖭𑖿𑖦）

lokayati 現在式，第三人稱，單數，為他言動詞。lok 請參閱註釋 2-1.2.1。

sma 接在現在式動詞或現在分詞之後，表過去時態。

4-1.4　स्म（sma 𑖭𑖿𑖦）

摩威 p.1271b : ‘indeed, certainly, verily, surely’, joined with a pres. tense or pres. participle to give them a past sense.

梵漢 p.1183： 是加在動詞之現在式後面，將它變成過去式的一個不變化詞。

阿題 p.1731b :indec., a particle added to the present tense of verbs（or to present participles）and giving them the sense of the past tense;　cf.《MG 212.1.a.》

4-2.

पञ्च（pañca 𑖢𑖗𑖿𑖓）數詞，陽性詞，複數，主格。

意為「五」。有時為 paṃca。

摩威 p.575 : five.

梵漢 p.832： 五。

阿題 p.948b.: num., a.（always pl.; N. and Ac. Pañca）ive（as the first member of comp. pañcan drops its final n）.

4-3.

स्कन्ध（skandha 𑖭𑖿𑖎𑖡𑖿𑖠）→ स्कन्धास्（skandhās 𑖭𑖿𑖎𑖡𑖿𑖠𑖯𑖭𑖿）

→ स्कन्धाः（skandhāḥ 𑖭𑖿𑖎 𑖡𑖿𑖠𑖯𑖾）陽性詞，複數，主格。

意為「蘊，聚，集合，分科」。即「色、受、想、行、識蘊」之五蘊。（s 之後有一逗點，故轉送氣音 ḥ； cf.《MG 27, 43》、《PG 95》、《梵語初階》§95 p.31）。

摩威 p.1256b : the shoulder; the stem or trunk of a tree; a large branch or bough; a troop, multitude, quantity, aggregate;（with Buddhists）the five constituents elements of being, viz. rūpa-, vedanā-, samjñā, samskāra-, vijñāna-.

孔睿 p.431 : aggregate; mass; heap; trunk; shoulder.

梵漢 p.1181： 莖，身，災；肩，藏；聚，蘊；陰，陰聚。

阿題 p.1712a : m. the shoulder, the body, group.

4-4.

तत्（tat 𑖝 𑖝𑖿）→ तान्（tān 𑖝𑖯 𑖡𑖿）陽性，複數，受格。

「那些」之意，其內容指的是前一詞「五蘊」。tat 為代名詞或指示代名詞的語幹。tān 為 pasyati（看）的受詞。tān 也與補語 svabhāva-śūnyān 同位格。

तत्（tat 𑖝 𑖝𑖿）[तद्（tad 𑖝 𑖟𑖿）]:

梵漢 p.1266： 其，此。是，彼，爾，此事。

4-5.

च（ca 𑖓） 接續詞。「而且」、「以及」之意。

梵漢 p.304： 而且，和，又，或。

4-6.

स्वभावशून्यान्（svabhāva-śūnyān 𑖭𑖿𑖪 𑖥𑖯 𑖪 𑖫𑖳 𑖡𑖿𑖧𑖯 𑖡𑖿） 為

陽性，複數，受格。

在此為動詞 pasyati（看）的受詞（看的對象）。此字由(1) svabhava，(2) śūnya 組成複合詞。（此複合詞為持業釋，同位格關係），即 svabhāva-śūnyān（對於自性而言是空的），可視為指示代名詞 tān 的補語。在藏譯本的 raṅ bshin gyis stoṅ pa 也譯為持業釋，同位格關係。

孔睿 p.438 : empty in（their）own-being（Hr.）

梵漢 p.1250： 自性空，有法空；體空寂，體性空。

阿題 p.1735a : sva（pron.a.1 one's own,belonging to oneself, often serving as a reflexive pronoun;oft.on comp.in this sense）.

阿題 p.1203a : bhāva（m.<√bhū,1 P. ;bhavati,1 to be, become）.

阿題 p.1193b : bhāva（being, existing,existence,state, condition,state of being,true condition or state,truth,reality）.

阿題 p.1564a : śūnya（a.,empty).

4-6.1 स्व (sva 𑖭𑖿𑖪)(adj.) 自己的 +भाव (bhāva 𑖥𑖯𑖪)（陽性詞）性質、狀態。sva+bhāva= svabhāva（自性、本性）

摩威 p.1276a : native place; own condition or state of being; natural state or constitution.

孔睿 p.437 : own-being.

梵漢 p.1250： 性；體；相；定相；有性；自性；本性。

4-7.

पश्यति（paśyati 𑖢𑖫𑖿𑖧𑖝𑖰）是 दृश्（√dṛś-1 𑖟𑖴𑖫𑖿）現在式，第三人稱，單數，為他言動詞。दृश्（√dṛś 𑖟𑖴𑖫𑖿）現在式的形式，亦可由 पश्（√paś-4 𑖢𑖫𑖿）代換。即 पश्यति（paśyati 𑖢𑖫𑖿𑖧𑖝𑖰）有兩個動詞詞根。

दृश्（dṛś 𑖟𑖴𑖫𑖿）

摩威 491b : to see; behold; look at; regard; consider.

梵漢 p.401： 見；觀；觀見；觀察；得見。

4-8.

此句玄奘譯為「五蘊皆空」，但未譯出「對自性而言是空（svahāvaśūnyān）」裏的「自性（svabhāva）」這一詞。但梵文本及其他譯本大多有相當於「自性」之字，而且，原梵文有 paśyati sma（已觀見），在文法學上 sma 接在現在式動詞或現在分詞之後，是表過去時態。因此，筆者將此句譯為：「（觀自在菩薩）他觀照五蘊，也『已觀見』那些對自性而言是空的」。

此處梵文 svabhāva 在《施護》、《法月》及《智慧輪》皆漢譯為「自性」。《法成》譯為「體性」。但是，《玄奘》、《羅什》及《般利》三漢譯本都省略此字的譯語；同時，三者也省略此後段的 paśyati 譯語，而將後面的 vyavalokayati （照見）的動詞連結前後，因而一致譯為「照見五蘊皆空」、「照見五陰空」、及「照見五蘊皆空」的譯句。

4-9.

此句〈村紀梵〉的標點與斷句法為「聖觀自在菩薩行深般若波羅蜜多之行時觀照：五蘊，見到其等自性空。」他在觀照（vyavalokayati sma）之後加「：」，五蘊（pañca skandhās）之後加「，」。意為「他觀照：五蘊，見到五蘊是自性空」。

玄奘的「照見」，在梵文本及其他譯本是分為「觀照（vyavalokayati）」及「見到（paśyati）」兩個動詞。此二動詞的主詞皆是3.的「聖觀自在菩薩」。

4-10.

穆勒（Max Müller）將五蘊（pañca skandhās）譯為there are the five skandhas。

5. 度一切苦厄

---（梵文缺）---

林略梵：---（無）---

林梵英：---（無）---

林梵漢：---（無）---

穆勒英：---（無）---

穆勒漢：---（無）---

孔睿英：---（無）---

林睿漢：---（無）---

村紀日：---（無）---

林村漢：---（無）---

《講記》

所以在說了照見五蘊皆空後，接著說「度一切苦厄」。苦是苦痛，厄是困難。眾生的苦痛困難，不外內外兩種：屬於內自身心的，如生老病死等；屬於外起的，如愛別離、怨憎會、求不得等。這一切的苦難，根源都在眾生把自己看成有實體性而起，大至一國，小至一家，互相鬥爭，苦痛叢生，即都是由於不了我之本無，於是重自薄他，不惜犧牲他人以滿足自己。我這樣想這樣做，你也這樣想這樣做，於是彼此衝突，相持不下，無邊苦痛就都跟著來了。若知一切法都是關係的存在，由是了知人與人間是相助相成的，大家是在一切人的關係條件下而生活而存在，則彼此相需彼此相助，苦痛也自不生了。物我、自他間如此，身心流轉的苦迫也如此。總之，若處處以自我為前提，則苦痛因之而起；若達法性空——無我，則苦痛自息。菩薩的大悲心，也是從此而生，以能了知一切法都是關係的存在，救人即是自救，完成他人即是完成自己，由是犧牲自己，利濟他人。個人能達法空，則個人的行動合理；大家能達法空，則大家行動合理。正見正行，自能得到苦痛的解放而自在。（《講記》pp.177-178）

林註釋：

5-1.

現存梵文、藏譯的廣、略本及其他多數英、日譯本皆無「度一切苦厄」。而且，漢譯《施護》等諸本也無此一句。

敦煌遺書《唐梵對字音》（T8，p.851b）中亦無此句。漢譯有此句者，僅有從《羅什》開始「度一切苦厄」句，而後《玄奘》及《義淨》譯本也都有，《般利》譯本為「離諸苦厄」。

可能因為梵文本沒有的緣故，霍韜晦譯本譯為「於是超越了一切痛苦」，但僅置於括弧中。上述以外，依《玄奘》漢譯本轉譯的英、日、韓譯本也有此句，其他版本則無。

《羅什》、《玄奘》及《義淨》、《般利》譯本有此句，為何現存梵文原典無此一句？現今學界對此疑點尚無定奪。筆者目前暫推論：《玄奘》有可能參考《羅什》本（假如真的是羅什所譯），而沿用此省略句，使經文更加流暢，經義更凸顯，因此之後的其他漢譯本亦沿用之。（原因請參閱：筆者著《心經集成》pp.467-468）

6. 舍利子

इह शारिपुत्र
𑖂𑖮 𑖫𑖯𑖨𑖰𑖢𑖲𑖝𑖿𑖨

林略梵：　iha Śāriputra
林梵英：　Here, Shariputra,
林梵漢：　於此（行深般若波羅蜜多……）之中！舍利子啊！
穆勒英：　‘O Śâriputra,’ he said,
穆勒漢　　他說：喔！舍利子！
孔睿英：　Here, O Śāriputra,
林睿漢：　於此，喔！舍利子！
村紀日：　シャーリプトラよ、この世においては、
林村漢：　「舍利子啊！在此世間，

《講記》

五蘊為什麼是空的？欲說明此義，佛喚「舍利子」而告訴他。舍利子是華梵合璧的名詞，梵語應云舍利弗多（Śāriputra）。弗多（putra）即子義，舍利（Śāri）是母名。印度有鳥，眼最明利，呼為舍利；其母眼似舍利，因名為舍利。舍利所生子，即曰舍利子，從母得名。舍利子在佛弟子中，智慧第一。本經是發揮智慧的，故佛喚舍利子以便應對。(《講記》p.179）

林註釋：

6-1.

इह（iha 𑖂𑖮） 副詞。

《玄奘》、《羅什》漢譯無此字。《唐梵對字音》iha 對字為「伊賀」。

此字相當於英文的「here （於此）」、“ in this world or case ”之意。《般利》、《施護》譯為「…即(爾)時，舍利子承佛威力…」。若依藏譯本，也是舍利子承佛威力發問：「應如何修學『行深般若波羅蜜多』？」，繼而才有觀自在菩薩呼叫舍利子的緣由。另外，《孔睿》p.81 解釋為：“ Here means, on the level of compassionate transcendental wisdom.”顯然將 iha 意指為“ in this case ” 之意。

是故，若依梵文文脈、藏譯及學界各方的譯語，本句用法可能較接近漢語的開端或發深語之詞

「嗯！於此（如前所述的 Prajñāpāramitā）！」，是呼叫舍利子名字前的發深語之用詞。全句可譯為「嗯！於此（行深般若波羅蜜……）中！舍利子啊！」。

摩威 p.169c : in this place, here; in this world.

孔睿 p. 118 : here; herein; in this（our region）.

梵漢 p.503：此，於此，此處，此上；世，此世，今世，今生，於此身，於是身；今；此間；復次。

阿題 p.39ab.: indec., here（referring to time, place or direction）; in this place or case.

6-2.

शारिपुत्र（Śāriputra 𑖫𑖯𑖨𑖰𑖢𑖲𑖝𑖿𑖨）陽性詞，單數，呼格。

「舍利子」是佛弟子中智慧第一者。此名來自他母親有明利美眼如 Śāri（舍利，鳥名，或譯為鶖鷺鳥），故名為「舍利之『子』（putra）」。《羅什》音譯為「舍利弗」；《玄奘》取前半字 Śāri 之音，譯為「舍利」；「弗（多羅）」相當於 putra，玄奘漢譯取其意，譯為「子」。

漢譯「舍利子」，還有另一個梵文 śarīra，舊譯「身子」，指「身、體、身骨」之意。後來專指人或動物往生後燒出來的「舍利子」。二字漢譯雖皆為「舍利子」，但梵文不同，意義上所指也有區分。

摩威 p.1066a : name of one of the two chief disciples of Gautama Buddha（the other being Mau- dgalyāyana）

孔睿 p.380 : name of a Disciple.

梵漢 p.1136：舍利弗，奢利富多羅，舍利弗多羅。

此字由(1) śari，(2) putra 組成。

6-2.1 शारि（śāri ）

摩威 p.1066a : a particular bird.

梵漢 p.1136： 小鳥。

6-2.2. पुत्र（putra ） 陽性詞，單數，主詞。

摩威 p.632-3 : a son, a child.

孔睿 p.261 : son.

梵漢 p.1001： 子，男子，兒息。

6-(1) [色者，空性也；空性，即色也]

（《玄奘》此句無漢譯，此譯句引自〈林梵漢〉）

रूपं शून्यता शून्यतैव रूपं ॥

林略梵： rūpaṃ śūnyatā śūnyataiva rūpaṃ.

林梵英： form is emptiness, and emptiness indeed is form;

林梵漢： 色者，空性也；空性，即色也；

（若配合《玄奘》前後譯文，可縮為：「色者空也，空者色也」）

穆勒英： ‘form here is emptiness, and emptiness indeed is form.

林穆漢： 於此形色是空，而事實上空是形色；

孔睿英： form is emptiness, and the very emptiness is form,

林睿漢： 形色是空，而真正的空是形色；

村紀日： 物質的現象には実体がないのであり、実体がないからこそ、物質的現象で（あり得るので）

ある。

林村漢：物質的現象是空無實體的，正因空無實體才（能）有物質的現象。

林註釋：

6-(1)-1

रूप（rūpa 𑖨𑖳𑖢）→ रूपं（rūpaṃ 𑖨𑖳𑖢𑖽）中性詞，單數，主格。

「色」之意。作為所省略動詞 asti 的主詞。

摩威 p.885c：any outward appearance or phenomenon or color; form, shape, figure.

孔睿 p.337：form.

梵漢 p.1038：色，色相，色法，色像，容色，形色，相，形，形好，形貌，形相，像，顏貌，礙，礙色，塵。

阿題 p.1346b.：n. form, figure, appearance.

6-(1)-2

शून्यता（śūnyatā 𑖫𑖳𑖡𑖿𑖧𑖝𑖯）　陰性詞，單數，主格。

「空、空性」之意。作為賓詞。賓詞，在文法學上有「同位語」或「修飾語」的意思。可詳：講談社《日本語大辞典》（1989,p.1856）。

शून्यता（śūnyatā 𑖫𑖳𑖡𑖿𑖧𑖝𑖯）在《唐梵對字音》為「戍𣟂焰」；目前最常見的譯詞，可見於《大佛頂首楞嚴神咒》的皈敬偈「舜若多（śūnyatā）」性可銷亡之意。

摩威 p.1085a：emptiness, nothingness, non-existence.

孔睿 p.383：emptiness.

梵漢 p.1235：空，無，空性，空相，虛空，性空，
空義，空法，空門，空寂，空法性。

阿題 ：śūnya+tā （《MG p.164》）形成抽象實
詞，意思類似英語的-ness，所以此處
意思就變成 ‘emptiness’（空性）。

6-(1)-3

शून्यतैव（śūnyataiva 𑖫𑖳𑖡𑖿𑖧𑖝𑖹𑖪）→शून्यता एव（śūnyatā eva 𑖫𑖳𑖡𑖿𑖧𑖝𑖯 𑖊𑖪）

（母音 ā + e＝ ai）cf.《MG 19》、《PG 105》、《梵語初階》§105 p.34。

śūnyataiva 係由(1) śūnyatā，(2) eva 兩字連音而成。

6-(1)-3.1 शून्यता（śūnyatā 𑖫𑖳𑖡𑖿𑖧𑖝𑖯）：陰性詞，單數，主格，省略動詞 asti。

6-(1)-3.2 एव（eva 𑖊𑖪）強調語，作副詞用。放在所強調詞 śūnyatā 的後面。「如、就是」之意。

梵漢 p.436：實，正是，即，而，唯。

阿題 p.1346b.：“eva” indec. this particle is most
frequently used to strengthen and
emphasize the idea expressed by a word
-- (1) just, quite, exactly. (6) also,
likewise; cf.《MG p.149》.

6-(1)-4

रूपम्（rūpam 𑖨𑖳𑖢𑖦𑖿）：रूप（rūpa 𑖨𑖳𑖢）的中性詞，單數，主格。作為賓詞。

6-(1)-5

本句梵文省略了 be 動詞 asti （亦即漢文的「是」），

完整的梵文為：rūpaṃ asti。

रूपं（rūpaṃ）（form，色）

अस्ति（asti）（is，be，是）。

शून्यता（śūnyatā）（emptiness，空性）。

शून्यतैव（śūnyataiva）（emptimss indeed，空性即是，eva 是強調「空性」之用語）。

6-(1)-6

本句由四個主格名詞組成，省略了兩個相當於英文 be 動詞的 asti。因此孔睿英譯為：form is emptiness, and the very emptiness is form。

孔睿的 " the very " 相當於梵文的 eva，穆勒將其英譯為 indeed。皆是「強調」的用語。

因為 rūpaṃ（色）是主格，而 śūnyatā（空性）也是主格，這種兩個名詞並列的用法，對只學過英文的讀者可能覺得很怪異。事實上，漢文也常有省略 be 動詞只用兩個名詞並列，而表達同一個概念的例子，如：「玄奘，法師；林光明，胖子」。

這句梵文最接近的文言文是：「色者空也，空者色也。」也就是「色是空，而空本身就是色」。「色者，空性也」也是漢文中二個主格名詞並列，且無 be 動詞的例子。

6-(1)-7

梵文 be 動詞經常省略，比起必須以完整句子表達完整概念的英文，在瞭解此句時，透過漢文可能更容易掌握其義。

此句的前半句梵文是兩個主格名詞「色」、「空性」，若以英文翻譯則必須在「色」與「空性」之間加個 be 動詞 is，變成「色是空性」（form is emptiness）。

由上可知何以《智慧輪》將此譯為「色空」。也或許讀者因此可以理解筆者將此句譯為「色者，空性也。」的用意。

6-(1)-8

梵文《心經》、《心經集成》部分藏譯本與《達賴談心經》之藏譯本皆具備 6-(1)，7.，8.三段文。雖然，漢譯《玄奘》、《羅什》、《法成》、《施護》、《般利》沒有 6-(1)這一段，但是《法月》（T8，p.849a）譯有：「色性是空，空性是色」。

《智慧輪》（T8，p.850a）譯有：「色空，空性是色」。

《唐梵對字音》（T8，p.851b-c）載有：「嚕畔（色）戍儞焰（二合空）（rūpaṃ śūnyam）」、「戍儞也（二合空）帶（性）（是）嚕畔（色）（śūnyataiva rūpaṃ）」。

若由《唐梵對字音》「序文」所載，玄奘所譯的此梵翻對字本的原典是由觀世音菩薩化身親授給玄奘三藏，是故，玄奘應知道有三段文。為何《玄奘》譯缺 6-(1)此一段？

《葉阿月》pp.35-6 推論：（一）因為三段文的文意大同小異，又沒有正式的論理形式文句。所以《玄奘》為省略重複句，故意缺譯 6-(1)。（二）或者因為《玄奘》譯本是與《羅什》譯本同一原本，以致原來就沒有 6-(1)這一段，也說不定。

但《葉阿月》以 pp.36-42 也提出若以文脈及論理形式：（一）《中論》「觀四諦品」（T30，p.39b）「眾因緣生法，我說即是空。亦為是假名，亦是中道義。（24.18）」及天台宗的「空、假、中三諦」（二）印度「三支因明」的「宗、因、喻」（三）《金剛經》的「肯定→否定→肯定」的「色→空→真空」這些義理的推敲，《葉阿月》似以三段文為佳。

印順《講記》（pp.185-6）指出：

> 中國的部分學者，不能體貼經義，落入圓融的情見，以為色不異空是空觀，空不異色是假觀，色即是空，空即是色是中道觀。本經即是即空即假即中的圓教了義。假定真是如此，那經文應結論說：是故即空即色，即色即空纔是。但經文反而說：是故空中無色，無受想行識。他們為了維持自己，於是割裂經文，以為前四句明圓教，而空中無色等，是結歸通教。當然，經義是可能多少異解的，但經義尤其是簡短的本經，應有一貫性，不是隨意割裂比配可以了事的。……是故空中無色，無受想行識。這是佛門中道實證的坦途，切莫照著自己的情見而妄說！

《唐梵對字音》裡，作者慈恩一開始便指出：「《梵本般若波羅蜜多心經》者，大唐三藏法師之所譯也。」但是，這件《心經》的石室音寫抄本 [燉煌出 S. 700] 果真是出自玄奘之手，而序文的作者果真就是奘師的高徒慈恩窺基嗎？

長田徹澄在〈燉煌出土・東寺所藏兩梵本玄奘三藏音譯般若心經の研究〉的論文中，指出序分裡捨新譯「觀自在」不用，而採舊譯「觀音」一詞，進而配合序分裡的觀音感應敘事，又編入不空三藏所譯出的陀羅尼，乃至音寫《心經》本身所欲張揚的密咒化傾向，這些都表明了石室《心經》音寫抄本濃厚的密教性格。又，《大正藏》據以收錄的抄本，在內容上舛誤頗多，因此長田徹澄便推定該件出自敦煌石室的抄本或非奘師當年的原貌，而是日後在密教隆盛時期經過整編而成立的本子。

（可參：長田徹澄在 1935 年《密教研究》(No.58)，發表〈燉煌出土・東寺所藏兩梵本玄奘三藏音譯般若心經の研究〉pp.44-5。亦參：萬金川教授，〈敦煌石室《心經》音寫抄本校釋〉)。

關於敦煌石室《心經》五本音寫抄本的研究，已由中央大學中文系萬金川教授，正著手進行〈敦煌石室《心經》音寫抄本校釋〉的學術研究著作。未來當可進一步解開梵漢《心經》的諸多疑問。

6-(1)-9

色空關係在《玄奘》只有四句，但梵文本有六句。藏傳系統中有兩種情形：

一種是與《玄奘》相同的四句型，如《達賴談心經》(見該書 P.64)，但第七、八兩句前後次序顛倒，本書所收藏文本亦同；另一種是與梵文本相同的六句型。讀者請參考拙著《心經集成》P163-170中，第 118 本至第 130 本、第 158 至第 163 本及第181 至 182 本，即可見到此現象。

以數量看，藏文中有六句型的內容占大多數。

7. 色不異空，空不異色

（此句若由梵文文法直譯，則玄奘漢譯前後兩半句位置顛倒。）

रूपान्न पृथक् शून्यता। शून्यताया न पृथग्रूपं॥

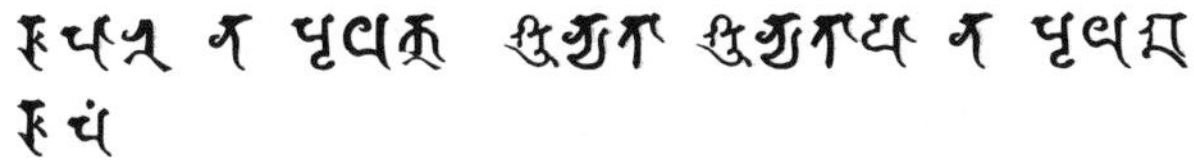

林略梵：rūpān na pṛthak śūnyatā, śūnyatāyā na pṛthag rūpaṃ.

林梵英：emptiness is not different from form, and form is not different from emptiness;

林梵漢：空性（是）不異於色，色（是）不異於空性；

穆勒英：Emptiness is not different from form, form is not different from emptiness.

林穆漢：空不異於形色，形色也不異於空。

孔睿英：emptiness does not differ from form, nor does form differ from emptiness;

林睿漢：空不異於形色，形色不異於空；

村紀日：実体がないといっても、それは物質的現象を離れてはいない。また、物質的現象は、実体がないことを離れて物質的現象であるのではない。

林村漢：雖說空無實體，但其並非脫離物質的現象；而物質的現象亦非脫離空無實體的物質現象。

林註釋：

7-1.

रूपात्（rūpāt 𑖨𑖳𑖢𑖯𑖝𑖿）→字尾 t 因後接 na 鼻音而變成 रूपान्（rūpān 𑖨𑖳𑖢𑖯𑖡𑖿）（t＋ 鼻音 n＝ n＋ 鼻音 n）cf.《MG 33》、《PG 151》、《梵語初階》§ 151.(4)，p.45。

रूपात्（rūpāt 𑖨𑖳𑖢𑖯𑖝𑖿） 中性詞，單數，從格。原形為 rūpa。「從色 (from the form)」之意。

7-2.

न（na 𑖡） 不變化詞。「無、非、不、不是」之意。

摩威 p.523a : not, no, nor, neither.

梵漢 p.754： 無，不，非，未。

7-3.

पृथक्（pṛthak 𑖢𑖴𑖞𑖎𑖿） 副詞，可支配從格、所有格（受格）、具格。

「異（於）…」之意。在此支配從格 rupat（色），而有「異於色」之意。穆勒將此字譯成形容詞 different，孔睿譯成動詞型 differ，鈴木勇夫譯為 other than，都是很好的翻譯。筆者較偏好 different 的譯法。

摩威 p.645c : widely apart, separately, differently, singly, severally as a preposition with "G." or "I." （「所有格」或「具格」）＝ apart or separately or differently from: with "Abl."（從格）＝ without.

孔睿 p.265 : single.

梵漢 p.981： 別，各別，分別，各個，獨，離，異。

阿題 p.1044a : indec., different, separate, distinct.

7-4.

शून्यता（śūnyatā 𑖫𑖳𑖡𑖿𑖧𑖝𑖯）：同註釋 6-1-2.。陰性名詞，單數，主格。

śūnyatāyās 是 śūnyatāyā 的陰性詞，單數，從格。「於空性」、「從空性」之意。英文為“from emptiness”。

7-5.

पृथग्（pṛthag 𑖢𑖴𑖞𑖐𑖿）：　同註釋 7-3.。

在此支配從格 “śūnyatāyās ”（於空性）。

7-6.

रूप（rūpa 𑖨𑖳𑖢）→**रूपं**（rūpaṃ 𑖨𑖳𑖢𑖽）　同註釋 7-1. 為中性名詞，單數，主格。

7-7.

前半句 rūpān na pṛthak śūnyatā，直譯英文為:from form （從格，rūpāt） not （na）different （pṛthak） the emptiness. （主格，śūnyatā ）。

若為正式英文，主格須移到前面，from form 移到後面，而成為「The emptiness is not different from form.」。

7-8.

玄奘漢譯「色不異空，空不異色」是二個對稱的半句，此二個半句 rūpān na pṛthak śūnyatā, śūnyatāyā na pṛthag rūpaṃ.由梵文文法直譯為「空性（是）不異於色，色（是）不異於空性」，玄奘漢譯二個位置譯成前後顛倒。

藏譯本與梵文的二個半句位置一致，藏譯為 gzugs las stoṅ pa ñid gshan ma yin / stoṅ pa ñid las kyaṅ gzugs gshan ma yin no // （空不異色，色不異

空）。

此句梵文 rūpān na pṛthak śūnyatā，若用英文說明很容易瞭解，若依字面直譯是 “ from form ” no different emptiness。原梵文省略 asti （相當於英文 be 動詞或 is），因此英譯要加 is，變成 from form no different “is” emptiness，再將主格（emptiness）放到前面，而為「emptiness is not different from form」。

前半句 rūpān 是從格(Ab.)，原意 “from” form，在文法上可當成是 pṛthak 的對象，而 śūnyatā 是主格。

因此玄奘依字面直譯「色不異空」，梵文原意為「空性（是）不異於色」；而玄奘「空不異色」則是「色（是）不異於空性」。玄奘所譯雖不同於梵本，但也因為前後對稱，所以在意思上並不錯亂。

7-9.

鈴木勇夫將此句前半段譯為 no other than from is emptiness，與梵文格位相同，是個不錯的英譯。

7-10.

簡短的《心經》較容易一字一字的比對梵文，從二百六十字的漢譯中已發現一堆問題，所以其他漢譯佛經的問題可能更多。事實上能了解佛經經義當然很好，但真的無法瞭解時，單純的誦持漢譯或原梵文及藏譯經文也可以。

有人說漢文的主格有時不明顯，但仍能正確的表達完整的意思，因此「色不異空」的「空」本來就可解譯成類似主格或受格的意思，我瞭解也接受這種觀點。上面的解釋主要是建立在英文或英式文法觀念的漢文結構上。

7-11.

語文只是瞭解與講述的工具之一，不過不同的工具有時會有善巧難易的差別。要瞭解梵文，往往可運用同屬印歐語系的英文來閱讀，會比用漢文容易些。本句就是一例。

此處前半句中裏 form 及後半句的 emptiness，在梵文是從格，相當於英文的“ from ×× ”，「從 ×× 而來」之意。在英文可將它看成是 from 這個介詞的「受詞」。而前半句的 emptiness 與後半句裏的 form 是主格，當主詞用。

7-12.

梵文主要是以「格」表示字間關係之語文，這與漢文主要以「字序」表示字間關係的語文用法不同。前者與德文及日文有些類似，而後者在此觀點上或與英文較接近。筆者常愛舉一個例子，這在佛典論述裏也許不合適，但卻最容易瞭解的例子來說明格的用法：

漢文：我愛你。

英文：I love you.

德文：Ich liebe dich.

日文：私は　貴方を　愛します。

在漢文中，「我愛你」的「字序」若改成「你愛我」或「我你愛」，其意義完全不同，英文裏也同（尤其英文還有 I 的受格是另一個字 me 的問題）。

但在日文與德文中，不論用什麼樣的順序重排這幾個字，變成如 Liebe ich dich，或貴方を私は愛します等等，其意義都仍不變，仍就是「我愛你」。（雖然在一般的用法上不會這麼講，但在強調的情況則常會這麼用。）

從此例子可看出，這種用「格」來表現諸字間相互關係的語文，與用「字序」表現相互關係的語文不同。這是用「格」表現的語文的重要特色之一，相信看完這個例子，對梵文的「格」的用法，可以有一些瞭解。

7-13.

我們檢視梵文，可以發現《心經》所用的梵文，大約是距近二千年左右的梵文。它用字非常精簡，一些現代口語梵文裏常會使用的相當於英文 be 動詞的字，幾乎都省略。此點很像漢文，以前的文言漢文比起今日的口語漢文，用字也精簡節略許多。這種文語的表現方法，不論在梵文與其漢譯，皆給讀誦者留下很大的自由聯想與解釋發揮的空間。

佛經除了用來閱讀瞭解以外，我很贊成藍吉富教授所說的：「中國人其實常把經當做咒般諷誦。」的說法，有時只有單純諷誦吟詠，無形間也許是潛移默化，也許是接近了頻道，往往也帶給諷誦者意想不到的效果。

《心經》裏好幾句經文可有不同的解釋，建議挑選一本較喜歡的版本做日常諷誦，不論是梵文原本及藏譯經文或漢、日、英譯本，對中、日、韓等國的人來說，可能絕大多數會挑玄奘譯本來諷誦，不過在瞭解法義時可多參考幾家，以了解不同版本間的差異。

8. 色即是空，空即是色

यद्रूपं सा शून्यता। या शून्यता तद्रूपं ॥

𑖧𑖟𑖿𑖨𑖳 𑖢𑖽 𑖭𑖯 𑖫𑖳𑖡𑖿𑖧𑖝𑖯 𑖧𑖯 𑖫𑖳𑖡𑖿𑖧𑖝𑖯 𑖝𑖟𑖿𑖨𑖳 𑖢𑖽

林略梵： yad rūpaṃ sā śūnyatā, yā śūnyatā tad rūpaṃ.

林梵英： whatever is form, that is emptiness, and whatever is emptiness, that is form.

林梵漢： 凡（是）色，它（是）空性；凡空性，它（是）色。

穆勒英： What is form that is emptiness, what is emptiness that is form.'

林穆漢： 一切所謂物質現象皆空無實體；而一切所謂空無實體也正是物質現象。

孔睿英： whatever is form, that is emptiness, whatever is emptiness, that is form.

林睿漢： 所有具形色的都是空，所有是空的都具形色；

村紀日： （このようにして、）およそ物質的現象というものは、すべて実体がないことである。およそ実体がないということは、物質的現象なのでする。

林村漢： （如是），一切所謂物質的現象皆空無實體；而一切所謂空無實體也正是物質的現象。

《講記》

佛明五蘊皆空，首拈色蘊為例。色（rūpa）與空（śūnyatā）的關係，本經用不異（na pṛthak）、即是四字來說明。不異即不離義，無差別義。色離於空，色即不成；空離於色，空亦不顯。色空、空色二不相離，故說「色不異空，空不異色」。有人聽了，以為空是沒有，色是有，今雖說二不相離而實是各別的，空仍是空，色仍是色。為除此種計執，所以佛接著說：「色即是空，空即是色。」即表示空色二不相離，而且相即。

佛法作如是說，有其特殊意義。印度的一分學者，以為涅槃與生死，煩惱與菩提，是不相同的兩回事，離了生死才能證得涅槃，離了煩惱才能獲得菩提。生死和煩惱是世間雜染法，涅槃、菩提是出世清淨法，染淨不同，何得相即？這種見地，是從他們的宗教體驗而得來。宗教體驗，世間的一般宗教，如耶、回、印度教等，也都有他們的體驗，如上帝、真宰、梵我等。若說他們都是騙人的，決不盡然，他們確是從某種體驗，適應環境文化而表現出來的。不過體驗的境地，有淺深，有真偽。佛法的目的，在使人淨除內心上的錯誤——煩惱，體驗真理，得到解脫——涅槃。一分學者依佛所說去持戒修定淨除煩惱，體驗得「超越」現象的，以此為涅槃。於是，以為世間和涅槃，是不同性質的。在修行的時候，對於世間法，也總是遠離它，放身山林中去，不肯入世作度生的事業。這種偏於自了的超越境，是不究竟的，所以被斥為沈空滯寂者。真正的涅槃空寂，是要在宇宙萬有中，不離宇宙萬有而即是宇宙萬有的。因此，修行也不同，即於世間利生事業中去體驗真理，淨化自己。古德說：「佛法在世間，不離世間覺。」覺悟即在世間法而了達出世法，由此大乘能入世度生，悲智雙運。有所得的小乘，體驗到偏於「超越」的，於是必然地走入厭離世間的道路。龍樹菩薩在《智論》(T25，p.198a) 裡，講到「色不異空，空不異色；色即是空，空即是色」時，即以《中論》生死涅槃無別去解說。大乘的體驗，不妨說是「內在」的。論到宗教的體驗，有人以為這是一種神祕經驗，既稱為神祕的，此中境界就不是常人所能了解。因之，經驗的是否正確，也無從確論。現見世間一般宗教，他們依所經驗到而建立的神、本體等，各不相同，如耶教的上帝，印度教的梵我，所見不同，將何以定是非？依佛法，這是可判別的，一方面要能洗盡一切情見，不混入日常的計執；一方面要能貫徹現象而無所礙，真俗二諦無礙的中道，即保證了佛法的究竟無上。佛法是貫徹現象與本體，也是貫通宗教與哲學，甚至通得過科學的，所以有人說佛法是科學而哲學的宗教。

從理論上說，色（一切法也如此）是因果法，凡是依於因緣條件而有的，就必歸於空。如把因果法看成是有實自性的，即不成其為因果了。因法的自性實有，即應法法本來如是，不應再藉因緣而後生起；若必仗因緣而能生起，那法的自性必不可得。由此，一切果法都是從因緣生，從因緣生，果法體性即不可得，不可得即是空，故佛說一切法畢竟空。反之，果法從因緣有，果法的作用形態又不即是因緣，可從因緣條件有，雖有而非實有，故佛說一切法緣起有。可知色與空，是一事的不同說明：所以色即是空，空即是色。常人於此不了解，以為空是沒有，不能現起一切有。不知諸法若是不空，不空應自性有，即一切法不能生。這樣，有應永遠是有，無應永遠是無。但諸法並不如此，有可以變而為無，無的也可由因緣而現為有，一切法的生滅與有無，都由於無自性畢竟空而得成立。性空——無不變性、無獨立性、無實在性，所以一切可現為有，故龍樹菩薩（《中論》24品14ab頌）說：「以有空義故，一切法得成。」本經所說：色即是空，空即是色，即說明此空色不相礙而相成的道理。（《講記》pp.179-183）

林註釋：

8-1.

यत्（yat 𑖧𑖝𑖿）→यद्（yad 𑖧𑖟𑖿） 關係代名詞，中性詞，單數，主格。

（t ＋ 有聲子音＝d ＋ 有聲子音） cf.《MG 32.a》、《PG 148》、《梵語初階》§148 p.44。

引領句型：yat …tat…（意為「凡是…彼….」)。yad rupaṃ sā 意為「凡是色…，彼（是）…」。為「從屬子句」。

यत्（yat 𑖧𑖝𑖿）[यद्（yad 𑖧𑖟𑖿）]

摩威 p.844b : who, which, what, whichever, whatever, that.

梵漢 p.1497 : 彼，諸有，所有。

रूपं（rūpaṃ 𑖨𑖳𑖢𑖽）同註釋 6-1-1.

रूप（rūpa 𑖨𑖳𑖢）

阿題 p.1346b : n., form, figure, appearance.

सा（sā 𑖭𑖯）→原形 तत्（tat 𑖝𑖝𑖿），指示代名詞。陰性詞，單數，主格。

指示代名詞指的是“ śūnyata ”，省略動詞（asti，是)。為「主要子句」。

शून्यता（śūnyatā 𑖫𑖳𑖡𑖿𑖧𑖝𑖯）同註釋 6-1-2.

शून्यता（śūnyatā 𑖫𑖳𑖡𑖿𑖧𑖝𑖯）; शून्य ता（śūnya + tā 𑖫𑖳𑖡𑖿𑖧+ 𑖝𑖯）(MG p. 164）形成抽象實詞，意思類似英語的-ness, 所以此處就變成 emptiness。

तत्（tat 𑖝𑖝𑖿）→ तद्（tad 𑖝𑖟𑖿）指示代名詞，中性詞，單數，主格。指的是“ rūpaṃ ”。（ t＋ 有

聲子音= d +有聲子音） cf.《MG 32.a》、《PG148》、《梵語初階》§148 p.44。

8-2.

此句之意義較接近玄奘未譯出的第 6-(1)句，筆者所漢譯的「色者空性也，空者即色也。」

8-3.

此句的梵文是典型的 yad…sā…，yā…tat…，大概相當於英文關係代名詞用法中的 whatever…that，… whatever…that…的用法，請參閱〈孔睿英〉。

8-4.

此句的文言漢文為「是色即空，是空即色」，或「凡色皆空，凡空皆色。」，二者都是較直接與接近梵文原義之漢譯。白話文漢譯為：「凡（是）色，它（是）空性；凡空性，它（是）色。」

「色即是空」與「是色即空，凡色（是）空」在義理上不會有太大矛盾。但從字面看，二者有相當差別，讀者若仔細品味即可知其差異。

從漢文（或許用英文可更清楚分辨出來）的文法上來看，「色即是空」的主詞是「色」，是單一的「色」的概念；而「是色即空」的主詞是「是色」，指凡所有是色的，即是空。

9. 受、想、行、識，亦復如是

एवमेव वेदनासंज्ञासंस्कारविज्ञानानि ॥

𑖊𑖪𑖦𑖿 𑖊𑖪 𑖪𑖸𑖟𑖡𑖯 𑖭𑖽𑖕𑖿𑖗𑖯 𑖭𑖽𑖭𑖿𑖎𑖯𑖨 𑖪𑖰𑖕𑖿𑖗𑖯𑖡𑖯𑖡𑖰

林略梵： Evam eva vedanā-saṃjñā-saṃskāra-vijñānāni.

林梵英： Thus is also true for feeling, perception, formative forces and consciousness .

林梵漢： 受、想、行、識，就是如此（性空）。

穆勒英： ‘The same applies to perception, name, conception,
and knowledge.’

林穆漢： 對受、想、行、識，也同樣適用。

孔睿英： The same is true of feelings, perceptions, impulses and consciousness.

林睿漢： 對於受、想、行、識，也同樣適當（貼切）。

村紀日： これと同じように、感覚も、表象も、意志も、知識も、すべて実体がないのである。

林村漢： 同樣地，感覺、表象、意志、知識也都空無實體。

《講記》

經中接著說：「受想行識（vedanā-saṃjñā-saṃskāra-vijñānāni），亦復如是（evam eva）。」這是說：不但從色的現象說：色不異空，乃至空即是色，若從受的現象上說：也是受不異空，空不異受；受即是空，空即是受的。想與行識，都應作如是說。空是一切法普遍而根本的真理，大至宇宙，小至微塵，無不如此，即無不是緣起無自性的。能在一法達法性空，即能於

一切法上通達了。(《講記》p.183)

林註釋：

9-1.

एवमेव（evam eva ） 副詞。「就是如此」之意。

एवम्（evam 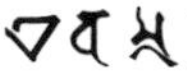）：

摩威 p.232b：exactly so, in this manner only; in the same manner as above.

孔睿 p.73, 214 ：in the same way; just thus; just so.

梵漢 p.436 ：是，如是，如此；這等；唯然，亦爾；當知。

एवमेव（evam eva ）：

阿題 p.501a.: quite so, just so.

एव（eva ）：

同註釋 6-(1)-3.2

9-2.

वेदना संज्ञा संस्कार विज्ञान（vedanā-saṃjñā-saṃskāra-vijñāna ） 此複合詞係由：

(1) vedanā（受、感受），

(2) saṃjñā（想、表象），

(3) saṃskāra（行、意志），

(4) vijñāna（識），四個名詞所組成。

वेदनासंज्ञासंस्कारविज्ञान（vedanā-saṃjñā-saṃskāra-vijñāna ）「受、想、行、

識」。此為並列式複合詞，即以隱略的 ca 連接四個名詞的「相違釋（Dv.）」譯解。藏譯本用…daṅ /…daṅ / …daṅ /表示「相違釋」，在梵文代表複合詞則有…ca / …ca /…ca / 的關係。此詞的藏譯與解說，亦可參考：第四章 9-2。

9-2.1 **वेदना**（vedanā 𑖪𑖸𑖟𑖡𑖯） 陰性詞。「受、感覺」之意。

摩威 p.1016c : pain, torture, agony; feeling, sensation;（with Buddhists one of the five skandhas）

孔睿 p.370 : feeling, pain.

梵漢 p.1404： 受，痛，惱，苦，受性，受隱，苦痛，苦惱，苦樂，苦切，所受，領納。

阿題 p.1497a : f. feeling, sensation.（< √vid 阿題 p.1437a : 2 P., vetti or veda, to know, understand, to feel, experience.）

9-2.2 **संज्ञा**（saṃjñā 𑖭𑖽𑖕𑖿𑖗𑖯） 陰性詞。「想、思想」之意。

摩威 p.1133c : agreement, mutual understanding; consciousness; clear knowledge or understanding or notion or conception;（with Buddhists）perception （one of the five skandhas） cf. saṃjānāti（意見一致）.

孔睿 p.396 : perception; notion.

梵漢 p.1095： 號，名號；名，名字，名想；想，想陰，邪想，憶想；相，少相；思，心，意，智見；悟，蘇；選擇塵差。

阿題 p.1610b : f. consciousness.

（< √jñā 阿題 p.743b : 9 U. jānāti, jānīte, to know（in all senses), to learn, become acquainted with, to comprehend, apprehend, understand.）

9-2.3 संस्कार（saṃskāra 𑖭𑖽𑖭𑖿𑖎𑖯𑖨） 陽性詞。「行、有作為」之意。

摩威 p.1120b : putting together, making perfect. Refining;（複數形, with Buddhists） a mental conformation or creation of the mind, such as that of the external world, regarded by second linking it as real, though actually non-existent, and forming the twelvefold chain of causation or the fourth of the five skandhas.

孔睿 p.390 : conditioned events; conditioned things; formative forces.

阿題 p.1595b : m. impression, form, mould, operation, influence.

阿題 p.1595b :（< saṃ-√kṛ 8 U., to cultivate, educate, train ）.

9-2.4 विज्ञान（vijñāna 𑖪𑖰𑖕𑖿𑖗𑖯𑖡）→विज्ञानानि（vijñānāni 𑖪𑖰𑖕𑖿𑖗𑖯𑖡𑖯𑖡𑖰）中性詞，複數，主格。「識、認識」之意。

摩威 p.961b : the act of distinguishing;（with Buddhists） consciousness or thought-faculty（one of the 5 constituent elements or skandhas）

孔睿 p.353 : consciousness.

梵漢 p.1426：心，心法，知；識，意識；解，本識。

विज्ञान（vijñāna ）

阿題 p.1434b：n. knowledge, understanding, worldly or profane knowledge, knowledge derived frow worldly experience.

（ < vi √jñā 阿題 p.1434a：9 U., to know, be aware of ）。

9-3.

एवमेव वेदनासंज्ञासंस्कारविज्ञानानि ॥（evam eva vedanā-saṃjñā-saṃskāra-vijñānāni. 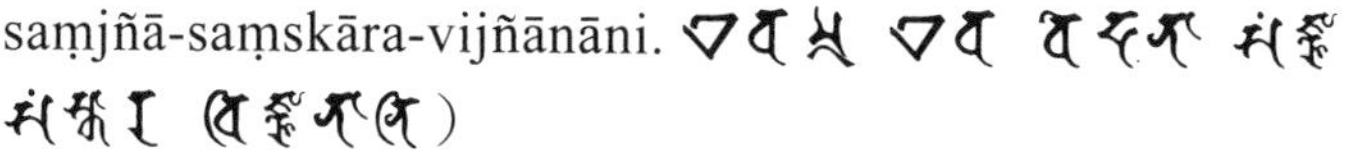）

本句梵文，可以察覺到省略 be 動詞 santi（√as）第三人稱，複數。

10. 舍利子，是諸法空相

इह शारिपुत्र सर्वधर्माः शून्यतालक्षणा

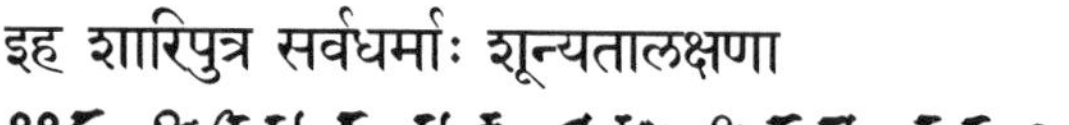

林略梵： iha Śāriputra sarva-dharmāḥ śūnyatā-lakṣaṇā

林梵英： Here,（thus,）Shariputra, all conditioned things have the characteristics of emptiness,

林梵漢： 於此（修行般若波羅蜜多之法），舍利子！一切法（是具有）空性的特徵：

穆勒英：　'Here, O Śâriputra, all things have the character of emptiness,

林穆漢：　於此，喔！舍利子！諸法皆有空的特質，

孔睿英：　Here, O Śāriputra, all dharmas are marked with emptiness,

林睿漢：　於此，喔！舍利子！所有的法皆具有空的特質，

村紀日：　シャーリプトラよ。この世においては、すべての存在するものには実体がないという特性がある。

林村漢：　舍利子啊！在此世間，一切存在者皆具所謂空無實體的特性。

《講記》

上面講菩薩依般若通達五蘊——物質現象與精神現象空，現象與空寂，是相即不相離的。這從有空的相對性而觀察彼此相依相成，得二諦無礙的正見，也即是依緣起觀空，觀空不壞緣起的加行觀，為證入諸法空相（sarva-dharmāḥ śūnyatā-lakṣaṇā）的前方便。由此引發實相般若，即能達到「般若將入畢竟空，絕諸戲論」（吉藏《淨名玄論》(T38，p.882a)）的中道實證。上來說：一分學者不能得如實中正的體驗，於現象與空性，生死與涅槃相礙，成為厭離世間的沈空滯寂者。解除此項錯誤，必須了達空有相即——生死即涅槃，煩惱即菩提，成為入世度生的悲智雙運。但如滯留於此，不能親證空性，戲論於「有即是空，空即是有」，即偏於內在的，即每每會落入泛神、理神的窠臼，甚至圓融成執，弄到善惡不分，

是非不辨。不知《華嚴經》說：「有相無相無差別，至於究竟終無相」；《中論》（龍樹造青目釋，鳩摩羅什譯卷第四(T30，p.33b)）說：「眾因緣生法，我說即是空，亦為是假名，亦是中道義（24.18）；未曾有一法，不從因緣生，是故一切法，無不是空者（24.19）。」無不從有空相即的相待，而到達畢竟空寂的絕待的。所以本經在說不異、即是以後，接著說：「是諸法空相……空中無色，無受想行識。」

諸法，指一切法（sarva-dharmāḥ）。空相（śūnyatā-lakṣaṇā）作空性（śūnyatā）解。性與相，佛典裡沒有嚴格的分別，如實相、實性，譯者常是互用的。空相——空性，即一切法的本性、自性，一切法是以無自性為自性（《百五十般若經》「śūnyāḥ sarvadharmā niḥsvabhāva-yogena (編者譯：一切法空是藉由無自性的方法而被建立的。)」），自性即是無自性的。色、受、想、行、識，本為世俗常識的境界，經說色即是空，空即是色，在使從空有相即的相對觀中，超脫空有相待而親證無色、受、想、行、識的空性。此空性，本經以不生不滅，不垢不淨，不增不減來表示他。中道實證的空性，不但不是與有相對差別的，也還不是相即一體的。是從相待假名的空有相即，冥契畢竟寂滅的絕待空性。這用世間任何名字來顯示，都是不恰當的，在畢竟清淨纖塵不立的意義上，空，還近似些，所以佛典裡都用空——無、非、不等字來顯示。然空性是意指即一切法而又超一切法的，用世間的名言來顯示，總不免被人誤解！語言和思想，都不過是世間事物的符號。世間的事物，語言思想都不能表現出他的自身，何況即一切法而超一切法的空性呢？空性亦不過假名而已。空性，不是言語思想所能及的，但不是不可知論者，倘能依性空緣起的正論來破除認識上的錯誤——我執法執，般若慧現前，即能親切體證，故佛法是以理論為形式而以實證為實質的。真能證得空性，是即一切而超一切的，所以本經結論說：是故空中無色，無受想行識。此空中無色等，從相即不離而證入，所以與一分學者的把生死涅槃打成兩橛者不同。佛法的中道實證，可說是內在的超越——證真，這當然即是超越的內在——達俗。中國的部分學者，不能體貼經義，落入圓融的情見，以為色不異空是空觀，空不異色是假觀，色即是空，空即是色是中道觀。本經即是即空即假即中的圓教了義。假定真是如此，那經文應結論說：是故即空即色，即色即空纔是。但經文反而說：「是故空中無色，無受想行識。」他們為了維持自己，於是割裂經文，以為前四句明圓教，而空中無色等，是結歸通教。當然，經義是可能多少異解的，但經義尤其是簡短的本經，應有一貫性，不是隨意割裂比配可以了事的。應該明白：菩薩修學般若時，觀察諸法從緣起，所以自性空，諸法自性空，所以從緣起，了知空有相依相成，實沒有諸法自性可得；入地才能如實證見一切法畢竟空性——即根本智證真如，幻相不現。所以本經首標五蘊皆空，次說五蘊皆空的理由：色不異空，空不異色；色即是空，空即是色。由此為觀察方法而後能得實證的結果：是諸法空相……是故空中無色，無受想行識。這是佛門中道實證的坦途，切莫照著自己的情見而妄說！（《講記》pp.183 -186）

林註釋：

10-1.

इह शारिपुत्र（iha Śāriputra 𑖂𑖮 𑖫𑖯𑖨𑖰𑖢𑖲𑖝𑖿𑖨）同註釋 6。

10-2.

सर्वधर्मास् शून्यतालक्षणा（sarva-dharmās śūnyatālakṣaṇā 𑖭𑖨𑖿𑖪 𑖠𑖨𑖿𑖦𑖯𑖭𑖿 𑖫𑖳𑖡𑖿𑖧𑖝𑖯𑖩𑖎𑖿𑖬𑖜𑖯）→सर्वधर्माःशून्यतालक्षणास्（sarva-dharmāḥ śūnyatā-lakṣaṇās 𑖭𑖨𑖿𑖪 𑖠𑖨𑖿𑖦𑖯𑖾 𑖫𑖳𑖡𑖿𑖧𑖝𑖯𑖩𑖎𑖿𑖬𑖜𑖯𑖭𑖿）

（ cf.《MG 27, 43》、《PG 95》、《梵語初階》§95 p.31：字尾-s 遇下一字開頭為 k、kh、p、ph、ś、ṣ、s 時-s→-ḥ，s 轉送氣音 ḥ ）。

陽性詞，複數，主格。省略動詞（santi，是）。

此字由(1) sarva，(2) dharmās，組成複合詞。sarva 形容 dharmās。持業釋，形容詞關係。本經所指 sarva-dharmās（一切法）已於前文出現，是「五蘊」包含的十二處、十八界等世上的物質現象及精神作用。即所有存在的事物，是「一切法」。請見 13-2. 的說明。

10-2.1　सर्व（sarva 𑖭𑖨𑖿𑖪）：同註釋 1-1-3.1。「一切的、諸」之意。

10-2.2　धर्म（dharma 𑖠𑖨𑖿𑖦）→ धर्मास्（dharmās 𑖠𑖨𑖿𑖦𑖯𑖭𑖿）（主格）→ धर्माः（dharmāḥ 𑖠𑖨𑖿𑖦𑖯𑖾）（s 轉送氣音）。陽性詞，複數，主格。「法」之意。

摩威 p.510c : that which is established or firm, steadfast decree, statute, ordinance, law; usage, practice; right, justice; virtue, quality; the law or doctrine of Buddhism; nature, character.

孔睿 p.208 : objects of mind; what is right.

梵漢 p.369：法，正法，教法，是法，善法，實法，妙法，如法，法門。

10-3.

शून्यतालक्षण（śūnyatā-lakṣaṇa 𑖫𑖳𑖡𑖿𑖧𑖝𑖯 𑖩𑖎𑖿𑖬𑖜）→ शून्यतालक्षणास्（śūnya tā-lakṣaṇās 𑖫𑖳𑖡𑖿𑖧 𑖝𑖯 𑖩𑖎𑖿𑖬𑖜𑖯𑖭𑖿）

陽性詞，複數，主格。此字由(1) śūnyatā，(2) lakṣaṇā（特性、相、特徵），組成複合詞。

其中 lakṣaṇā 原構成「持業釋」，同位格關係的中性詞，由於為了成為 sarvadharmās（一切法）的賓詞，整個複合詞轉為「有財釋」，因而改成陽性詞，形成「格、性、數」一致：故「（具有）空性的特徵」之意義。（亦請參考：《葉阿月》p.53n.23）。

10-3.1　शून्यता（śūnyatā 𑖫𑖳𑖡𑖿𑖧𑖝𑖯）同註釋 6-1-2.

10-3.2　原形 लक्षण（lakṣaṇa 𑖩𑖎𑖿𑖬𑖜）→ लक्षणास्（lakṣaṇās 𑖩𑖎𑖿𑖬𑖜𑖯𑖭𑖿）「相，特徵」之意。（陽性詞，複數，主格）→ लक्षणा（lakṣaṇā 𑖩𑖎𑖿𑖬𑖜𑖯）

ās+（母或子）有聲音 → 失去 s ＝ ā +（母或子）有聲音。cf.《MG 45.1》、《PG 121》、《WG177》、《梵語初階》§121 p.38.

摩威 p.892a：indicating, expressing indirectly a mark, symbol, token, characteristic, quality.

孔睿 p.338：mark; marked.

梵漢 p.649：相，能相，體相，顯相，色相，相好，相法，相貌，威容。

阿題 p.1352b：n. a mark, sign, indication, characteristic, distinctive mark.

（< √lakṣ 阿題 $_{\text{p.1352a}}$: 10 U., to mark, characterize, indicate ）

摩威 $_{\text{892a}}$: ifc.= ‘marked or charaterized by,’ ‘possessed of’ （ifc.=若在複合詞之尾，則表示為「(具有)……的特徵」。）

10-4.

「法」的梵文 dharma，我覺得穆勒英譯本以英文 things 翻譯梵文 dharma 非常恰當。他以 all things 英譯梵文複數型的 sarva dharmāḥ 一切諸法。

近年各家英譯多能瞭解並接受 dharma 一字，所以 dharma 已變成正式的英文，如同英文也接受梵文「經（sūtra）」與「咒（mantra）」之原梵文對應英譯的 sutra 及 mantra。

10-5.

提到 dharma（法）的英譯，華琛（Burton Watson）英譯《妙法蓮華經》（1993 年哥倫比亞大學出版），序中曾提到「法」的翻譯問題，大意是：

在英譯《妙法蓮華經》時，最困難的是如何恰當把握「法（fa）」字。漢譯佛典以「法」翻譯梵文 dharma。

此字在該經中有時指佛陀教說的真理或整個法門，故英譯時華琛選用 Dharma 或 The law。華琛說該經常用「諸法」一詞，若譯成 The Laws，語氣上太「尊重法律規章了」（legalistic），因此他以「doctrines」或「teachings」英譯。此外 dharma 還有「事物」、「物件」及「現象」之意，漢譯本最明顯的用例是「諸法實相」，華琛英譯成「The true entity of all phenomena」（中文意為：「一切現象的真相」）。

華琛認為：經中，「法」亦可指「法則（rule）」、「方法（method）」、「問題的處理方式（approach）」等用例。

以上引自華琛的看法，相當程度地說明了dharma（法）一字在英譯的困難，因此特別附在這裏供讀者參考。

10-6.

筆者在英譯楊曾文教授校訂的敦煌博物館本《六祖壇經》時，在「三十六對法」一句中也遇到「法」字應當採用那一個英譯最恰當又不重複的問題，幾經思量，最後選用了 principle 一字，也提供讀者參考。

談到《壇經》，一般人多半只知道近兩萬字的《宗寶本》，而不知可能更接近《壇經》原型，只有一萬一千多字的《敦煌本》。楊曾文教授校訂的《敦煌本》是所有敦煌博物館本系統中，第一本提出所謂新發現原缺「三行六十八字」的校訂本。非常值得一讀。

而筆者的英譯本內容中，將敦煌系統本在目前全世界的研究狀況，及現存二十本《壇經》英譯本的大致情形，做了簡單介紹，也可以參考一下。

10-7.

筆者在《阿彌陀經譯本集成》中曾說，鳩摩羅什於西元 402 年譯時只用 1858 個漢字，而玄奘於西元 650 年時用了 4075 個漢字，扣除第 16a 段中十方佛與六方佛差異的部分 364 個字，仍有 3711 個漢字，比鳩摩羅什譯本多了一倍多。

我也在《金剛經譯本集成》說，鳩摩羅什於西元 401 年用了 5118 個漢字譯此經，就算加上第 21b 段可能取自菩提留支譯本的經文，由靈幽法師在唐穆宗長慶二年（西元 822 年）加上的「爾時慧命須菩提白佛言」那一段的 62 個字，也只有 5180 字，與玄奘譯於西元 663 年之譯本的 8208 個字比起來，後者多了近六成的內容。

筆者覺得一部經典之流傳除了譯文內容外，可能與譯出時間早晚及譯文長短及通暢有關。就實際流通情形來看，雖然玄奘譯本較容易了解其意義，但通行於中、日、韓三國的《金剛經》與《阿彌陀經》卻都是鳩摩羅什的譯本。從鳩摩羅什的 401 年及 402 年及玄奘的 663 年、650 年，與羅什的 5180、1858 字及玄奘的 4075、8208 字之差別，大概可看出其原因。

10-8.

《心經》諸漢譯本中，玄奘譯本雖然比鳩摩羅什譯本晚了近 260 年才譯出，但卻比鳩摩羅什譯本流通？為何如此，筆者猜測可能是因其簡短易讀。

此外，筆者以為玄奘譯本之所以較流行，與明朝作者可能是吳承恩（約 1500－1582）所創作的《西遊記》之普及與深植於中、日、韓三國人民心中有關。因為《西遊記》述說許多唐三藏法師玄奘西行取經遇到困難時使用《心經》的功效，此事於《大唐慈恩傳》中也記載了五次。因此或有可能，這是中、日、韓三國人們喜歡念誦這個版本的主要原因之一。

11. 不生、不滅，不垢、不淨，不增、不減

अनुत्पन्ना अनिरुद्धा अमलाविमला नोना नपरिपूर्णाः ॥

𑖀𑖡𑖲𑖝𑖿𑖢𑖡𑖿𑖡𑖯 𑖀𑖡𑖰𑖨𑖲𑖟𑖿𑖠𑖯 𑖀𑖦𑖩𑖯𑖪𑖰𑖦𑖩𑖯 𑖡𑖺𑖡𑖯 𑖡 𑖢 𑖨𑖰𑖢𑖳𑖨𑖿𑖜𑖯𑖾

林略梵： anutpannā aniruddhā amalāvimalā nonā na paripūrṇāḥ.

林梵英： they are neither produced nor ceased; neither undefiled nor defiled; neither decreased nor increased.

林梵漢： （一切法是）不被生、不被滅；（是）不染垢、不清淨；（是）不減損、不增長的。

穆勒英： they have no beginning, no end, they are faultless and not faultless, they are not imperfect and not perfect.

林穆漢： 它們無有起始，亦無終絕；他們無瑕疵，亦非完美；他們既非不圓滿，亦非圓滿。

孔睿英： they are neither produced nor stopped, neither defiled nor immaculate, neither deficient nor complete.

林睿漢： 他們沒有生起，也不會消滅；沒有污染，也不清淨；沒有缺陷，也不完美。

村紀日： 生じたということもなく、滅したということもなく、汚れたものでもなく、汚れを離れたものでもなく、減るということもなく、増すということもない。

林村漢： 既無所謂生，亦無所謂滅；既非垢污之物，亦非離垢污之物；既無所謂減，亦無所謂增。

《講記》

不生（an-utpannās）不滅（an-iruddhās）等三句，是描寫空相的，空性既不是言思所能思議，這只有用離言思的方法去體證。如我們未能證得，不解佛說的意趣，那就是佛再說得多些，明白些，也只有增加我們的誤會。這如從來沒有見過白色的生盲，有人告訴他說：如白鶴那樣白，盲人用手捫摸白鶴，即以為白是動的。有人告訴他說：不是動的，白如白雪那樣白，盲人又以為白是冷的。結果都不能得到白的本相，我們對於真理——空性，也是這樣。所以佛不能為我們直說，不能用表顯的方法，而用遮顯的，這如繪畫的烘雲托月法，從側面的否定去反顯他。本經所說的空相，是不生不滅，不垢（a-malās）、不淨（a-vimalās），不增（na paripūrṇās）、不減（na-unās）。這六不、三對，即是對我們一切法的種種認識，予以否定，使我們從此否定悟入諸法的空性。這裡所應注意的：為什麼要舉生滅、染淨、增減，一對一對的法加以否定呢？這就是說明我們的言語思想，都是有限的、相對法，世間的一切存在也沒有不是相對的。即使說絕對的，絕對又是對相對而說的，稱為絕對，也還是不離相對。一切法沒有不是相對的，相對的即是緣起幻相，不能顯示即一切又超一切的空性。佛把這些相對的都否定了，從此否定的方式中顯示絕對的空性。龍樹說：「破二不著一」，所以這些相對的——二法否定了，我們不應執為一體，如還有所執，還是不對的。用否定來顯示法空性，不是把現象都推翻了，是使我們在即一切法上了知超越相對的空性；這超越相對的空性，是內在的超越，不單是內在的，或超越的。所以，即超越的內在，能成立那不礙空性的生滅、染淨、增減等等緣起法。至於本經只舉此六不三對來顯示空性，不多不少，這可以說有理由，也沒有理由。依世間所知的方面講，以六不三對來顯示，有他恰當的意義。生滅，是就事物的自體存在與不存在上說的：生是生起，是有，滅是滅卻，是無。垢淨，是就性質上說的：垢即是雜染，淨是清淨。增減，是就數量上說的：增即數量增多，減即減少。世間的一切事物，不外是體性的有無，性質的好壞，數量的多少。如一個團體，團體的存在與否，這是生滅方面的；團體健全、墮落，前進或反動，是垢淨方面的；團體的發展或縮小，是數量方面的。任何一法，都不出此體、質、量三者，所以本經特舉此三對。如專約菩薩的證入空相說，即通達諸法自性空，空非先有後無，或本無今有的，所以說不生不滅；空性離煩惱而顯，然在纏不染，離纏也並非新淨；空不因證而新得，不因不證而失去，所以也就沒有增減。(《講記》pp.186-189)

林註釋：

11-1.

अनुत्पन्नास्（anutpannās 𑖀 𑖡𑖲 𑖝𑖿𑖢 𑖡𑖿𑖡𑖯 𑖭𑖿）→ अनुत्पन्ना（anutpannā 𑖀 𑖡𑖲 𑖝𑖿𑖢 𑖡𑖿𑖡𑖯）

原形 anutpanna（過去被動分詞）→anutpannās（轉為陽性詞，複數，主格的形容詞）

अनुत्पन्ना（anutpannā 𑖀 𑖡𑖲 𑖝𑖿𑖢 𑖡𑖿𑖡𑖯）（ās + 母或子有聲音→ 失去 s = ā + 母或子有聲音。cf.《MG45.1》、《PG 121》、《WG 177》）。

意為「不生、不生起」。作為主詞 sarvadharmās

（一切法）的賓詞，動詞 santi 省略。

此字由(1) an，(2) utpanna 組成。

11-1.1 अन्（an 𑖀𑖡𑖿）：

an +母音＝否定的接頭詞，「不、無」之意。

11-1.2 原形उत्पन्न（utpanna 𑖄𑖝𑖿𑖢𑖡𑖿𑖡）（過去被動分詞）→ उत्पन्नास्（utpannās 𑖄𑖝𑖿𑖢𑖡𑖿𑖡𑖯𑖭𑖿）（轉為陽性詞，複數，主格的形容詞）→उत्पन्ना（utpannā 𑖄𑖝𑖿𑖢𑖡𑖿𑖡𑖯）（cf.《MG45.1》）

摩威 p.180-3 : risen, born. cf. utpadyate（上，生）。

孔睿 p.122 : has been produced; produced; has arisen; raised.

梵漢 p.1357：生，已生，生已，受生，所生；出，出現，出生；起，生起，已起；遭；發（心）已。

अनुत्पन्न（anutpanna 𑖀𑖡𑖲𑖝𑖿𑖢𑖡𑖿𑖡）

阿題 p.412b：（ < ud-panna [ud < √pad 4 Ā. 1 to be born or produced.] ）

阿題 p.94b : a. not producd or born, unborn.

11-2.

अनिरुद्धास्（aniruddhās 𑖀𑖡𑖰𑖨𑖲𑖟𑖿𑖠𑖯𑖭𑖿）→ अनिरुद्धा（aniruddhā 𑖀𑖡𑖰𑖨𑖲𑖟𑖿𑖠𑖯）

（ās + 母或子有聲音→ 失去 s ＝ ā + 母或子有聲音。cf.《MG45.1》等）

過去受動分詞當形容詞用。陽性詞，複數，主格。

「不滅、止滅」之意。為主詞 sarvadharmās（一切法）的賓詞。此字由(1) a，(2) niruddha 組成。

11-2.1　अ（a 𑖀）：

a +子音＝否定的接頭詞，「不、無」之意。

11-2.2　निरुध्त（ni-rudh-ta 𑖡𑖰 𑖨𑖲 𑖠𑖿 𑖝）→ निरुद्धा（niruddhā 𑖡𑖰 𑖨𑖲 𑖟𑖿𑖠𑖯）

此字是由(1) ni，(2) ruddha 組成。

11-2.2.1　नि（ni 𑖡𑖰）

表示「向下」的前置詞。

11-2.2.2　निरुद्धा（ni-ruddhā 𑖡𑖰 𑖨𑖲 𑖟𑖿𑖠𑖯）

過去受動分詞，「阻礙的」之意。

摩威 p.554-1 : held back, checked, suppressed.

孔睿 p.226 : stopped; destroyed; obstructed.

梵漢 p.799：滅，已滅，滅已，息，息滅，已謝，滅謝，謝滅；斷；斷盡；離；退失，淨除。

अनिरुद्ध（aniruddha 𑖀𑖡𑖰 𑖨𑖲 𑖟𑖿𑖠）

阿題 p.913a : a. obstructed, hindered, checked, retrained, curbed.

阿題 p.86b. : unobstructed

（ < ni-rudha 阿題 p.913a：ppp. ni < √rudh. 7 U., to obstruct, stop, oppose, block up）

11-3.

अमलाविमला（amalāvimalā 𑖀𑖦𑖩𑖯𑖪𑖰𑖦𑖩𑖯）（或 amalā na vimalā 𑖀𑖦𑖩𑖯 𑖡 𑖪𑖰𑖦𑖩𑖯）：是由(1) amala，(2) avimala 所組成。

（母音 a+a＝ā，cf.《MG 19》、《PG 105》、《梵語初階》§ 105 p.34）。此句主詞仍是 sarvadharmās（一切法）。

11-3.1　原形 अमल（a-mala 𑖀 𑖦𑖩）→ अमलास्（a-malās 𑖀 𑖦𑖩𑖯𑖭𑖿）（形容詞，陽性詞，複數，主格）→ अमला（amalā 𑖀𑖦𑖩𑖯）（ās + 母或子有聲音→ 失去 s ＝ ā + 母或子有聲音。cf.《MG45.1》等）。

「不垢、非煩惱性」之意。此字由(1) a，(2) mala 組成。

11-3.1.1　अ（a 𑖀）（否定的接頭詞）

11-3.1.2　अमल（a-mala 𑖀𑖦𑖩）

摩威 p.81a : spotless, stainless.

孔睿 p.68 : not defiled（Hr.）

梵漢 p.72 : 淨，不垢，無垢，離垢，無垢染。

11-3.2　अविमल（a-vimala 𑖀𑖪𑖰𑖦𑖩）→ अविमलास्（a-vimalās 𑖀𑖪𑖰𑖦𑖩𑖯𑖭𑖿）→ अविमला（avimalā 𑖀𑖪𑖰𑖦𑖩𑖯）（cf.《MG45.1》）。

形容詞，陽性詞，複數，主格。「不淨」之意。

विमल（vi-mala 𑖪𑖰𑖦𑖩）

阿題 p.1458a : a., pure, stainless, spotless, clean.

阿題 p.1243b : mala a., dirty, foul.

此字由(1) a，(2) vi，(3) mala 組成。

11-3.2.1　विमल（vimala 𑖪𑖰𑖦𑖩）

摩威 p.979c : stainless, spotless, bright.

孔睿 p.360 : spotless; immaculate.

梵漢 p.1433 : 淨，無垢，垢，無塵，清淨，離垢（佛），無垢（天子），離垢穢，無有垢穢，遠離諸垢。

वि（vi 𑖪𑖰）　表示「分離、反對」的前置詞。

11-4.

न उना（na-unā 𑖡 𑖄𑖡𑖯）→ नोना（nonā 𑖡𑖺𑖡𑖯）（母音連音 a + ū＝o， cf.《MG 19》、《PG 105》、《梵語初階》§105 p.34）。

न ऊना（na-ūnā 𑖡 𑖅𑖡𑖯）→ न ऊनास्（na-ūnās 𑖡 𑖅𑖡𑖯𑖭𑖿）

過去受動分詞當成形容詞用，陽性詞，複數，主格。「不減、不減損」之意。為 sarvadharmās（一切法）的賓詞。

此字由(1) na，(2) ūna 組成。

11-4.1　न（na 𑖡）同註釋 7-2.

11-4.2　ऊन（ūna 𑖅𑖡）：

摩威 p.221-2：wanting, deficient, defective, short of the right quantity, less than the right number; less,minus, fewer, smaller, inferior.

孔睿 p.136：deficient.

梵漢 p.1328：缺，闕少；減，損減；未至，不滿，未滿；狹劣。

न ऊन（na-ūna 𑖡 𑖅𑖡）

阿題 p.114b;：a., not inferior, not less.

ऊन（ūna 𑖅𑖡）

阿題 p.483a.：a., wanting, deficient, defective; incomplete, insufficient.

11-5.

परिपूर्णास्（paripūrṇās 𑖢 𑖨𑖰 𑖢𑖳 𑖨𑖿𑖜𑖯 𑖭𑖿）→ परिपूर्णाः（paripūrṇāḥ 𑖢𑖨𑖰𑖢𑖳𑖨𑖿𑖜𑖯𑖾）

形容詞，陽性詞，複數，主格。作為 sarvadharmās（一切法）的賓詞，「增長」之意。

परिपूर्ण（pari-pūrṇa 𑖢𑖨𑖰 𑖢𑖳𑖨𑖿𑖜）

（< pari-p　rṇa 阿題 p.1046b：ppp. 詞根 √pṝ.3, 9 P. 1 to fill, fill up, complete.）

阿題 p.980b.: complete, completely filled.

梵漢 p862.:（ppp.過受分）「增長」意。

此字由(1) pari，(2) p　rṇa 組成。

11-5.1 परि（pari 𑖢𑖨𑖰）表示「普、滿」前置詞。

摩威 p.591b : round, around, round about; fully, abundantly, richly.

梵漢 p.850：普。

11-5.2 पूर्ण（pūrṇa 𑖢𑖳𑖨𑖿𑖜）

摩威 p.597-2 : quite full, completely filled. cf. paripṛṇāti.

孔睿 p.249 : to fulfil.

梵漢 p.990：滿，圓滿，普圓滿，已滿，盈滿，遍滿，充滿，普滿，彌滿，滿足，已滿足，具，具足，已具足，皆具足，備；圓，圓融。

11-6.

नोना नपरिपूर्णाः(nonā na paripūrṇāḥ 𑖡𑖺𑖡𑖯 𑖡 𑖢𑖨𑖰𑖢𑖳𑖨𑖿𑖜𑖯𑖾)

（筆者譯為：(是）不減損、不增長的。）

若依梵文原本或依藏譯本，可以看見詞序應是「不減、不增」。《玄奘》譯為「不增、不減」與梵文或藏譯次序，詞序顯然有所不同。

漢譯只有《法成》、《智慧輪》譯為「不減不增」，其餘各本詞序與《玄奘》、《唐梵對字音》同。

11-7.

「不生不滅、不垢不淨、不減不增」，這「六不、三對」是「一切法空性的特徵」，顯出「緣起性空」特性。由否定而超越其肯定及否定二執，此用以說明空性的中道義，即般若真空意義。

12. 是故，空中

तस्माच्छारिपुत्र शून्यतायां

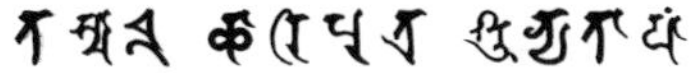

林略梵：tasmāc Chāriputra śūnyatāyāṃ

林梵英：Therefore, Shariputra, in emptiness

林梵漢：是故，舍利子！空中

穆勒英：Therefore, O Śâriputra, in this emptiness

林穆漢：因此，喔！舍利子！此空中

孔睿英：Therefore, O Śāriputra, where there is emptiness

林睿漢：因此，喔！舍利子！在空中

村紀日：それゆえに、シャーリプトラよ、実体がないという立場においては、

林村漢：因此，舍利子啊！在所謂空無實體的立場中，

林註釋：

12-1.

本句在梵文及藏譯本皆有「舍利子啊！」的句子。《玄奘》則無。

तत्（tat 𑖝𑖝𑖿）→ तस्मात्（tasmāt 𑖝𑖭𑖿𑖦𑖯𑖝𑖿）→ तस्माच्（tasmāc 𑖝𑖭𑖿𑖦𑖯𑖓𑖿）（+ छारिपुत्र Chāriputra 𑖔𑖯𑖨𑖰𑖢𑖲𑖝𑖿𑖨）

（因 t + ś → c + ch，在起首的 ś 前-t 變成 c，而 ś 變成 ch。） cf.《MG 38, 53》、《PG 150》、《梵語初階》§150 <3> p.45。

तस्मात्（tasmāt 𑖝𑖭𑖿𑖦𑖯𑖝𑖿）原形 तत्（tat 𑖝𑖝𑖿），指示代名詞，單數，從格。作副詞用，「以是之故」之意。

摩威 p.441b : therefore, on that account.

梵漢 p.1280: tasmāt（ind. ） 因此。

12-2.

शारिपुत्र（Śāriputra 𑖫𑖯𑖨𑖰𑖢𑖲𑖝𑖿𑖨）→च्छारिपुत्र（Chāriputra 𑖔𑖯𑖨𑖰𑖢𑖲𑖝𑖿𑖨）（t + ś → c + ch）

（在起首的 ś 之前-t 變成 c，而自身字首 ś 變成 ch。cf.《MG 38, 53》、《PG 150》、《梵語初階》§150 <3> p.45）。

शारिपुत्र（Śāriputra 𑖫𑖯𑖨𑖰𑖢𑖲𑖝𑖿𑖨）陽性，單數，呼格。

12-3.

शून्यता（śūnyatā 𑖫𑖳𑖡𑖿𑖧𑖝𑖯）陰性原形→ शून्यतायां（śūnyatāyāṃ 𑖫𑖳𑖡𑖿𑖧𑖝𑖯𑖧𑖯𑖽）

陰性詞，單數，位格。「在空的狀態」、「在空性中」之意。

13. 無色，無受、想、行、識

न रूपं न वेदना न संज्ञा न संस्कारा न विज्ञानानं ॥

𑖡 𑖨𑖳𑖢𑖽 𑖡 𑖪𑖸𑖟𑖡𑖯 𑖡 𑖭𑖽𑖕𑖿𑖗𑖯 𑖡 𑖭𑖽𑖭𑖿𑖎𑖯𑖨𑖯 𑖡 𑖪𑖰
𑖕𑖿𑖗𑖯𑖡𑖯𑖡𑖽

林略梵：na rūpaṃ na vedanā na saṃjñā na saṃskārā na vijñānānaṃ.

林梵漢：無色、無受、無想、無行、無識；

林梵英：there is no form, nor feeling, nor perception, nor formative force, nor consciousness;

穆勒英：there is no form, no perception, no name, no concepts, no knowledge.

林穆漢：亦無受、無想、無行、無識；

林睿漢：並沒有形色，也沒有受、想、行、識；

孔睿英：there is neither form, nor feeling, nor perception, nor impulse, nor consciousness,

村紀日：物質的現象もなく、 感覚もなく、 表象もなく、 意志もなく、 知識もない。

林村漢：也沒有物質的現象，沒有感覺，沒有表象，沒有意志，也沒有知識。

《講記》

此究竟真理——畢竟空，只是法爾如此。悟入畢竟空性，離一切相，所以說：是故空中無色，無受想行識。（《講記》p.189）

林註釋：

13-1.

रूप（rūpa　རཱུ་པ）→रूपम्（rūpam　རཱུ་པམ）：同註釋 6-1-1.。中性，單數，主格。

13-2.

本(13.)段經文為「五蘊」。下一(14.)段是「無眼……意」至其下一(15.)段為「無色……法」即指「十二處」，與其次的(16.)段是「無眼界……無意識界」則構成了「十八界」。

此三科（蘊、處、界）即指出了「一切法」（梵：sarva-dharma，巴：sabba-dhamma）的內容。關於六根、六境、十二處的術語，《心經》並未一一出現內容，茲約要解說如下：

五蘊之「蘊」，舊譯「陰」，積聚之意。色——指有形相、有質礙的物質物。受——指苦樂等感受作用，由接觸客體而起的情緒反應。想——指對客體對象所呈形相的收攝。行——指在受、想之後所引發施動作的意念作用。識——指對對象的認識與判斷作用。

十二處：指眼、耳、鼻、舌、身、意等內六處及色、聲、香、味、觸、法等外六處。處，舊譯「入」，意指所入之地及所入之法。（可參註釋 14-7）

十八界：指眼等六根、色等六境及眼等六識。（可參註釋 16-4）

（資料摘自《百科二》pp.19b-20a）

13-3.

न（na 𑖡）同註釋 7-2，

वेदना（vedanā 𑖪𑖸𑖟𑖡𑖯）同註釋 9-2.1，

संज्ञा（saṃjñā 𑖭𑖽𑖕𑖿𑖗𑖯）同註釋 9-2.2，

संस्कार（saṃskāra 𑖭𑖽𑖭𑖿𑖎𑖯𑖨）同註釋 9-2.3，

विज्ञान（vijñāna 𑖪𑖰𑖕𑖿𑖗𑖯𑖡）同註釋 9-2.4。

14. 無眼、耳、鼻、舌、身、意

न चक्षुःश्रोत्रघ्राणजिह्वाकायमनांसि।

𑖡 𑖓𑖎𑖿𑖬𑖲𑖾 𑖫𑖿𑖨𑖺𑖝𑖿𑖨 𑖑𑖿𑖨𑖯𑖜 𑖕𑖰𑖮𑖿𑖪𑖯 𑖎𑖯𑖧 𑖦𑖡𑖯𑖽𑖭𑖰

林略梵： na cakṣuḥ-śrotra-ghrāṇa-jihvā-kāya-manāṃsi,

林梵英： no eye, ear, nose, tongue, body, mind;

林梵漢： 無眼、耳、鼻、舌、身、意；

穆勒英： no eye, ear, nose, tongue, body, mind.

林穆漢： 無眼、耳、鼻、舌、身、意；

孔睿英： no eye, or ear, or nose, or tongue, or body, or mind,

林睿漢： 沒有眼、耳、鼻、舌、身、意；

村紀日： 眼もなく、耳もなく、鼻もなく、舌もなく、身体もなく、心もなく、

林村漢： 沒有眼睛、沒有耳朵、沒有鼻子、沒有舌頭、沒有身體、也沒有心識。

《講記》

此下說處界緣起等空；先明十二處空。十二處，也是一切法的分類，但與五蘊不同。十二處是把宇宙間的一切現象，總分為能取所取：能取是六根，即眼（cakṣus）、耳（śrotra）、鼻（ghrāṇa）、舌（jihvā）、身（kāya）、意（manas）；所取是六塵，即色、聲、香、味、觸、法。這是認識論的分類法。我們所以有種種認識，是因為內有能取的六根為所依，外有所取的六塵為對象。眼等前五根，不是可見的眼、耳、鼻、舌、身，這不過扶護五根的，名為扶根塵。眼、耳等根，是一種極其微細的物質，類如生理學家所說的視神經等，佛法名此為淨色根，有質礙而不可見。意根，也有說為微細物質的，這如生理學家所說的腦神經，是一切神經系的總樞。據實說，此意根，和我們的肉體——前五根有密切的關係，他接受五根的取得，也能使五根起用；他與物質的根身不相離，但他不僅是物質的，他是精神活動的根源，不同一般唯物論者，說精神是物質派生的。（《講記》pp.189-190）

林註釋：

14-1.

चक्षुःश्रोत्रघ्राणजिह्वाकायमनांसि（cakṣuḥ- śrotra- ghrāṇa- jihvā- kāya- manāṃsi 𑖓𑖎𑖿𑖬𑖲𑖾 𑖫𑖿𑖨𑖺𑖝𑖿𑖨 𑖑𑖿𑖨𑖯𑖜 𑖕𑖰𑖮𑖿𑖪𑖯 𑖎𑖯𑖧 𑖦𑖡𑖯𑖽𑖭𑖰）相違釋，是並列的名詞。中性，複數，主格。由：(1) cakṣus（眼） (2) śrotra（耳） (3) ghrāṇa（鼻）(4) jihvā（舌） (5) kāya（身） (6) manas（意）組成。

चक्षुस्（cakṣus 𑖓𑖎𑖿𑖬𑖲𑖭𑖿）→चक्षुः（cakṣuḥ 𑖓𑖎𑖿𑖬𑖲𑖾） 中性詞。「眼、眼識、視覺的官能」之意。

（ cf.《MG 27, 43》、《PG 95》、《梵語初階》§95 p.31：字尾-s 遇下一字開頭為 k、kh、p、ph、ś、ṣ、s 時-s→-ḥ）

चक्षुस्（cakṣus 𑖓𑖎𑖿𑖬𑖲𑖭𑖿）

梵漢 p.307: 眼、眼識。

阿題 p.692a: n. the eye.

14-2.

श्रोत्र（śrotra 𑖫𑖿𑖨𑖺𑖝𑖿𑖨） 中性名詞。「耳、耳識、聽聞的官能」之意。

摩威 p.1103a :the organ of hearing, ear.

孔睿 p.386 : ear.

梵漢 p.1203 : 耳，聽。

阿題 p.1578b : n. the ear.

14-3.

घ्राण（ghrāṇa 𑖑𑖿𑖨𑖯𑖜） 中性名詞。「鼻、鼻識、香嗅的官能」之意。

摩威 p.379c : nose.

孔睿 p.170 : nose, nostril.

梵漢 p.459 : 鼻；嗅。

阿題 p.689b.: n. the nose.

14-4.

जिह्वा（jihvā 𑖕𑖰𑖮𑖿𑖪𑖯） 陰性名詞。「舌，味覺」之意。

摩威 p.422a : tongue.

孔睿 p.183 : tongue.

梵漢 p.531 : 舌。

阿題 p.738b.: f. the tongue.

14-5.

काय（kāya 𑖎𑖯𑖧） 陽性詞。「身，觸覺」之意。

摩威 p.274a : body.

孔睿 p.149 : body.

梵漢 p.586：身，體，身體，軀；聚，眾。

阿題 p.560a.: m., n. the body.

14-6.

मनस्（manas 𑖦𑖡𑖭𑖿）→ **मनांसि**（manāṃsi 𑖦𑖡𑖯𑖽𑖭𑖰）

中性詞，複數，主格。「意、心」之意。

摩威 p.783c : mind, intelligence, intellect, understanding, perception.

孔睿 p.321 : mind.

梵漢 p.698：意，意識，意念，心意，心，心識，識，知。

阿題 p.1233a : n. the mind, heart.

14-7.

有關「十二處」，茲摘要如下：

十二處（梵文是 dvādaśa āyatanāni，巴利文是 dvādasāya-tanāni，藏文為 skye-mche bcu-gñis）

十二處是佛教對一切法的一種分類。共分為十二類。原詞又可譯作十二入或十二入處。「處」，為梵文 āyatana 之譯。

「處」的梵文原意就是指「所進入的場所」及「進入的東西」。「所進入的場所」，即指六根。「進入的東西」，即指六境，亦即進入六根之境。

六根又稱為六內處，六境就是六外處，合為十

二處。（可參考《百科二》pp.272a-3b）

15. 無色、聲、香、味、觸、法

न रूपशब्दगन्धरसस्प्रष्टव्यधर्माः।

𑖡 𑖨𑖳𑖢 𑖫𑖤𑖿𑖟𑖐𑖡𑖿𑖠 𑖨𑖭 𑖭𑖿𑖢𑖿𑖨𑖬𑖿𑖘𑖪𑖿𑖧 𑖠𑖨𑖿𑖦𑖯𑖾

林略梵：na rūpa-śabda-gandha-rasa-spraṣṭavya-dharmāḥ,

林梵英：no form, sound, smell, taste, touchable, dharmas ;

林梵漢：無色、聲、香、味、觸、法；

穆勒英：no form, sound, smell, taste, touch, objects.'

林穆漢：也無色、聲、香、味、觸、法；

孔睿英：no form, nor sound, nor smell, nor taste, nor touchable, nor object of mind,

林睿漢：沒有色、聲、香、味、觸、法（心識的對象）；

村紀日：かたちもなく、声もなく、香りもなく、味もなく、触れられる対象もなく、心の対象もない。

林村漢：沒有形色，沒有聲音，沒有香氣，沒有味道，沒有可觸的對象，也沒有心識的對象。

《講記》

此六根是能取方面的，眼根所取的是色（rūpa）境，即青、黃、赤、白——顯色，長、短、高、下、方、圓——形色等；耳根所取的是聲音（śabda）；鼻根所取的是香（gandha）臭；舌根所取的是味（rasa），即酸、甜、苦、辣等；身根所取的是觸（spraṣṭavya），即冷、煖、細、滑、粗、澀、軟、硬等；意根所取的是法境，法（dharma）即內心的對象，如在不見不聞時，內心所緣的種種境界，如受、想、行，叫做法塵。我們的認識活動，不離此能取所取，這兩大類總有十二種。十二種都名為處，處是生長義，即是說：這是一切精神活動所依而得生起的。佛說此十二處，主要的顯示空無自性。從根境和合而起識，根與境都是緣生無自性，無不皆空。常人於見色聞聲等作用，以為因我們內身有此見等的實體——我。這是不對的，如必有此見等實體，不從因緣，那應該常能見色等，不必因緣了。在不見境的時候，此見在內，應見自己，而實則不是這樣的。見色聞聲等作用，必要在能取的根與所取境和合而後起，可見執見聞覺知為我，極為錯誤，而應知眼等空無我了。菩薩行深般若波羅蜜多時，照見此十二處空。經文也應說：眼等不異空，空不異眼等；眼等即是空，空即是眼等……是故空中無眼耳等，這是簡略可知了。（《講記》pp.190-191）

林註釋：

15-1.

रूपशब्दगन्धरसस्प्रष्टव्यधर्माः（rūpa - śabda - gandha - rasa-spraṣṭavya-dharmāḥ 𑖨𑖳𑖢 𑖫𑖤𑖿𑖟𑖐𑖡𑖿𑖠 𑖨𑖭 𑖭𑖿𑖢𑖿𑖨𑖬𑖿𑖘𑖪𑖿𑖧 𑖠𑖨𑖿𑖦𑖯𑖾）相違釋，並列複合詞。陽性，複數，主格。此複合詞由：

(1) **रूप**（rūpa 𑖨𑖳𑖢）色，
(2) **शब्द**（śabda 𑖫𑖤𑖿𑖟）聲，
(3) **गन्ध**（gandha 𑖐𑖡𑖿𑖠）香，

(4) रस（rasa 𑖨𑖭），味

(5) स्प्रष्टव्य（spraṣṭavya 𑖭𑖿𑖢𑖿𑖨𑖬𑖿𑖘𑖪𑖿𑖧）觸，

(6) धर्म（dharma 𑖠𑖨𑖿𑖦）法　所組成。

रूप（rūpa）同註釋 7-1.

15-2.

शब्द（śabda 𑖫𑖤𑖿𑖟） 陽性詞。「聲（耳的對象）」之意。

摩威 p.1052b : sound, noise, voice, tone, note. cf. śapati.

孔睿 p.378 : sound; voice; word; message.

梵漢 p.1042：音，聲，聲塵，音聲，從聲；名，言；聞，所聞；法。

阿題 p.1532b : m. sound.

15-3.

गन्ध（gandha 𑖐𑖡𑖿𑖠） 陽性詞。「香、芳香」之意。

摩威 p.345a : smell, odour.

孔睿 p.163 : smell; scent; perfumes.

梵漢 p.446：香；氣，氣味。

阿題 p.646b : m., n. smell, odour.

15-4.

रस（rasa 𑖨𑖭） 陽性詞。「味、汁」之意。

摩威 p.869b : the sap or juice of plants juice of fruit, water, liquor, drink; taste, flavour. cf. rasayati.

孔睿 p.335 : taste.

梵漢 p.1017：汁，漿；精；淳；味，美味，嗜於味飯食。

阿題 p.1331a : m. an object of taste.

15-5.

स्प्रष्टव्य（spraṣṭavya 𑖭𑖿𑖢𑖿𑖨𑖬𑖿𑖘𑖪𑖿𑖧） 中性名詞。「觸、觸境」之意。

摩威 p.1269b : to be touched — Gerundive,

孔睿 p.435 : touchable.

梵漢 p.1192： 觸，所觸。

阿題 p.1729a : n. touch, feeling.

15-6.

धर्मास्（dharmās 𑖠𑖨𑖿𑖦𑖯𑖭𑖿）→धर्मा（dharmā 𑖠𑖨𑖿𑖦𑖯）

ās +（母或子）有聲音→ 失去 s＝ ā +（母或子）有聲音。cf.《MG 45.1》、《PG 121》、《WG 177》、《梵語初階》§121<1> p.39。

陽性詞，複數，主格。同註釋 10-2.2。

धर्म（dharma 𑖠𑖨𑖿𑖦） m., law.

16. 無眼界，乃至無意識界

न चक्षुर्धातुर्यावन्न मनोविज्ञानधातुः।

𑖡 𑖓𑖎𑖿𑖬𑖲𑖨𑖿 𑖠𑖯𑖝𑖲𑖨𑖿 𑖧𑖯𑖪𑖡𑖿𑖡 𑖦𑖡𑖺 𑖪𑖰𑖕𑖿𑖗𑖯𑖡 𑖠𑖯𑖝𑖲𑖾

林略梵： na cakṣur-dhātur yāvan na mano-vijñāna-dhātuḥ,

林梵英： no eye-element, up to no mind-consciousness-element;

林梵漢： 無眼界，乃至無意識界；

穆勒英：'There is no eye,' etc., till we come to 'there is no mind.'（What is left out here are the eighteen Dhâtus or aggregates, viz. eye, form, vision; ear, sound, hearing; nose, odour, smelling; tongue, flavour, tasting; body, touch, feeling; mind, objects, thought.）

林穆漢：沒有眼等等，乃至沒有意。（此處略去的是十八界，即：眼、色、眼識；耳、聲、耳識；鼻、香、鼻識；舌、味、舌識；身、觸、身識；意、法、意識。）

孔睿英：no sight organ element, etc. until we come to, no mind-consciousness element;

林睿漢：沒有眼界，乃至沒有意識界等等；

村紀日：眼の領域から意識の領域にいたるまでことごとくないのである。

林村漢：也由無眼的領域，乃至沒有意識的領域。

《講記》

此明十八界空。「乃至（yāvat）」是超越詞，當中包括耳界、鼻界、舌界、身界、意界，色界、聲界、香界、味界、觸界、法界，眼識界、耳識界、鼻識界、舌識界、身識界，合經文所出的「眼界（cakṣus-dhātus）」「意識界（manovijñāna-dhātus）」，總成十八界。十八界中的前十二界，即前十二處，由六根對六塵而生起的認識作用——從意根中現起，即六識界。為什麼六根、六塵、六識都叫做界呢？今取種類義。這十八類，雖是互相關係的，然在各個的作用分齊上，又是各個差別的，不相混淆的。如眼根能見此桌的黑色，身根能觸此桌的硬度，意根生意識，即是綜合的認識。十二處，從精神活動生起的依止處說，明見聞覺知的緣生無我。此十八界是從完成認識作用不同說：從認識的徑路說，有六；從構成認識的主要條件說，有三——根、境、識。這樣，共有能取的六根，所取六塵，及根塵和合所發六識，總成為十八界。也即因此而明無我——界分別觀。這種認識作用的分類，和唯物論者不同。唯物論者說：我們的認識活動，是外境於神經系作用摹寫，即但有根與境而沒有識的獨特地位。依佛法，依根緣塵起識，雖相依不離而成認識活動，但在幻現的假相上，有他不同的特性，依各別不同的特性，不能併歸於根或併歸於境，故佛法在根境外建立六識界。根、境、識並立，所以也不是唯心的。有情的活動，是有物理——色等，生理——眼等，心理——眼識等的三種現象的。以此十八界明無我，而十八界各個是眾緣所成的，求其實性不可得，故也是畢竟空寂。（《講記》p.191-192）

林註釋：

16-1.

चक्षुस्धातुस्（cakṣus-dhātus 𑖓𑖎𑖿𑖬𑖲𑖭𑖿 𑖠𑖯𑖝𑖲𑖭𑖿）→चक्षुर्धातुर्（cakṣur-dhātur 𑖓𑖎𑖿𑖬𑖲𑖨𑖿 𑖠𑖯𑖝𑖲𑖨𑖿）

（s ＋ 有聲子音＝r ＋ 有聲子音，cf.《MG 45.1》、《PG121》、《WG 177》、《梵語初階》§ 121<1> p.39。）

此字由(1) caksur，(2) dhatur 組成複合詞，持業釋（同位格關係）。

16-1.1　चक्षुस्（cakṣus 𑖓𑖎𑖿𑖬𑖲𑖭𑖿）→ चक्षुर्（cakṣur 𑖓𑖎𑖿𑖬𑖲𑖨𑖿）

（s +有聲子音＝ r + 有聲子音）同註釋 14-1.。

16-1.2　धातुस्（dhātus 𑖠𑖯𑖝𑖲𑖭𑖿）→धातुर्（dhātur 𑖠𑖯𑖝𑖲𑖨𑖿）

（s + 有聲子音＝r + 有聲子音）陽性詞，單數，主格。「界、部屬、部類」之意。

摩威 p.513c : layer, stratum; constituent part; element, primitive matter; primary element of the earth.

孔睿 p.213 : world, element; realm; relics.

梵漢 p.378 : 界，身界，世界，大，根，性，根性，種性，種，言根，舍利。

原形 धातु（dhātu 𑖠𑖯𑖝𑖲）→धातुस्（dhātus 𑖠𑖯𑖝𑖲𑖭𑖿）(N.sg.m.)：成分，必要的部分，元素。

16-2.

यावत्（yāvat 𑖧𑖯𑖪𑖝𑖿）→यावन्（yāvan 𑖧𑖯𑖪𑖡𑖿），字尾 t 因後面接 na 鼻音，而變成 yāvan

（t + 鼻音 n＝ n + 鼻音 n）cf.《MG 33》、《PG 151》、《梵語初階》 § 151.(4) ,p.45。

yat + vat 所作成的副詞，用以表達所敘述中有所省略，前已述及，不再重覆耳界、鼻界、舌界、身界等四者，即漢譯的「乃至」。

摩威 p.852-1 :（correlative of tāvat）as great, as large, as much, as many, as often, as frequent, as long, as old & c..　yāvan na = while not。

梵漢 p.1516：隨，如數量，所有若干。

यावत्（yāvat）（indec.）：直到／till.

16-3.

मनोविज्ञानधातुस्（manovijñāna-dhātus）→**मनोविज्ञानधातुर्**（manovijñāna-dhātur）

（s ＋ 有聲子音＝r ＋ 有聲子音，cf.《MG 45.1》、《PG 121》、《WG 177》、《梵語初階》§ 121 p.38。）

मनोविज्ञान（manovijñāna-）可分成: manas- vijñānam- 此處的連音是這樣: 字尾 as 因後接有聲子音 vijñānam 而變成 o。（cf.《MG 45.2.b》、《PG 118》、《梵語初階》§ 118 p.38：as +有聲子音 ＝ o+有聲子音）

此字由(1) manas (2) vijñāna (3) dhātus 組成複合詞。陽性詞，單數，主格。持業釋（同位格關係）。

16-3.1 **मनस्**（manas）→ **मनो**（mano）（as + 有聲子音 ＝o + 有聲子音） manas 同註釋 14-6.。

16-3.2 **विज्ञान**（vijñāna）同註釋 9-2.4 。

16-3.3 **धातुस्**（dhātus）同註釋 16-1.2。

16-4.

有關「十八界」，資料簡介如下：

十八界（梵 aṣṭādaśa dhātavaḥ，巴 aṭṭhādasadhātava，藏 khams bcu-brgyad）

佛教認為宇宙間一切存在物可分為十八類：眼

界、色界、眼識界、耳界、聲界、耳識界、鼻界、香界、鼻識界、舌界、味界、舌識界、身界、觸界、身識界、意界、法界、意識界。

十八界事實上就是六根、六境和六識。界(dhātu)有差別、體性、原因等意。如原始經典所說的「緣眼與色，而生眼識」乃至「緣意與法，而生意識」，「識」是緣根與境而生的。

其中，眼界至意界的「六根」與色界至法界的「六境」，請參閱「十二處」條。此處只對眼識界至意識界的六識界作一考察。首先，關於識。六識的識是認識作用，也是認識主體。譬如「緣眼（根）與色（境），而生眼識」的眼識，被認為是依眼而生的認識作用。但是「根、境、識三者和合就是觸」的識，被認為是認識主體。

（1）～（12）：即六根加上六境，亦即十二處。

（13）眼識界（cakṣur-vijñāna-dhātu，cakkhu-viññāṇa - dhātu）：作為視覺的認識主體的要素，或視覺的認識作用。

（14）耳識界（śrotra-v. dh.，sota-v. dh.）：聽覺的認識。

（15）鼻識界（ghrāṇa-v. dh.，ghāna-v. dh.）：嗅覺的認識。

（16）舌識界（jihvā-v. dh.，jivhā-v. dh.）：味覺的認識。

（17）身識界（kāya-v. dh.，kāya-v. dh.）：觸覺的認識。

（18）意識界（mano-vijñāna-dhātu，mano-viññāṇa-dhātu）：作為知覺認識主體的要素，或知覺的

認識作用。

然而，十八界中的意界和六識界的關係為何呢?如果把六根、六境的十二處當作一切法，那麼十二處中的心就是意處。如果把十八界當作一切法，那麼在十八界中屬於心的就是意界和六識界的七界。在十二處裡，意處就是心的全部；但在十八界裡，還要加上六識界。如果這樣的話，十八界中的意界便不能說是心的全部，這該如何解釋呢？

總而言之，意界和六識界是不同的。六識界是現在剎那的六識，它的作用一結束便進入過去剎那。而過去的六識，就是「意」。直言之，六識和「意」只是時間上的不同。也許這只是為了區別兩者才有的說法。

部派佛教以後，關於「意」有種種說法。「意」是六識之所依，六識是從所謂的「意」的心之基本上產生出來的。所謂「意是六識之所依」的意思是說，前剎那的「意」是作為導入現在剎那的「六識」之原因的等無間緣（最密接的原因）或開導依（為了導入六識之所依）。巴利佛教在六識之外又立意界，這是作為由感覺（五門）、知覺（意門）而生起之認識作用的引轉 （āvajjana，牽引導入）作用。引轉與開導同義。

並且，瑜伽行派把「意」當作是「末那識」，認為是在六識之外獨立的第七識。「意」是六識之所依，且是自我意識之中心，它本是具有我慢、我愛、我癡、我見等煩惱心所。一旦脫離我執，進入悟境，末那識就是平等性智。平等性智就是自他內外一切都平等觀察的智慧。（請參考：《百科二》pp.277b-8b）

17. 無無明，亦無無明盡

न विद्या नाविद्या न विद्याक्षयो नाविद्याक्षयो

𑖡 𑖪𑖰𑖟𑖿𑖧𑖯 𑖡𑖯𑖪𑖰𑖟𑖿𑖧𑖯 𑖡 𑖪𑖰𑖟𑖿𑖧𑖯𑖎𑖿𑖬𑖧𑖺 𑖡𑖯𑖪𑖰𑖟𑖿𑖧𑖯𑖎𑖿𑖬𑖧𑖺

林略梵： na vidyā nāvidyā na vidyākṣayo nāvidyākṣayo[1]

林梵英： there is no knowledge, nor ignorance, nor extinction of knowledge, nor extinction of ignorance.

林梵漢： （在空性中） 沒有明、沒有無明、沒有明盡、沒有無明盡；

穆勒英： ‘There is no knowledge, no ignorance, no destruction of knowledge, no destruction of ignorance,’ etc.,

林穆漢： 無明、無無明、無明盡、無無明盡等等；

孔睿英： there is no ignorance, no extinction of ignorance, etc.

林睿漢： 沒有無明，也沒有無明盡；

村紀日： （さとりもなければ、）迷いもなく、（さとりがなくなることもなければ、）迷いがなくなることもない。

---

[1] 此句有兩種版本，一為：「無無明、無無明盡」（nāvidyā nāvidyā-kṣayo，如孔睿 Edward Conze 版），一為：「無明、無無明、無明盡、無無明盡」（na vidyā nāvidyā na vidyākṣayo nāvidyākṣayo，如穆勒 Max Müller 版），本書採用 Max Müller 版。不過此段為講述「十二因緣」的內容，「十二因緣」指「無明、行、識、名色、六入、觸、受、愛、取、有、生、老死」等十二支，其中並無「明」，由此觀之，Edward Conze 版比較正確，若依 Max Müller 版，則變成加上「明」成「十三緣起」。

林村漢：（若沒有證悟），沒有痴迷；（若沒有證悟的滅盡），也沒有痴迷的滅盡。

《講記》

此觀十二緣起性空。十二緣起：即無明緣行，行緣識，識緣名色，名色緣六入，六入緣觸，觸緣受，受緣愛，愛緣取，取緣有，有緣生，生緣老死。此十二支，為何名為緣起呢？簡單說：緣起就是因此而有彼的意思。經上說：「此有故彼有，此生故彼生。」這緣起的法則，說明諸法是互相依待而有的。有此法的存在，才有彼法的存在，有此法的生起，才有彼法的生起。世間一切因果法的存在，都是這樣的。如推求為什麼而有老死？結果知道老死是由於有生。凡是有生的，就必然地要有老死，雖壽命長短不一，死的情形各殊，然死的結果一樣。我們現見事物的存在，不過因某些條件在保持均衡狀態罷了，條件若是變遷了，事物即不能存在。有生必有死，所以基督教所說的永生，道教的長生，都是反真理而永不兌現的誑話。生又是從何而有的呢？佛說：有緣生。有，即是已有當生果法的功能，如黃豆有發芽長葉開花結果等功能，近於常人所說的潛能，有生起的潛能，即有果生，無即不生，故推求所以有生的結論，是有緣生。如此一層層的推求觀察，達到無始以來的無明。無明（avidyā）即沒有智慧，即障礙智慧通達真理的愚癡，執一切法有自性。這種晦昧的心識，是一切錯誤的根本，愛取等煩惱都可以包括在內。但這不是說推至無明，我們的生命就到盡頭。有生死身，所以有無明的活動，所以無始來的無明招感生死，依生死身而又起無明，如環的無端。（《講記》pp.192-194）

林註釋：

17-1.

विद्यास्（vidyās 𑖪𑖰𑖟𑖿𑖧𑖯𑖭𑖿）→ विद्या（vidyā 𑖪𑖰𑖟𑖿𑖧𑖯） 陰性詞，單數，主格。「明、知識、覺智」之意。

ās +（母或子）有聲音→失去 s＝ ā +（母或子）有聲音。cf.《MG 45.1》、《PG 121》、《WG 177》。（cf.《梵語初階》§121 p.38）

摩威 p.963c : knowledge, science, learning, scholarship, philosophy. cf. vetti （知）

孔睿 p.354 : knowledge; lore; existence; science; secret; magical formula.

梵漢 p.1420：慧，解，識，明了，明，術　，明術，明處，五明處，明論；明咒　，咒禁，咒術，明咒力。

विद्या（vidyā 𑖪𑖰𑖟𑖿𑖧𑖯）

[< √vid 阿題 p.1437b : 2 P., vetti, 1 to know, understand.]

阿題 p.1440a : 1 knowledge, learning.

17-1.1　अविद्या（avidyā 𑖀𑖪𑖰𑖟𑖿𑖧𑖯）

a-vidyās→ a-vidyā（ās+有聲音 ＝ā +有聲音）cf.《MG 45.1》、《PG 121》、《WG 177》、《梵語初階》§121 p.38。

陰性詞，單數，主格。「無明、煩惱」之意。

अ（a- 𑖀）

前置詞（又稱:接頭詞）a- 用於添入以子音為首的詞語之前，表示本詞彙的「無」、「非」、「不」、「邪」、「惡」……等意思。

अविद्या（avidyā 𑖀𑖪𑖰𑖟𑖿𑖧𑖯）

阿題 p.266a.: ignorance, folly, want of learning.

17-2.

नाविद्याक्षय（nāvidyākṣaya 𑖡𑖯𑖪𑖰𑖟𑖿𑖧𑖯𑖎𑖿𑖬𑖧）→ न अविद्याक्षय（na avidyā kṣaya 𑖡 𑖀𑖪𑖰𑖟𑖿𑖧𑖯 𑖎𑖿𑖬𑖧）

由(1) na (2) avidyaksaya 組成兩個詞彙。(母音 a+a＝ā，cf.《MG 19》、《PG 105》、《梵語初階》§ 105 p.34)。

17-2.1　न（na 𑖡）:

用於句中，表示否定本句所省略的動詞「asti」，所以表達「沒有…」之意。

17-2.2　अविद्याक्षयस्（avidyākṣayas 𑖀𑖪𑖰𑖟𑖿𑖧𑖯𑖎𑖿𑖬𑖧𑖭𑖿）→ अविद्याक्षयो（avi dyākṣayo 𑖀𑖪𑖰 𑖟𑖿𑖧𑖯𑖎𑖿𑖬𑖧𑖺）

字尾 as 因後接 18-1.之 yāvat 而變成 o。(cf.《MG 45.2.b》、《PG 118》、《梵語初階》§118 p.38：as +有聲子音＝ o+有聲子音)

此字是複合詞，(1) avidyā (2) kṣayas。avidyā 為 kṣayas 的受詞。依主釋（業格關係)。

17-2.2.1　अविद्या（avidyā 𑖀𑖪𑖰𑖟𑖿𑖧𑖯）陽性詞，單數，主格。「無明、煩惱」之意。

17-2.2.2　क्षि（√kṣi 𑖎𑖿𑖬𑖰）→ क्षयस्（kṣayas 𑖎𑖿𑖬𑖧𑖭𑖿）

陽性詞，單數，主格。「盡、滅盡」之意。

摩威 p.328a : loss, waste, wane, diminution, destruction, decay, wasting, wearing away.

孔睿 p.159 : extinction; exhaustion.

梵漢 p.625 : 盡，竭盡，減盡；滅，滅除，磨滅，減滅；斷；竭；失；離，銷散。

阿題 p.624b.: m.destruction, end, termination.

阿題 p.624a.: kṣaya < $\sqrt{}$kṣi 1,5,9 P., to destroy, affect, ruin, corrupt.

17-3.

本段「無無明，亦無無明盡」係指「十二因緣」觀之略述。關於「逆順觀十二因緣」，在《五分律・初受戒法》（T22,1421.102c），引文如下：

於是起到鬱鞞羅聚落，始得佛道坐林樹下，初夜逆順觀十二因緣，緣是故有是，緣滅則是滅。所謂：「無明緣行，行緣識，識緣名色，名色緣六入，六入緣觸，觸緣受，受緣愛，愛緣取，取緣有，有緣生，生緣老死憂悲苦惱。若無明滅則行滅，行滅則識滅，識滅則名色滅，名色滅則六入滅，六入滅則觸滅，觸滅則受滅，受滅則愛滅，愛滅則取滅，取滅則有滅，有滅則生滅，生滅則老死憂悲苦惱皆滅。」關於「十二緣起」，摘要如下：

十二緣起（梵 dvādaśāṇga-pratītya-samutpāda，巴 dvādasaṇga-paṭīcca-samuppāda，藏 rten-cin ḥbrel-bar ḥbyuṅ-baḥi yan-lag bcu-gñis）

印度原始佛教及部派佛教的核心理論。又作十二有支、十二因緣。指無明、行、識、名色、六處、觸、受、愛、取、有、生、老死等十二支。茲依水野弘元《佛教要語的基礎知識》一書所載，分別略釋如次：

（1）無明（avidyā，avijjā）：即無知，對四諦、緣起的道理無知；不了解佛教之根本思想的世界觀及人生觀。無明的反面，即八正道中的正見。

（2）行（saṁskāra，saṅkhāra）：即身，語，意三行，亦稱三業。行乃因無知無明而產生錯誤的身、語、意三業。

（3）識（vijñāna，viññna）：加前面說明五蘊、十八界的識，識即六識，是指「認識作用」或「認識主觀」而言。此處乃指認識主觀的六識。

（4）名色（nāma-rūpa）：乃指識之所緣的六境（色、聲、香、味、觸、法）。亦即緣起經中所言「內識身，外名色」的名色一詞。

（5）六處（ṣaḍ-āyatana，salāyatana，六入、六入處）：指眼以至意的六根。意即感覺、知覺的能力。

（6）觸（sparša，phassa）：即根（六根）、境（六境）、識（六識）三者的和合，亦即由根、境、識而有感覺，與由知覺而成立認識條件的意思。

（7）受（vedanā）：和五蘊中的受相同，意指苦樂等感受，即眼觸所生以至意觸所生的六受。而六受又各有苦、樂、不苦不樂等三受。

（8）愛（tṛṣṇā，taṇhā）：也譯為渴愛，可分為色愛以至法愛的六愛，或欲愛、有愛、無有愛的三愛。

（9）取（upādāna）：有欲取、見取、戒禁取、我語取等四取。

（10）有（bhava）：即存在。或註釋為欲有、色有、無色有三有。廣義的說，有是現象的存在，與「行、有為」一樣，意指一切的存在。因十二支皆是有，故亦稱十二有支。

（11）生（jāti）：指有情生於某一有情的部類，或指日常生活有某種經驗產生。前者是指擔負有情過去全部經驗的餘力（即知能、性格、體質等）而生。後者是指以人的素質（有）為基礎，而有新的經驗產生。

（12）老死（jārā-maraṇa）：在緣起經中，於老死之後加上了愁（soka）、悲（parideva）、苦（dukkha）、憂（domanassa）、惱（upāyāsa）。認為生以後會產生老死等苦，而以老死代表一切的苦惱。

可參考：《百科二》pp.311b~317b、David J. Kalupahana 所撰 *PRATĪTYA-SAMUTPĀDA*（Encyclopedia of religion, vol. 11, pp.484b-488a）以及 C.A.F.Rhys Davids 所撰 *PAṬICCA- SAMUPPĀDA*（收於 Encyclopedia of Ethic and Religion, vol.9, pp.672a-674b）。

18. 乃至無老死，亦無老死盡

यावन्न जरामरणं न जरामरणक्षयो।

𑖧𑖯𑖪𑖡𑖿 𑖡 𑖕𑖨𑖯𑖦𑖨𑖜𑖽 𑖡 𑖕𑖨𑖯𑖦𑖨𑖜𑖎𑖿𑖬𑖧𑖺

林略梵：yāvan na jarāmaraṇaṃ na jarāmaraṇakṣayo,

林梵英：up to there is no decay and death, nor extinction of decay and death;

林梵漢：乃至（在空性中）沒有老死、沒有老死盡；

穆勒英：till we come to ‘there is no decay and death, no destruction of decay and death;

林穆漢：乃至無老死，也無老死盡；

孔睿英：until we come to, there is no decay and death, nor extinction of decay and death;

林睿漢：乃至沒有老死等等，也沒有老死盡等等；
村紀日：こうして、ついに、老いも死もなく、老いと死がなくなることもないというにいたるのである。
林村漢：如是乃至沒有老與死，也沒有所謂老與死的滅盡。

《講記》

此是流轉生死的十二過程，生死流轉，即是如此的。佛菩薩等解脫生死苦已，就在了知十二緣起的法則，「此有故彼有，此生故彼生。」把握其流轉的原因，於是控制他、轉變他。此流轉中的緣起法，其性本空，無實體性，故此經說：「無無明（na-avidyās）……無老死（na jarā-maraṇaṃ）」。無明至老死，是可以消除的，於是佛又說緣起的還滅門，無明盡……老死盡（jarā-maraṇa-kṣayas）。盡即滅的意思，此還滅的十二緣起，即無明滅則行滅，行滅則識滅，識滅則名色滅，名色滅則六入滅，六入滅則觸滅，觸滅則受滅，受滅則愛滅，愛滅則取滅，取滅則有滅，有滅則生滅，生滅則老死等滅。事物的生起由於因緣，事物的消滅也是由於因緣，生起與消滅都是因果現象的，所以還滅門中的清淨法也是緣起的。佛說此還滅緣起，為「此無故彼無，此滅故彼滅」。既滅與無是緣起於生的否定，是不離緣起的，緣起性空，此無明滅到老死滅，當然也是空無自性了。所以本經說：「無無明盡……無老死盡」。此十二緣起與蘊、處、界法不同，蘊、處、界是一切法的分類，是具體的事實。此緣起法也可說是事實，如老死、生、有等都可是事實的現象，然緣起法重在說明諸法的彼此依存性，前後程序性，即重於因果的理性。這種理性，是一切法的必然法則，如生緣老死，生與老死之間，有一種不變不移的必然關係，佛在複雜的現象中把握它彼此與前後的必然法則，於是對流轉的雜染法與還滅的清淨法，能正確的悟解它，進而改善它。緣起的意義很深，所以佛對多聞第一的阿難說：「緣起甚深」。緣起是生死流轉，涅槃還滅法的道理，依緣而起的一切，不含有一點的實在性，所以菩薩修般若時見十二緣起畢竟空，沒有生起相，也沒有十二緣起的滅盡相。如《大般若經》說：「菩薩坐道場時，觀十二緣起如虛空不可盡」。（《講記》pp.194-195）

林註釋：

18-1.

यावत्（yāvat 𑖧𑖯𑖪𑖝𑖿）→ **यावन्**（yāvan 𑖧𑖯𑖪𑖡𑖿）：「乃至」（副詞），同註釋 16-2.

在此省略了「十二因緣」當中的「無明」和「老死」之外，其他的十個。

18-2.

原形 **जरामरण**（jarāmaraṇa 𑖕𑖨𑖯𑖦𑖨𑖜）→ **जरामरणम्**（jarāmaraṇam 𑖕𑖨𑖯𑖦𑖨𑖜𑖦𑖿）（主格）→ **जरामरणं**（jarāmaraṇaṃ 𑖕𑖨𑖯𑖦𑖨𑖜𑖽）（鼻音化）。

單數，主格。「老和死」之意。此字由(1) jarā (2) maranam 組成一個複合詞。兩個並列的名詞，以相違釋解釋，有 ca 的連接意思。可參 9-2 及第四章藏文 9-2 的說明。

18-2.1 जरा（jarā 𑖕𑖨𑖯） 陰性詞。「老、老耄」之意。

阿題 p.742b : < √jṝ 1, 4, 9 P., 10 U., to grow old, wear out, decay.

摩威 p.414a : old age.

孔睿 p.181 : decay.

梵漢 p.525： 老，衰老，耆年。

阿題 p.728b.: old age.

18-3.

मरणम्（maraṇam 𑖦𑖨𑖜𑖦𑖿） 中性名詞，單數，主格。「死、死亡」之意。

摩威 p.789c : the act of dying, death.

孔睿 p.314 : death.

梵漢 p.712： 死，滅，滅度，生滅，終，命終，壽終，喪亡，衰亡。

मरण（maraṇa 𑖦𑖨𑖜）

[< √mṛ 6 阿題 p.1284a : Ā., mriyate, to die, perish, depart from life]

阿題 p.1240b : dying, death.

18-4.

जरामरणक्षयस्（jarāmaraṇa-kṣayas 𑖕𑖨𑖯𑖦𑖨𑖜 𑖎𑖿𑖬𑖧𑖭𑖿）

此字由(1) jarā-maraṇa (2) kṣaya 組成複合詞。以依主釋解釋（業格關係）。陽性名詞，單數，主格。

18-4.1 जरामरण（jarā-maraṇa 𑖕𑖨𑖯 𑖦𑖨𑖜） 同註釋 18-2.。

18-4.2 क्षय（kṣaya 𑖎𑖿𑖬𑖧） 同註釋 17-2.1.2。

19. 無苦、集、滅、道

न दुःखसमुदयनिरोधमार्गा।

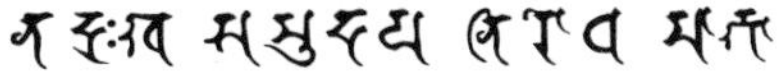

林略梵：na duḥkha-samudaya-nirodha-mārgā,

林梵英：there is no suffering, nor its origination, nor its cessation, nor the way thereto;

林梵漢：（在空性中）沒有苦、集、滅、道；

穆勒英：there are not （the four truths , viz. that there is no） pain, origin of pain, stoppage of pain, and the path to it.

林穆漢：無四聖諦，亦即無苦，苦之因，苦之滅，及致此之道。

孔睿英：there is no suffering, nor origination, nor stopping, nor path;

林睿漢：沒有苦、集、滅、道；

村紀日：苦しみも、苦しみの原因も、苦しみを制してなくすことも、苦しみを制してなくす道もない。

林村漢：沒有苦，沒有苦的原因，沒有滅苦之事，也沒有滅苦之道。

《講記》

此觀四諦空。人有生、老、病、死、愛別離、怨憎會、求不得等苦，雖有時少有所樂，然不究竟，終必是苦。人生是苦，諦實不虛，名苦（duḥkha）諦。苦的原因，為無明、愛、見等煩惱，由此為因而引起苦果，名為集（samudaya）諦。從因生果，非不可滅，苦滅即得解脫，是滅（nirodha）諦。欲得苦滅，須依滅苦之道，道即道路方法，由此可以脫苦，如八正道、六波羅蜜多，是道（mārga）諦。諦是真實不顛倒義，四諦即是四種真理，亦名四種真實。此也不但是苦等事實，在此等事實中，所含正見所見的苦等真理，也稱四聖諦，因為這唯有聖者能真實通達。此四聖諦與十二緣起同是諸法的理性，有不可變易的意義，如《佛遺教經》（＝《佛垂般涅槃略說教誡經》T12，p.1112a）說：「月可令熱，日可令冷，佛說四諦，不可令異。」苦集二諦明有漏的世間因果，滅與道諦明清淨的出世間因果。世出世間都有因有果，所以分為四諦。染淨因果法，一切從眾緣起，緣起無自性，故菩薩修般若時，觀此四諦畢竟空，即不礙四諦的一實諦。參看《中論》的〈觀四諦品〉。（《講記》pp.195-196）

林註釋：

19-1.

दुःख（duḥkha 𑖟𑖲𑖾𑖏） 中性詞。「苦」之意。此字是由 (1) duḥ (2) kha 組成一詞。

摩威 p.483-2 : uneasiness, pain, sorrow, trouble.
孔睿 p.200 : painful; suffering.

19-1.1 दुस्（dus 𑖟𑖲𑖭𑖿）→दुः（duḥ 𑖟𑖲𑖾）（ cf.《MG 27, 43》、《PG 95》、《梵語初階》§ 95 p.31：s 轉送氣音 ḥ ）。

दुस्（dus-𑖟𑖲𑖭𑖿）

摩威 p.488a： （a prefix to nouns and rarely to verbs）evil, bad, difficult, hard.
梵漢 p.416： 不好的，錯誤的，難以…；壞的，不容易地。

19-1.2　ख（kha 𑖏）

摩威 p.334b : a cavity, hollow, cave.

梵漢 p.589：洞穴，空虛處。

19-1.3　由於 duḥkha 上兩個註釋，讓我想起穆克紀博士在教我 duḥkha 這個梵文時的一些趣事。

因為穆老師的教導，我知道了 duḥ 有「壞、歹」的意思，而 kha 有「孔、穴」的意思，不禁讓我聯想到臺語中也有「歹孔」，意指「不好的東西」。而「不好的東西」，也會讓人覺得是「苦」的主因之一。所以我就將此突發奇想，告訴穆克紀老師，並詢問：「臺語的『歹（duḥ）孔（kha）』是否和梵文的 duḥkha 有語義上的關聯性？」穆克紀老師帶著一臉驚奇的表情，不知該如何回答，最後被我逗得哈哈大笑。

回想起在多年前的夕陽輝映下師生莞爾的對話，猶如昨日般歷歷在目。世事無常，穆克紀老師回印度後即因病無法遠行。可惜我冗務羈身，無法前去照顧，只能在此深切的為穆老師祈福，祝願其身體早日康復。

19-2.

समुदय（samudaya 𑖭𑖦𑖲𑖟𑖧） 陽性詞。「集、集合、原因」之意。指苦的發生原因。此字由(1) sam (2) udaya 組成。

摩威 p.1167b : coming together, union, combination, collection, multitude; a producing cause. cf. samudeti（上） .

孔睿 p.409 : origination.

梵漢 p.1116：生，合，集；起；集起；和合，集會；積集，集苦，集諦，集聖諦。

阿題 p.1641a : m., a collection.

19-2.1 सम्（sam 𑖭𑖦𑖿）

表示「共存、完成」之前置詞，「共存、完成」之意。

摩威 p.1152a : with, together, even, smooth, flat, plain, level, parallel;same, equal, similar.

孔睿 p.402 : like, the same as; even; smooth; self-identical; equal （to） .

梵漢 p.1068：同，齊；類；正；平；安；並；等；平等，同一，同等，普等；共同；平齊，齊平，正直；齊等；平正；安平；坦然；平坦；如……平等；猶如；等無有異；俱時，一時俱。

19-2.2 उदय（udaya 𑖄𑖟𑖧） 陽性詞。「上昇」之意。

摩威 p.186-1 : going up, rising. cf. udeti（昇）。

孔睿 p.124 : rise.

梵漢 p.1318：產，增，發；生，起，生起，能生；出，日出，出離。

19-3.

नि रुध्（ni-rudh 𑖡𑖰 𑖨𑖲 𑖠𑖿）→ निरोध（nirodha 𑖡𑖰𑖨𑖺𑖠）

陽性詞。「滅、殞滅、消失」之意。指苦的消滅。

阿題 p.913a.: m. [< ni √rudh] extinction.

此字由(1) ni (2) rodha 組成。

19-3.1 नि（ni 𑖡𑖰）

表示「下方、內部」之前置詞（又稱:接頭詞）

摩威 p.538c : down, back, in, into, within （always prefixed either to verbs or to nouns; in the latter case, it has the meaning of negation or privation） .

梵漢 p.776： 下；後方。

19-3.2　निरोध（ni-rodha ）

摩威 p.554a : confinement, locking up, imprisonment; restraint, check, control, suppression, destruction.

梵漢 p.798： 滅，滅盡，滅度，滅壞，寂滅，寂靜。

19-4.

मार्गास्（mārgās ）→ मार्गा（mārgā ）

ās +（母或子）有聲音→失去 s＝ ā +（母或子）有聲音。 cf.《MG 45.1》、《PG 121》、《WG 177》、《梵語初階》 § 121<1> p.39。

陽性詞，複數，主格。「諸道、眾多之方法」的意思。指四聖諦諸法。

मार्ग（mārgā ）

摩威 p.812b : seeking, search, tracing out, hunting; the track of a wild animal, any track, road, path; course.

孔睿 p.321 : path, way.

梵漢 p.713： 道，聖道，正道，勝道，進道，所行正道，道徑，道路，路，正路，徑路。

阿題 p.1285b : m. [< √mṛj 2 P., 10 U., wipe or wash off]

阿題 p.1264b : way, road, path.

19-5.

本段說明佛教「四聖諦」(「四諦」)——「苦、集、滅、道」的教義也沒有自性(無自性的般若真空)。有關「四聖諦」,請參考:《百科四》pp.1563~4、John Ross Carter 所撰 *FOUR NOBLE TRUTHS*(收於 Encyclopaedia of Religion, vol.5, pp.402b-4b)。

20. 無智,亦無得

न ज्ञानं न प्राप्तिः ॥

𑖡 𑖕𑖿𑖗𑖯𑖡𑖽 𑖡 𑖢𑖿𑖨𑖯𑖢𑖿𑖝𑖰𑖾

林略梵: na jñānaṃ na prāptiḥ.

林梵英: there is no cognition, nor attainment.

林梵漢:(在空性中)沒有智,沒有得。

穆勒英: There is no knowledge, no obtaining (of Nirvâna).

林穆漢:無智;無(涅槃之)得。

孔睿英: there is no cognition, no attainment and no non-attainment.

林睿漢:沒有智,沒有得,也沒有無得。

村紀日:知ることもなく、得るところもない。

林村漢:沒有了知,也沒有所得。

《講記》

此觀能證智與所證理空。奘法師在《般若・學觀品》(《大般若經》第三卷），譯智為「現觀」，此處隨順羅什三藏的舊譯。現觀，即是直覺的現前觀察，洞見真理。有能證的現觀，即有所證的真理。「智（jñānaṃ）」是能觀，「得（prāptiḥ）」為所觀；智為能得，得是所得。所證所得，約空有說，即空性；約生死涅槃說，即涅槃；約有為無為說，即無為。總之，對智為理，對行為果。此智與得，本經皆說為「無（na）」者，此是菩薩般若的最高體驗。在用語言文字說來，好像有了能知所知、能得所得的差別；真正體證到的境界，是沒有能所差別的。說為般若證真理，不過是名言安立以表示它，而實理智是一如的，沒有智慧以外的真理，也沒有真理以外的智慧——切勿想像為一體。能所不可得，所以能證智與所證理，也畢竟空寂。前說五蘊、十二處、十八界空，此是就事象的分類說，屬於事；十二緣起、四諦，是從事象以顯理說，屬於理。又十二緣起、四諦是觀理，智得是證果。此事象與理性，觀行與智證，在菩薩般若的真實體證時，一切是不生不滅，不垢不淨，不增不減的，一切是畢竟空寂，不可擬議的。（《講記》pp.196-197）

林註釋：

20-1.

原形 ज्ञान（jñāna 𑖕𑖿𑖗𑖯𑖡）→ ज्ञानं（jñānaṃ 𑖕𑖿𑖗𑖯𑖡𑖽） 中性名詞，單數，主格。「智，覺智」之意。同註釋 1-4.1.1.2。

ज्ञान（jñāna 𑖕𑖿𑖗𑖯𑖡）

阿題 p.744a.: n. [< √jñā] knowing, knowledge,

learning.

20-2.

本段的「智」（jñāna 𑖕𑖿𑖗𑖯𑖡）與「慧」（prajñā 𑖢𑖿𑖨𑖕𑖿𑖗𑖯），在《百科八》pp.5195a~8b 解說中，引水野弘元《佛教要語的基礎知識》第七章中的相關資料，轉錄如下：

〔智慧的階段與用語〕「慧」是指智慧。佛教最後的目的在於獲得悟的智慧。不論三學或十無學法、六波羅蜜，均將智慧置於最後。但智慧有下列諸類：世俗欲界的有漏智慧、初步證悟的智慧、聲聞阿羅漢的智慧、辟支佛（緣覺）的智慧、菩薩種種階段的智慧、佛最高的智慧等。而形容智慧的用語也有下列多種：

prajñā, paññā	慧、智慧、般若、波若
jñāna, ñāṇa	智、智慧、闍那
vidyā, vijjā	明
darśana, dassana	見、捺喇捨囊
dṛṣṭi, diṭṭhi	見
vipaśyanā, vipassanā	觀、毗鉢舍那
anupaśyanā, anupassanā	隨觀
parijñā	遍知
abhijñā, abhiññā	證知、神通
samprajāna, sampajāna	正知
mīmāṃsā, vīmaṃsā	觀、觀察
buddhi	覺
medhā	慧
bhūri	廣、廣慧
parīkṣā, parikkhā	觀、觀察

pratyavekṣaṇa	察
paccavekkhana	察
dharma-vicaya	擇法
dhamma-vicaya	擇法
pratisaṃvid	無礙解、無礙辯
paṭisambhidā	無礙解、無礙辯

其他，智慧的譬喻有：

cakṣu, cakkhu	眼
āloka	光明

凡此均為智慧的同義語。另外，智慧之具體化的體驗，有下列用語：

bodhi	菩提、覺、道
sambodhi	三菩提、正覺、等覺

〔慧與智〕以上詞語中，一般使用多的是 prajñā（巴：paññā）與 jñāna（巴：ñāṇa），此二者都譯為「智慧」。但玄奘的新譯將 prajñā 譯為「慧」，jñāna 譯為「智」。三學中的「慧」、六波羅蜜中的「般若波羅蜜」都是「慧」。「慧」（prajñā，paññā）是廣義的智慧。般若，一般說是般若的智慧，被認為是最高的智慧。實則「般若」只是普通的智慧，但若加「波羅蜜」（pāramitā）一詞，則成為具有「最高、完全智慧」之意的「般若波羅蜜」。

20-3.

प्राप्तिः（prāptiḥ 𑖢𑖿𑖨𑖯𑖢𑖿𑖝𑖰𑖾）　陰性詞，單數，主格。「得、獲得、到達」之意。

此字由(1) pra (2) aptis 組成。其連音規則為：（母音 a + a＝ā，cf.《MG 19》、《PG 105》、《梵語初階》§105 p.34）、（s 轉為送氣音，cf.《MG 27, 43》、《PG

95》、《梵語初階》§95 p.31：字尾-s 遇句末時-s→-ḥ）。

摩威 p.707c : advent, occurrence; reaching; the power of obtaining everything; attaining to, obtaining. cf. prāpnoti.

孔睿 p.293 : attainment.

梵漢 p.928： 得，所得，至得，能得，獲得；至；證，證得；到何處，無處不到；遭，遭遇；受。

प्राप्ति（prāpti 𑖢𑖿𑖨𑖯𑖢𑖿𑖝𑖰）

梵文 prāpti，在文法上是 pra + √ āp + ta；就是動詞語根 āp（得，到達），加上 pra（前，向）的前置詞及加上 ta 的過去分詞詞尾而形成的名詞。

प्राप्ति（prāpti 𑖢𑖿𑖨𑖯𑖢𑖿𑖝𑖰）是從 प्राप्त（prāpta 𑖢𑖿𑖨𑖯𑖢𑖿𑖝）轉為陰性的名詞。此陰性名詞，漢譯經典的慣例譯為：得，所得；就是一種證得（悟境的境界）的廣義意思。

阿題 p.337a : f. [< pra + √ āp, to obtain, attain, get.]

阿題 p.1130b : 5 P., to get, obtain, gain.

阿題 p.1131a : obtainging, gain.

20-3.1 प्र（pra 𑖢𑖿𑖨）：表示「向前、向外、forth」接頭詞。

20-3.2 字根 आप्（√ āp 𑖁𑖢𑖿）→ आप्तिस्（āptis 𑖁𑖢𑖿𑖝𑖰𑖭𑖿）

摩威 p.142-2 : reached, obtained.

梵漢 p.127： 到達，獲得。

20-(1). 是故，舍利子

（玄奘漢譯無此句）

林略梵：---（無）---
林梵英：---（無）---
林梵漢：---（無）---
穆勒英：---（無）---
林穆漢：---（無）---
孔睿英：Therefore, O Śāriputra,
林睿漢：因此，喔！舍利子！
村紀日：---（無）---
林村漢：---（無）---

林註釋：

20-(1)-1.

孔睿（Edward Conze）梵文修訂本中此句為「tasmāc Chāriputra」，其英譯為 Therefore, O Śāriputra。

而中村元．紀野一義修訂梵本則有「是故，therefore」的「tasmāt」，而沒有意為「舍利子，Śāriputra」的「Chāriputra」。也因此他的梵文是 tasmāt 而非 tasmāc，因為依梵文連音規則，此二字相連時會變成 c + ch，以取代 t+ ś。

（ t + ś → c + ch，在起首的 ś 前-t 變成 c，而 ś 變成 ch。） cf.《MG 38, 53》、《PG 150》、《梵語初階》 § 150<3> p.45）。

20-(1)-2.

藏譯兩本，皆譯有「是故，舍利子」。藏文是：“Śā-riḥi bu de lta bas na”。

21. 以無所得故

तस्मादप्राप्तित्वाद्

𑖝𑖭𑖿𑖦𑖯𑖟𑖿 𑖀𑖢𑖿𑖨𑖯𑖢𑖿𑖝𑖰𑖝𑖿𑖪𑖯𑖟𑖿

林略梵： tasmād aprāptitvād
林梵英： Therefore, due to the state of non-attainment,
林梵漢： 是故，以無所得狀態之故，
穆勒英： ---（無）---
林穆漢： ---（無）---
孔睿英： owing to a Bodhisattva’s indifference to any kind of personal attainment,
林睿漢： 因為他的無所得之故，
村紀日： それ故に、得るということがないから、
林村漢： 因此，由於沒有所謂所得的緣故，

《講記》

這是對於照見一切皆空所提出的理由。一切法所以無不皆空，有以為空是外境空，內心的精神不空，這是境空心有論者。有以為空是除去內心的錯誤，外境不空，這是心空境有論者。這都是偏於一邊，不得法的實相。真空，要在一切法自性不可得上說：五蘊、十二處、十八界、緣起、四諦、智、得，求自性本不可得，因為法法的自性不可得，所以是

空。如蘊等是有自性的，今觀其不可得，反而是錯誤了。因諸法本性是不可得的，不過眾生未能徹悟而已；不可得的，還他個不可得，直顯一切法的本來，所以說：「以無所得故（aprāptitvāt）」。一切法本性不可得，眾生以無明而執為實有。如童孩見鬼神塑像，不由地害怕起來，這因為不知假名無實，執有實鬼，聞名執實，這是眾生不得解脫的唯一根源，即是無明，以有所得心求一切法。今菩薩般若以無所得慧照見五蘊等一切法空，由此離我法執而得解脫。從理論上說，以一切法本不可得，說明蘊等所以是空；從修證上說，即以無所得慧所以能達到一切法空性。這一句，總結以上五蘊等皆空的理由，可以遍五蘊等一切法說，即如：無色、無受、想、行、識，以無所得故；無眼、耳、鼻、舌、身、意，無色、聲、香、味、觸、法，以無所得故等。（《講記》pp.197-198）

林註釋：

21-1.

अप्राप्तित्व（aprāptitva 𑖀𑖢𑖿𑖨𑖯𑖢𑖿𑖝𑖰𑖝𑖿𑖪）→ अप्राप्तित्वात्（aprāptitvāt 𑖀𑖢𑖿𑖨𑖯𑖢𑖿𑖝𑖰𑖝𑖿𑖪𑖯𑖝𑖿）→ अप्राप्तित्वाद्（aprāptitvād 𑖀𑖢𑖿𑖨𑖯𑖢𑖿𑖝𑖰𑖝𑖿𑖪𑖯𑖟𑖿） 中性詞，單數，從格。（t＋ 有聲子音＝d＋ 有聲子音）　cf.《MG 32.a》、《PG 148》、《梵語初階》§148 p.44。

「由於無所得狀態之故」的意思。作副詞用，則有「以無所得狀態之故」，表達原因的意思。

《MG》p.164：aprāptitva ＜ a-prāpti MG p.164：加上 -tva 變成中性的抽象名詞，類似英文 -ness （……狀態） 的意義。

孔睿前後二譯《心經》，譯文內容稍有不同：

(1) it is because of his non- attainmentness,

(2) owing to a Bodhisattva's indifference to any kind of personal attainment,

21-2.

是故，以無所得狀態之故（tasmād aprāptitvād），這一句明顯地，表示再次否定前面「20. 無智，亦無得（na jñānaṃ na prāptiḥ）」所述的否定句。以超越智慧的達成，而便於引發真空妙有的活用。

21-3.

「以無所得故」的解釋，一直就有二種說法：

一、此句總結前面所言：亦即自 23.段的「無色，無受、想、行、識；」……至「無智亦無得，以無所得故。」代表「『一路無下來』……至『無智亦無得，以無所得故』」。

二、由此句開啟後面的說法：亦即「以無所得故，菩提薩埵，依般若波羅蜜多故，……」表示「由於『無所得』的緣『故』，菩提薩埵，依般若波羅蜜多故，……」。

從目前最流行的中村元及孔睿之梵文本來看，在此句之前有個 tasmāt，因此似以後者的說法較正確；不過也有不少梵文本並無本句，因此無法斷言一定是那個版本較正確。

是故，以無所得狀態之故（tasmād aprāptitvād），這一句明顯地，表示再次否定前面「20. 無智，亦無得（na jñānaṃ na prāptiḥ）」所述的否定句。以超越智慧的達成，而便於引發真空妙有的活用。

22. 菩提薩埵依般若波羅蜜多故，心無罣礙

(1) बोधिसत्त्वानां प्रज्ञापारमितामाश्रित्य
विहरत्यचित्तावरणः ॥

(2) बोधिसत्त्वस्य प्रज्ञापारमितामाश्रित्य
विहरत्यचित्तावरणः ॥

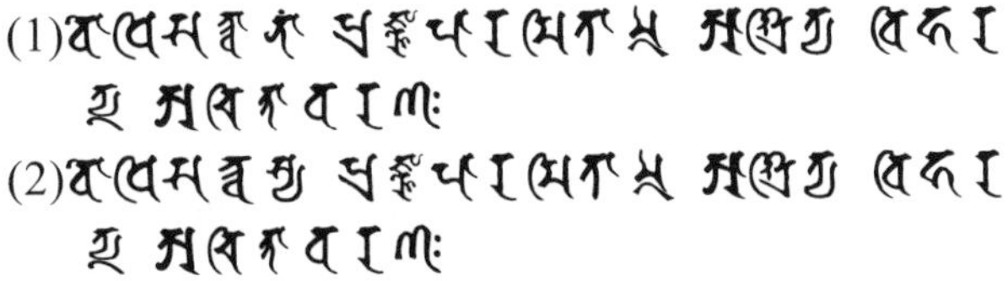

林略梵：(1) bodhisattvānāṃ prajñāpāramitām āśritya
viharaty acittāvaraṇaḥ.

(2) bodhisattvasya prajñāpāramitām āśritya
viharaty acittāvaraṇaḥ.

林梵英：(1)he, having relied on all bodhisattva's perfection of wisdom, dwells, and he is without covering of mind.

(2) The bodhisattva , having relied on perfection of wisdom, dwells, and he is without covering of mind.

林梵漢：(1)依諸菩薩的般若波羅蜜多而住，（那個人就）沒有心的罣礙。

(2)菩薩依般若波羅蜜多而住，（菩薩）沒有心的罣礙。

穆勒英：'A man who has approached the Prajñâpâramitâ of the Bodhisattva dwells enveloped in consciousness.

林穆漢：趣[2]向菩薩之般若波羅蜜多的人，居於意識被包覆之處。

孔睿英：and through his having relied on the perfection of wisdom, he dwells without thought-coverings.

林睿漢：菩提薩埵依智慧的圓滿，心無罣礙，

村紀日：諸の求道者の智慧の完成に安んじて、人は、心を覆われることなく住している。

林村漢：安於諸求道者的「智慧的完成」中，人就住於心無障覆的狀態。

《講記》

觀空，不是知識的論辨，而是藉此以解脫眾苦的，所以接著明般若果。此明菩薩得涅槃果，即三乘共果。菩薩「依般若波羅蜜多故（prajñāpāramitām āśritya viharati）」，觀一切法性空不可得，由此能「心無罣礙（acittāvaraṇas）」，如游刃入於無間，所以論說：「以無所得，得無所礙」。無智凡夫，不了法空，處處執有，心中的煩惱，波興浪湧，所以觸處生礙，無邊荊棘。菩薩離煩惱執障，能心中清淨。（《講記》p.199）

---

[2] 趣通「趨」，今多作「趨向」，唯佛經裡多作「趣」，故此處依佛經用法。以下亦同，不贅。

林註釋：

22-1.

此句是諸本《心經》中引起最多爭議的內容之一，因為本句有 bodhisattvānāṃ 和 bodhisattvasya 兩個不同的梵文版本：

(1) बोधिसत्त्वानां（bodhisattvānāṃ 𑖤𑖺𑖠𑖰𑖭𑖝𑖿𑖪𑖯𑖡𑖯𑖽）（陽性詞，複數，所有格）

荻原博士的《雲來文集》判《玄奘》「菩提薩埵」就是《敦煌本》（T8，p.852a）所載「冒地娑怛-縛喃（bodhisatt-vānāṃ）」。《中村本》（p.173）所校梵文《心經》也採複數，所有格。是故，筆者譯為：「依諸菩薩的（般若波羅蜜多……）」。

(2) बोधिसत्त्वस्य（bodhisattvasya 𑖤𑖺𑖠𑖰𑖭𑖝𑖿𑖪𑖭𑖿𑖧）（陽性詞，單數，所有格）

因為 Max Müller 梵文校訂本及日本梵文寫本都寫為 bodhisattvasya （單數，所有格）。然而，漢譯除了《法成》用複數，主格的「諸菩薩眾」以外，其他漢譯本都用單數，主格。

這些是漢譯《心經》和梵文《心經》有出入的地方。關於第(2)點，梵文古典文法可以解釋為：梵文名詞所有格，有時可當成「絕對所有格」，在意義上就可形成主格同等地位。如此即符合多數漢譯本當成主格的形式。因此，筆者再譯為: 「菩薩依（般若波羅蜜多……）」。

鈴木勇夫認為 (1) bodhisattvānāṃ 及(2) bodhisattvasya 也有可能是 bodhisattvaḥ 之誤，是故他也認為是主格。

बोधिसत्त्व（bodhisattva 𑖤𑖺𑖠𑖰𑖭𑖝𑖿𑖪）：同註釋 2-2.。

22-2.

प्रज्ञापारमिता（prajñāpāramitā 𑖢𑖿𑖨𑖕𑖿𑖗𑖯𑖢𑖯𑖨𑖦𑖰𑖝𑖯）→ प्रज्ञापारमिताम्（prajñā- pāramitām 𑖢𑖿𑖨𑖕𑖿𑖗𑖯𑖢𑖯𑖨𑖦𑖰𑖝𑖯𑖦𑖿）陰性詞，單數，受格。作為動詞 āśritya 的受格。

प्रज्ञापारमिता（prajñā-pāramitā 𑖢𑖿𑖨𑖕𑖿𑖗𑖯 𑖢𑖯𑖨𑖦𑖰𑖝𑖯）：同註釋 1-4.1。

22-3.

आश्रित्य（āśritya 𑖁𑖫𑖿𑖨𑖰𑖝𑖿𑖧）

為 ā+√śri-1 +tya 的「不變化連續體（abs.）」，意指為「依……而（下一動作）……」，對象是 prajñā-pāramitā（般若波羅蜜多、智慧到彼岸、超越智慧的完成）。

श्रि（√śri 𑖫𑖿𑖨𑖰）

摩威 p.1098b : leaning on, resting on.

梵漢 p.1199：利，勝，德，勝德，妙德，威力，威德，福德，功德；勝妙色，光澤，（最）尊；殊勝；妙相；祥，祿，吉祥，吉祥王，瑞相。

阿題 p.368b : [< ā-√śri 1U., to have recourse to （a place, way, course of action）]

आश्रित्य（āśritya 𑖁𑖫𑖿𑖨𑖰𑖝𑖿𑖧）

阿題 p.368b :indec., having recourse or reference.

《MG》p.179.1 : by means of.

梵漢 p.179 ：不變化詞，詞根√śri。

22-4.

वि（vi 𑖪𑖰）+ हृ（√hṛ-1 𑖮𑖴）→वि（vi 𑖪𑖰）+ हरति（har-a-ti

𑖮 𑖨 𑖀 𑖝𑖰) = विहरति（viharati 𑖪𑖰 𑖮 𑖨 𑖝𑖰）　現在式，第三人稱單數，為他動詞(P)。

字根 हृ（√hṛ 𑖮𑖴），「住」之意。

摩威 p.1003b : to put asunder; to distribute; to divide; to carry away; to spend or pass time; to roam.

孔睿 p.368 : dwell.

梵漢 p.1423：住。

विहृ（vi-√hṛ 𑖪𑖰 𑖮𑖴）

阿題 p.1485a : 1 P., to live.

22-5.

अचित्तावरणः（acittāvaraṇaḥ 𑖀 𑖓𑖰 𑖝𑖿𑖝 𑖪 𑖨 𑖜𑖾）→अ चित्त आवरणस्（a- citta-āvaraṇas 𑖀 𑖓𑖰 𑖝𑖿𑖝 𑖁 𑖪 𑖨 𑖜 𑖭𑖿）陽性詞，單數，主格。省略動詞 asti，轉為有財釋，當作形容詞用。主詞則是某人或菩薩。此字由(1) a- (2) citta (3) āvaraṇa 組成一個複合詞。

a-citta-āvaraṇa 為依主釋（所有格關係），「（具）沒有心的罣礙的……」之意。

22-5.1　अ（a- 𑖀）　（否定的前置詞）

22-5.2　चित्त（citta 𑖓𑖰 𑖝𑖿𑖝）　中性詞。

摩威 p.395c : attending, observing; thinking, thought; the heart, mind; intelligence, reason.

孔睿 p.173 : thought; heart; mind.

梵漢 p.332：識，心，意，心意，思，思議，籌量。

22-5.3　अचित्तावरण（a-citta-āvaraṇa 𑖀 𑖓𑖰 𑖝𑖿𑖝 𑖁 𑖪 𑖨 𑖜）→अ चित्त आवरणस्（a-citta-āvaraṇas 𑖀 𑖓𑖰 𑖝𑖿𑖝 𑖁

𑖪𑖨𑖜𑖭𑖿）：

आवरणस्（āvaraṇas 𑖁𑖪𑖨𑖜𑖭𑖿），筆者鑑於前22-1.有 bodhisa-ttvānāṃ 和 bodhisattvasya 兩個梵文版本的主詞問題，然由於後 23-3 「atrastas 無恐怖者」是形容詞，陽性，單數，主格，故「acittāvaraṇas 無心的罣礙」同為形容詞，陽性，單數，主格。

आवरण（ā-varaṇa 𑖁 𑖪𑖨𑖜）：中性詞。「罣礙；障翳」之意。

摩威 p.156-1：adj. covering, hiding, concealing; n. the act of covering, a covering.

孔睿 p.113：covering; hindrance, obstruction.

梵漢 p.212：翳，蓋；遮，障，礙，障礙，罣礙，覆障，曀障；損惱。

आवरण（āvaraṇa 𑖁𑖪𑖨𑖜）

阿題 p.363b: n. covering, hiding, obscuring.

阿題 p. 363b：< ā -$\sqrt{}$ vṛ 5, 9, 10 U. 1 to cover, hide, conceal.

23. 無罣礙故，無有恐怖

चित्तावरणनास्तित्वादत्रस्तो

𑖓𑖰𑖝𑖿𑖝𑖯𑖪𑖨𑖜 𑖡𑖯𑖭𑖿𑖝𑖰𑖝𑖿𑖪𑖯𑖟𑖿 𑖀𑖝𑖿𑖨𑖭𑖿𑖝𑖺

林略梵：cittāvaraṇa-nāstitvād atrasto

林梵英：Due to the non-existence of the covering of mind, he is fearless,

林梵漢：因為沒有心的罣礙之故，所以沒有恐怖，穆勒英： But When the envelopment of consciousness has been annihilated, then he becomes free of all fear,

林穆漢： 但若包覆意識之處所失滅，他就無有恐怖，

孔睿英： In the absence of thought-coverings
he has not been made to tremble,

林睿漢： 因為心無罣礙，他沒有恐怖，

村紀日： 心を覆うものがないから、恐れがなく、

林村漢： 由於心無障覆的緣故，因此沒有恐怖，

《講記》

「無罣礙故，無有恐怖（atrastas）」：恐怖為愚癡心所生起，心有罣礙，執有我法而患得患失，即無往而不恐怖。經中說五畏：惡名畏、惡道畏、不活畏、死畏、大眾威德畏。（《講記》p.199）

林註釋：

23-1.

चित्त आवरण（citta-āvaraṇa 𑖓𑖰 𑖝𑖿𑖝　𑖁 𑖪 𑖨 𑖜）→
चित्तावरण（cittāvaraṇa 𑖓𑖰 𑖝𑖿𑖝𑖯 𑖪 𑖨 𑖜）

此字由(1) citta (2) āvaraṇa 組成一個複合詞。依主釋，所有格關係，譯為：「心的罣礙」。

（母音 a + a＝ā，cf.《MG 19》、《PG 105》、《梵語初階》§105 p.34）。

23-1.1　चित्त（citta 𑖓𑖰 𑖝𑖿𑖝）同註釋 22-5.2。

23-1.2 आवरण（āvaraṇa 𑖁𑖪𑖨𑖜）同 22-5.3。

23-2.

नास्तित्वात्（nāstitvāt 𑖡𑖯𑖭𑖿𑖝𑖰𑖝𑖿𑖪𑖯𑖝𑖿）→ नास्तित्वाद्（nāstitvād 𑖡𑖯𑖭𑖿𑖝𑖰𑖝𑖿𑖪𑖯𑖟𑖿）

（t ＋ 有聲子音＝d ＋ 有聲子音） cf.《MG 32.a》、《PG 148》、《梵語初階》§148 p.44。

中性詞，單數，從格。作副詞用，表原因及理由。「由於……不存在之故」之意。

此字由(1) na (2) astitvāt 組成。（母音 a + a＝ā）

梵漢 p.670：無，無性，無體，無相，無所有，（空）無所有。

23-2.1 न（na 𑖡）同註釋 7-2.

23-2.2 अस्तित्वात्（astitvāt 𑖀𑖭𑖿𑖝𑖰𑖝𑖿𑖪𑖯𑖝𑖿）

摩威 p.122-2 : existence, reality.

梵漢 p.182：有，有相，有性，有體。

नास्ति（nāsti 𑖡𑖯𑖭𑖿𑖝𑖰）

阿題 p.891b.: indec., It is not, non-existence.

23-3.

अत्रस्तस्（atrastas 𑖀𑖝𑖿𑖨𑖭𑖿𑖝𑖭𑖿）→ अत्रस्तो（atrasto 𑖀𑖝𑖿𑖨𑖭𑖿𑖝𑖺）字尾 as 因後接 viparyāsātikrāntas 有聲子音而變成 o。

（cf.《MG 45.2.b》、《PG 118》、《梵語初階》§118 p.38：as +有聲子音＝o+有聲子音）

अत्रस्त（atrasta 𑖀𑖝𑖿𑖨𑖭𑖿𑖝）

阿題 p.51b. : a. not afraid, fearless.

此字由(1) a (2) trastas 組成。

23-3.1　　अ（a 𑖀）：（否定的接頭詞）

23-3.2　　त्रस्तस्（trastas 𑖝𑖿𑖨𑖭𑖿𑖝𑖭𑖿）：形容詞，陽性，單數，主格。「恐、怖」之意。

摩威 p. 457-3 : to tremble., be afraid of.

梵漢 p.1295： 恐，怖，恐怖，驚怖，戰慄，心意不安。

24. 遠離顛倒、夢想，究竟涅槃

विपर्यासातिक्रान्तो निष्ठनिर्वाणः ॥

𑖪𑖰𑖢𑖨𑖿𑖧𑖯𑖭𑖯𑖝𑖰𑖎𑖿𑖨𑖯𑖡𑖿𑖝𑖺 𑖡𑖰𑖬𑖿𑖙𑖡𑖰𑖨𑖿𑖪𑖯𑖜𑖾

林略梵　viparyāsātikrānto niṣṭhanirvāṇaḥ.

林梵英： he has gone beyond perversion, and he has eventually attained Nirvana.

林梵漢： 遠離顛倒，達成涅槃。

穆勒英： beyond the reach of change, enjoying final Nirvâna.’

林穆漢： 遠離變遷之能觸及，享受最終的涅槃。

孔睿英： he has overcome what can upset, in the end sustained by Nirvana.

林睿漢： 並克服了所有會令其顛倒的事物，最後，他證入涅槃。

村紀日： 顛倒した心を遠く離れて、永遠の平安に入っているのである。

林村漢： 遠離顛倒之心，進入永遠的平安。

《講記》

此中結歸究竟涅槃，恐怖可約生死說，「坦然不怖於生死」，即自然沒有一切恐怖了。菩薩了法性空，知一切法如幻，能不為我法所礙而有恐怖，即「遠離顛倒（viparyāsa-atikrāntas）夢想」。顛倒，即是一切不合理的思想與行為，根本是執我執法，因此而起的無常計常，非樂計樂，無我計我，不淨計淨；以及欲行苦行等惡行。夢想，即是妄想，即一切顛倒想。菩薩依智慧行——悟真空理，修中道行——遠離一切顛倒夢想，消除身心、自他、物我間的種種錯誤，即拔除了苦厄的根本，不怖於生死，能得「究竟涅槃（niṣṭha-nirvāṇas）」。涅槃（nirvāṇa）是梵語，意譯寂滅，一切動亂紛擾到此全無，故稱究竟。菩薩依般若，能遠離顛倒夢想究竟涅槃。我們如能依此以行，解一切法空，不但處事待人，能因此減少許多苦痛，生死根本也可因此而解脫了。(《講記》pp.199-200)

林註釋：

24-1.

除了《玄奘》及可能譯自《玄奘》譯本的于闐譯本之外，漢譯《法成》(敦煌石室本)(T8，p.850)、《唐梵對字音》(T8，p.851)、及藏譯為「從顛倒中完全超越」(藏：phyin ci log las śin tu ḥdas nas)等漢、梵、藏《心經》都未見有「夢想」的對應字。另外，在《大般若經》也未見有「夢想」二字的用法。這種特意增字潤文強調，也見於其他譯師的譯法：

《羅什》(T8，p.847)：「離一切顛倒夢想苦惱」。

《施護》（T8，p.852）：「遠離一切顛倒妄想」。

諸漢譯的譯師加強文意，就是希望譯出《心經》「遠離（＝超越）一切的顛倒夢想[苦惱]的實現」，這也就是「行深般若波羅蜜」的《心經》大用菁華。

因此，筆者推想此處的「夢想」二字，應是「顛倒」的同義延伸字，玄奘譯經時為了方便後世瞭解或誦讀，而慈悲地延伸保持了這兩個字。

這也就是筆者認為玄奘譯本，很可能有參考羅什譯本的原因之一。

24-2.

विपर्यासातिक्रान्तस्（viparyāsa-atikrāntas 𑖪𑖰𑖢𑖨𑖿𑖧𑖯𑖭 𑖀𑖝𑖰 𑖎𑖿𑖨𑖯𑖡𑖿𑖝𑖭𑖿）→ **विपर्यासाति क्रान्तो**（viparyāsātikrānto 𑖪𑖰𑖢𑖨𑖿𑖧𑖯𑖭𑖯𑖝𑖰𑖎𑖿𑖨𑖯𑖡𑖿𑖝𑖺）,字尾 as 因後接 niṣṭhanirvā ṇa 有聲子音而變成 o。

（cf.《MG 45.2.b》、《PG 118》、《梵語初階》§ 118 p.38：as +有聲子音＝o+有聲子音）。

此字由(1) viparyāsa (2) atikrānta 組成。(母音 a + a＝ā）viparyāsa 為 atikrānta 的受詞。

24-2.1　**विपर्यास**（viparyāsa 𑖪𑖰𑖢𑖨𑖿𑖧𑖯𑖭）陽性詞。「顛倒，錯誤的想法」之意。

摩威 p.974b : overturning, overthrow. cf. vipāryāsyati.

孔睿 p.357　: perverted view; what can upset (Hr.)

此字可分解為(1) vi (2) paryāsa。

24-2.1.1　**वि**（vi 𑖪𑖰）表示「分離、反對」的前置詞（接頭詞）。

24-2.1.2　**पर्यास**（paryāsa 𑖢𑖨𑖿𑖧𑖯𑖭）陽性詞。「循環」

之意。

24-2.2 अतिक्रान्त(ati-krānta 𑖀𑖝𑖰 𑖎𑖿𑖨𑖯𑖡𑖿𑖝)→अतिक्रान्तस्（atikrāntas 𑖀𑖝𑖰𑖎𑖿𑖨𑖯𑖡𑖿𑖝𑖭𑖿）:

形容詞，陽性詞，單數，主格。「超越的」之意。

摩威 p.13b : having passed; exceeded, overcome.

孔睿 p.10 : past; passed beyond; quite transcendent; gone beyond; surpassing.

梵漢 p.191： 越，超，過，超過，超出，離，遠離，已出離；過去，古昔，過時。

此字由(1) ati- (2) kranta 組成。

24-2.2.1 अति(ati-𑖀𑖝𑖰)（表「通過、超越、甚、極、最極」的前置詞）

摩威 p.12b : as a prefix to verbs and their derivatives it, expresses beyond, over.

梵漢 p.189： 甚，極，最極。

24-2.2.2 字根 क्राम्（krām 𑖎𑖿𑖨𑖯𑖦𑖿）→ क्रान्त（krānta 𑖎𑖿𑖨𑖯𑖡𑖿𑖝）

過去受動分詞，陽性詞，單數，主格。「行」之意。

摩威 p.320-2: gone, gone over.

梵漢 p.607: 行，度。

विपर्यास（viparyāsa 𑖪𑖰𑖢𑖨𑖿𑖧𑖯𑖭）

阿題 p.1450a : m. [< viparyas 4 P. 1 to overturn, reverse, invert.]

阿題 p.1450b : change, reverse, contrariety.

अतिक्रान्त（atikrānta 𑖀𑖝𑖰𑖎𑖿𑖨𑖯𑖡𑖿𑖝）(ppp.)

[< ati √kram 阿題 p.39b : 1 U., 4 P. 1 to step or pass beyond, get across, go over, cross.]

阿題 p.40a. : exceeded, surpassed, beyond, past, gone by.

24-3.

〈往生咒〉第 5 句及第 6 句之 vikrānte（毘伽蘭諦），vikrānta（毘伽蘭哆），其字源也就是 24-2.2.2 krānta 此字。由 vi + krānta 組成。

24-4.

除了一些明顯註明譯自玄奘譯本的《心經》以外，根據現有的資料，各種梵文及其他文字的《心經》中，似乎只有于闐本在此句中有類似玄奘譯本的「夢想」的內容，也有些學者就是因此而認為此于闐本《心經》可能譯自玄奘漢譯本《心經》。

佛典傳譯的過程有：

(1)直接來自印度以及經由西域如于闐等，兩個傳到漢地的途徑。

(2)有些西域翻譯的佛典，卻也可能受漢地影響，是譯自印度原典的漢譯本再轉譯成西域文字的。

24-5.

現行的梵文本只有遠離「顛倒」，並無「夢想」兩字，這可能是玄奘法師參考鳩摩羅什譯本而用的「增潤意譯，非完全直譯」。很可能是玄奘參考了鳩摩羅什的「離一切顛倒夢想苦惱」，而在「夢想與苦惱」二者間保留了一個「夢想」。

在筆者編著的《心經集成》，列有「夢想」兩字的譯本有：001, 002, 003, 006, 007, 009 及 111, 112, 113, 114, 123, 125, 131。但〈008 謝奘漢〉譯為「胡思亂想」、〈116 施護漢〉譯為「妄想」。

般若經系統的「顛倒」，指凡夫對世間有為諸法起四種顛倒想。在部派、大乘經論中的共同解說為「四顛倒」（梵:catur-viparyāsa，藏:phyin ci log bshis）——即：執無常為常想（anitye nitya-samjñā）、執不淨為淨想（a-śucau śucisaṃjñā）、執無我為我想（anātmani ātmasaṃjñā）、執苦為樂想（duḥkhe sukhasaṃjñā）。

可參：《心經集成》、《大智度論》No.1509（卷31）〈初序品中〉「十八空義」第四十八。（T25, p.285c）

24-6.

日本的通行玄奘譯《心經》在此句多出了「一切」兩個字，而變成「遠離一切顛倒夢想」，這就是為什麼漢地使用的玄奘譯本是 260 字，而日本使用的玄奘譯本是 262 個漢字的原因。

《心經》諸版本的比對工作，若能使用筆者編的收有十四種語文、近二百譯本的《心經集成》一書，再來參考原典，就很容易做出比較。

漢譯本中有「一切」的有羅什、霍韜晦、白石真道、法成和施護譯本。其中：

001〈羅什漢〉：離一切顛倒夢想
116〈施護漢〉：遠離一切顛倒妄想
115〈法初漢〉：遠離一切顛倒夢想

除了日本的通行本之外，目前所見的資料中，藏譯本亦有「一切、完全地（śin tu）」的詞句。據《翻譯名義大集》藏譯 śin tu 所對應的梵文是前置詞 ati-。是故，筆者極懷疑：漢譯「遠離一切」多了兩個字，應是譯師們在強調 ati-krānta 的「遠離一切

（梵:ati-krānta）=（極）超越（藏:śin tu ḥdas）」，為表達已完成「行深般若波羅蜜」而到達的涅槃狀態，所特意增潤的字眼吧？

24-7.

निष्ठनिर्वाण（niṣṭha-nirvāṇa 𑖡𑖰𑖬𑖿𑖞 𑖡𑖰𑖨𑖿𑖪𑖯𑖜）→निष्ठनिर्वाणः（niṣṭhanirvā ṇaḥ 𑖡𑖰𑖬𑖿𑖞𑖡𑖰𑖨𑖿𑖪𑖯𑖜𑖾）陽性詞，單數，主格。此字是由(1) niṣṭha (2) nirvāṇaḥ 組成複合詞。niṣṭha 形容 nirvāṇaḥ。持業釋複合詞。

24-7.1 निष्ठ（niṣṭha 𑖡𑖰𑖬𑖿𑖞） 形容詞。「究竟的、達至的」之意。

摩威 p.563a : state, condition; firmness, skill in, familiarity with; perfection, culminating or extreme point.

孔睿 p.234 : end; better; final; final conclusion.

梵漢 p.809 : 成就，成熟，滿；究竟，究竟位，終，邊際，盡，窮盡，斷盡，決定。

阿題 p.928b.: a. being in or on, situated on; niṣṭhā end, termination,accomplishment, completion.

24-7.2 निर्वाणस्（nirvāṇas 𑖡𑖰𑖨𑖿𑖪𑖯𑖜𑖭𑖿） → निर्वाणः（nirvāṇaḥ 𑖡𑖰𑖨𑖿𑖪𑖯𑖜𑖾） 陽性詞，單數，主格。「涅槃」之意。

此字是由(1) nis (2) vāṇa 組成。（s + 有聲子音＝r+ 有聲子音）

摩威 p.557c :（過去受動分詞） blown out, extinguished, dead; blowing out, extinction of the flame of life, final emancipation from matter and reunion with the supreme spirit;（with Buddhists and Jainas）absolute extinction or annihilation of individual existence of all desires and passions.

梵漢 p.800：滅，滅度，寂靜，寂滅，安穩。

निर्वाण（nirvāṇa 𑖡𑖰𑖨𑖿𑖪𑖯𑖜）

阿題 p.919a：< nir √vā, 2 P., to blow, be extinguished, be extinct

阿題 p.919a.：n. extinction,（ with Buddhists）absolute extinction or annihilation, complete extinction of individual or worldly existence

24-7.2.1 निस्（nis 𑖡𑖰𑖭𑖿）（表示「出離的」之前置詞）

摩威 p.543b：out of, away from; without, destitute of, free from; thoroughly, entirely.

梵漢 p.804：無，無有，離。

24-7.2.2 वा（√vā 𑖪𑖯）→वाण（vāṇa 𑖪𑖯𑖜） 過去受動分詞+na。「吹、放」之意。

摩威 p.935-3：blown; n. blowing. cf. vāti（吹）

梵漢 p.1365：吹，放。

24-8.

涅槃的意義，包括有滅、寂、寂滅、寂靜、滅度等。在印度的原語應用上是指火的息滅或風的吹散（√vā）。在佛學名詞上，指一切煩惱災患永盡的境界。

《雜阿含經》卷十八（T2，126b）：「涅槃者，貪欲永盡，瞋恚永盡，愚癡永盡，一切諸煩惱永盡。是名涅槃。」《入阿毗達磨論》卷下（T28，989a）：「一切災患煩惱火滅，故名涅槃。」即將貪瞋癡三火滅卻，眾苦永盡，名為涅槃。

涅槃乃阿羅漢永斷煩惱所得之果。此可分有餘依及無餘依兩種。「有餘依涅槃」是指煩惱雖盡，然猶有依身，色心相續；「無餘依涅槃」乃指依身亦滅而無餘。

在部派中，說一切有部以滅諦涅槃為無為法，係由慧之揀擇力而得之果，故亦名之為「擇滅」。在大乘經論中，則以涅槃為不生不滅，與如來的法身等同視之，而附予種種積極的意義。（請參考：《百科六》p.3586a）

25. 三世諸佛，依般若波羅蜜多故，得阿耨多羅三藐三菩提

त्र्यध्वव्यवस्थिताः सर्वबुद्धाः प्रज्ञापारमितामाश्रित्यानुत्तरां
सम्यक्संबोधिमभिसंबुद्धाः ॥

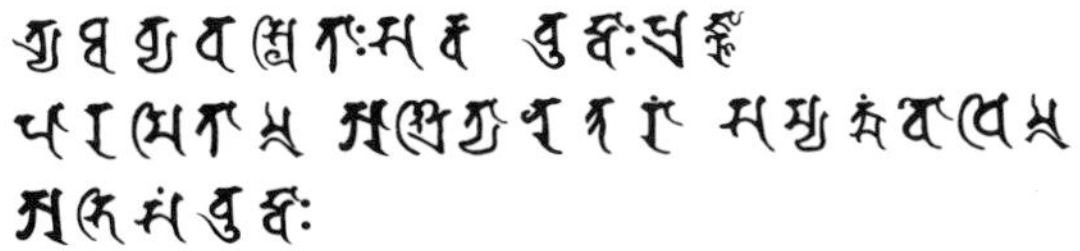

林略梵：tryadhvavyavasthitāḥ sarva-buddhāḥ prajñā-pāramitām āśrityānuttarāṃ samyaksaṃbodhim abhisaṃbuddhāḥ.

林梵英：All the Buddhas stationed in the three periods of

times, having relied on the perfection of wisdom, realized the highest right and perfect enlightenment.

林梵漢：安住於三世之一切諸佛，依般若波羅蜜多故，證得阿耨多羅三藐三菩提。

穆勒英：'All Buddhas of the past, present, and future, after approaching the Prajñâpâramitâ , have awoke to the highest perfect knowledge.'

林穆漢：所有過去、現在、及未來之諸佛。趣向般若波羅蜜多後，證得最高完美的悟覺，

孔睿英：All those Buddhas who appear in the three periods of time,through having relied on the perfection of wisdom they fully awake to the utmost, right and perfect enlightenment.

林睿漢：所有在三世出現為佛者，皆因依藉智慧的圓滿，而證得無上正等正覺，

村紀日：過去・現在・未來の三世にいます目ざめた人々は、すべて、智慧の完成に安んじて、この上ない正しい目ざめを覚り得られた。

林村漢：過去、現在、未來三世中證悟的人們，皆安住於「智慧的完成」中，而證得無上的、正確的悟覺。

《講記》

不但菩薩，諸佛也是依此般若而得成佛的。凡是證得圓滿覺悟的，都名為佛。所以經上說：這過去、現在、未來的「三世諸佛（tryadhvavyavasthitāḥ sarva-buddhās）」，四方、四維、

上下的十方諸佛，從最初發心，中間修菩薩行，直到最後成佛，無不是依般若為先導的。所以說：「依般若波羅蜜多故，得阿耨多羅三藐三菩提。」阿耨多羅（anuttara）譯無上，三藐三菩提（samyaksaṃbodhi）譯正等正覺；合稱為無上正等覺，或無上正遍覺。正覺，即對宇宙人生真理有根本的正確覺悟；聲聞緣覺也可證得，但不能普遍；菩薩雖能普遍，然如十三十四的月亮，還沒有圓滿，不是無上；唯佛所證，如十五夜月的圓滿，故名無上正遍覺。

般若與佛菩提，本非二事，般若是智慧，佛果菩提即無上正遍覺，又名一切智。在修行期中，覺未圓滿，名為般若；及證得究竟圓滿，即名為無上菩提。所以什公說：菩提是「老般若」。諸佛菩提，非僅是智慧，是以慧為中心，融攝佛果一切功德。諸佛因地修行時，不僅是修般若，也修施、戒、忍、進、禪等自利利他一切功德；故證果時，也證得無邊功德，如十力、四無畏、十八不共法等。無上正遍覺，即圓具此一切功德的。菩薩依般若證空性以攝導萬行，在實證邊，能證智與所證理，能攝智與所攝行，都是超越的。依此，《金剛經》說：「是法平等，無有高下。」究竟的無上菩提，在實相慧的究竟證中，是即萬行而離眾相，超越不可思議。

菩薩修學般若，志在證得佛果菩提，為什麼此經說菩薩證究竟涅槃，不說證菩提呢？此因無上正等菩提，約究竟圓滿說，唯佛能證得。而究竟涅槃則不然，是三乘共果，聲聞阿羅漢，菩薩第七地——或說第八地，都能證得。不過聲聞者至此，即以為究竟，而菩薩雖了知無分別法性，不生不滅，不垢不淨，不增不減，得有諸佛護持，及發心度脫一切眾生的本願，於是不入涅槃，進趨佛果的阿耨多羅三藐三菩提。

所以龍樹說：「無生是佛道門。」(《講記》pp.200-202)

林註釋：

25-1.

त्रि अध्वव्यवस्थिताः (tri-adhva-vyavasthitāḥ 𑖝𑖿𑖨𑖰 𑖀𑖠𑖿𑖪 𑖪𑖿𑖧𑖪𑖭𑖿𑖞𑖰𑖝𑖯𑖾) →त्र्यध्वव्यव स्थितास् (tryadhvavyavasthitās 𑖝𑖿𑖨𑖿𑖧𑖠𑖿𑖪𑖪𑖿𑖧𑖪𑖭𑖿𑖞𑖰𑖝𑖯𑖭𑖿) + सर्वबुद्धास् (sarva buddhās 𑖭𑖨𑖿𑖪 𑖤𑖲𑖟𑖿𑖠𑖯𑖭𑖿)

(cf.《MG 27, 43》、《PG 95》、《梵語初階》§ 95 p.31：字尾-s 遇下一字開頭為 k、kh、p、ph、ś、ṣ、s 時 -s→-ḥ)

त्रि अध्वव्यवस्थिताः (tri-adhva-vyavasthitāḥ 𑖝𑖿𑖨𑖰 𑖀𑖠𑖿𑖪 𑖪𑖿𑖧𑖪𑖭𑖿𑖞𑖰𑖝𑖯𑖾)「安住於三世的」依主釋（位格關係)。過去受動分詞，陽性，複數，主格。用於修飾 sarvabuddhas（一切諸佛）。

त्र्यध्वव्यवस्थित (tryadhvavyavasthita 𑖝𑖿𑖨𑖿𑖧𑖠𑖿𑖪𑖪𑖿𑖧𑖪𑖭𑖿𑖞𑖰𑖝)

त्रि (tri 𑖝𑖿𑖨𑖰)

阿題 p.789a.: num., a. three

अध्वन् (adhvan 𑖀𑖠𑖿𑖪𑖡𑖿)

阿題 p.71b. : m., road, passage, time.

व्यवस्थित (vyavasthita 𑖪𑖿𑖧𑖪𑖭𑖿𑖞𑖰𑖝)

阿題 p.1513b : ppp. [< vi + ava √sthā 1 Ā. to be placedasunder, to be arranged in due order]

阿題 p.1513b : placed in order, adjusted, arranged.

此字由(1) tryadhva (2) vyavasthita 或 vyavasthapayati 組成。tryadhva 形容 vyavasthita，意為「三世」。

孔睿 p.195 : who appear in the three periods of time (Hr.)

25-1.1　त्र्यध्व（tryadhva-𑖝𑖿𑖨𑖿𑖧𑖠𑖿𑖪）

可再分解為(1) tri (2) adhvan。（母音 i + a＝ya，cf.《MG 20》、《PG 157》、《梵語初階》§157 p.46）。

tri 修飾 adhvan。

孔睿 p.194 : what is in the three periods of time.

梵漢 p.1303：三世。

25-1.1.1　त्रि（tri 𑖝𑖿𑖨𑖰）　數詞。「三」之意。

摩威 p.457c : three.

梵漢 p.1296：三。

阿題 p.789a : tri, num., a. three.

25-1.1.2　अध्वन्（adhvan 𑖀𑖠𑖿𑖪𑖡𑖿）　陽性詞。

「世、時、道、軌道（過、現、未來三世）」之意。

摩威 p.23c : a road, way, orbit; a journey, course; distance, time; means, method; sky, air, a place.

孔睿 p.19 : period; period of time.

梵漢 p.36：路，道路，世路；行旅；世；時。

阿題 p.71b. : m., road, passage, time.

25-1.2　व्यवस्थितास्（vyavasthitās 𑖪𑖿𑖧𑖪𑖭𑖿𑖞𑖰𑖝𑖯𑖭𑖿）→ व्यवस्थिताः（vyavasthitāḥ 𑖪𑖿𑖧𑖪𑖭𑖿𑖞𑖰𑖝𑖯𑖾）＋सर्वबुद्धास्（sarva-buddhās 𑖭𑖨𑖿𑖪 𑖤𑖲𑖟𑖿𑖠𑖯𑖭𑖿）

（s 轉送氣音 ḥ，cf.《MG 27, 43》、《PG 95》、《梵語初階》§95 p.31：字尾-s 遇下一字開頭為 k、kh、p、ph、ś、ṣ、s 時-s→-ḥ）

過去受動分詞，作形容詞用，陽性詞，複數，主格。「安住的」之意。

此字由(1) vi- (2) ava（母音 i + a＝ya） (3) sthita 組成。

25-1.2.1 वि（vi- 𑖪𑖰）（表示「分離、反對」之前置詞字）

25-1.2.2 字根 स्था（√sthā 𑖭𑖿𑖞𑖯）→स्थित（sthita 𑖭𑖿𑖞𑖰𑖝）（近）過去受動分詞(ppp.)。「安住的」之意。

摩威 p.1034a：placed in order, stationed. cf. vyava-sthāpayati.

梵漢 p.1207：有；住，本住；定，立，在，入，安立，安住，成立；決定，堅住，建立。

阿題 p.1513b: [< vi+ ava√sthā 1Ā. to be placed asunder, to be arranged in due order.]

阿題 p.1513b.: ppp., placed in order, adjusted, arranged.

25-2.

सर्वबुद्धास्（sarva-buddhās 𑖭𑖨𑖿𑖪 𑖤𑖲𑖟𑖿𑖠𑖯𑖭𑖿）→ सर्वबुद्धाः（sarvabuddhāḥ 𑖭𑖨𑖿𑖪 𑖤𑖲𑖟𑖿𑖠𑖯𑖾）

（s 轉送氣音 ḥ，cf.《MG 27, 43》、《PG 95》、《梵語初階》§95 p.31）

形容詞，陽性詞，複數，主格。「一切諸佛」之意。此字是由(1) sarva (2) buddhās 組成。

sarva 形容 buddhās。

25-2.1 सर्व（sarva 𑖭𑖨𑖿𑖪）：同註釋 1-1-3.1。

25-2.2　बुद्धास्（buddhās 𑖤𑖲 𑖟𑖿𑖠𑖯 𑖭𑖿）

陽性詞，複數，主格。「諸佛、諸覺者」之意。

摩威 p.733b : adj. awakened;　a wise or learned man;（with Buddhists）a fully enlightened man who has achieved perfect knowledge of the truth and thereby is liberated from existence and before his own attainment of Nirvāṇa reveals the method of obtaining it,（esp.）the principal Buddha of the present age.

孔睿 p.299 : understood; one who has understood.

梵漢 p.298 : 覺，覺悟，正覺，解，聰慧，已成佛，學者，明人，覺者，如來，佛如來，世尊。

25-3.

प्रज्ञापारमिता（prajñā-pāramitā 𑖢𑖿𑖨 𑖕𑖿𑖗𑖯 𑖢𑖯 𑖨 𑖦𑖰 𑖝𑖯）→ प्रज्ञापारमिताम्（prajñā- pāramitām 𑖢𑖿𑖨 𑖕𑖿𑖗𑖯 𑖢𑖯 𑖨 𑖦𑖰 𑖝𑖯 𑖦𑖿）

陰性詞，單數，受格。（作 āśritya 的受格）

25-4.

आश्रि（√āśri-1 𑖁 𑖫𑖿𑖨𑖰）→ आश्रित्य（āśritya 𑖁 𑖫𑖿𑖨𑖰 𑖝𑖿𑖧）絕對分詞(ger.)。「依……而……」、「皈依……（之後）」之意。

所對應的藏譯是 brten nas：絕對分詞(ger.)。在古典梵文與藏文的文法書皆載：「絕對分詞」有強調「動作發生的前、後性」，故譯為「依……而……」、「皈依……（之後）」之意。

आश्रित्य（āśritya 𑖁 𑖫𑖿𑖨𑖰 𑖝𑖿𑖧）

阿題 p.368b : < √āśri 1 U., to have recourse to（ a place, way, course of action ）.

阿題 p.368b; : indec., having recourse or reference MG 179.1 : by means of.

25-5.

原形 anuttara → anuttarām 形容詞（陰性詞，單數，受格）。「無上的」之意。音譯為「阿耨多羅」。用以形容 samyaksaṃbodhiṃ「正等正覺」。所以格、性、數一致。

अनुत्तर（anuttara 𑖀𑖡𑖲𑖝𑖿𑖝𑖨）:

阿題 p.94b; : a., principal, chief, best, excellent

उत्तर（uttara 𑖄𑖝𑖿𑖝𑖨）:

阿題 p.407b.: a. upper, higher, superior, chief

此字由(1) an (2) uttara 組成。

25-5.1 अन्（an 𑖀𑖡𑖿）（承接母音 ut 的否定前置詞）

25-5.2 उद्（ud 𑖄𑖟𑖿）+ तर（tara 𑖝𑖨）→ उत्तर（uttara 𑖄𑖝𑖿𑖝𑖨）

उद्（ud 𑖄𑖟𑖿）意為「向上」，तर（tara 𑖝𑖨）為比較級，「較上的」之意。

अन्（an 𑖀𑖡𑖿）+ उत्（ut 𑖄𑖝𑖿）+ तर（tara 𑖝𑖨）比較級

अन्（an 𑖀𑖡𑖿）+ उत्（ut 𑖄𑖝𑖿）+ तम（tama 𑖝𑖦）最高級

अनुत्तर（anuttara 𑖀𑖡𑖲𑖝𑖿𑖝𑖨）是「no higher」，是用比較級表示最高級的特殊用法。「沒有比它更高的」是「比較級」，但其意義卻是「最高的」最高級表示法。（亦可參：註 27-5）

25-6.

सम्यक्संबोधि（samyaksaṃbodhi 𑖭 𑖦𑖿𑖧 𑖎𑖿𑖭𑖽 𑖤𑖺 𑖠𑖰）→
सम्यक्संबोधिम्（samyak-saṃbodhim 𑖭𑖦𑖿𑖧𑖎𑖿 𑖭𑖽𑖤𑖺𑖠𑖰𑖦𑖿）

陰性詞，單數，受格。「正等正覺」之意。音譯為 「三藐三菩提」。

此字由(1) samyk (2) saṃbodhi 組成。samyk 形容 saṃbodhi。（持業釋，副詞關係）

摩威 p.1181b : complete enlightenment.

孔睿 p.415 : full enlightenment.

梵漢 p.1122： 正覺，正等正覺，正真之道；正真道。

25-6.1　सम्यक्（samyak 𑖭𑖦𑖿𑖧𑖎𑖿）　副詞，「完成地、徹底地、正確地」之意；形容詞，「正、真實的」，音譯為「三藐」。

सम्यक्（samyak 𑖭𑖦𑖿𑖧𑖎𑖿）

阿題 p.1652b: indec., well, rightly, completely.

25-6.2　संबोधि（saṃbodhi 𑖭𑖽𑖤𑖺𑖠𑖰）　陰性詞。

「正等菩提、三菩提、正」之意。

阿題 p.1649a : f., perfect knowledge or perception.

25-7.

अभिसंबुद्धास्（abhisaṃbuddhās 𑖀 𑖥𑖰 𑖭𑖽 𑖤𑖲 𑖟𑖿𑖠𑖯 𑖭𑖿）→
अभिसंबुद्धाः(abhi-saṃ buddhāḥ 𑖀𑖥𑖰 𑖭𑖽 𑖤𑖲𑖟𑖿𑖠𑖯𑖾)（s 轉送氣音 ḥ）

過去受動分詞，陽性詞，複數，主格。「已證得、已了知、正覺、現當覺」之意。為主詞「三世的一切諸佛」之代替動詞。

अभिसंबुद्ध（abhi-saṃbuddha 𑖀𑖥𑖰 𑖭𑖽𑖤𑖲𑖟𑖿𑖠）

摩威 73b: mfn. having attained the Bodhi.

PE 71b: one who has come to the realisation of the highest wisdom, fully-awakened, attained Buddhahood :

abhi-PE 61b : prefix, next to sam- it is the most frequent modification prefix in the meaning of "very much, greatly" as the first part of a double-prefix cpd., and therefore often seemingly superfluous, i.e., weakened in meaning.... °sambuddha wide and fully-awake.

此字由(1) abhi (2) sambuddha 組成。

摩威 p.73b : deeply versed in, having attained the bodhi, buddha.

孔睿 p.65 : fully known; fully awake to.

梵漢 p.14： 覺，所覺，現覺，現等覺，現正等覺，現前等覺，得最正覺，現等正覺，現前究竟正覺，成等正覺，成最正覺；證，所證，證得，證大菩提；成佛，成至佛。

25-7.1 अभि（abhi 𑖀𑖥𑖰）：表示「方向、上方」等之前置詞。

摩威 p.61-1：（as a prefix to verbs of motion） it expresses the notion of moving or going towards, approaching; （as a prep.） to （with A.）.

梵漢 p.3：此方，近。

25-7.2 संबुध्त（saṃ-budh-ta 𑖭𑖽 𑖤𑖲𑖠𑖿𑖝）→ संबुद्ध（saṃbuddha 𑖭𑖽𑖤𑖲𑖟𑖿𑖠）→ संबुद्धास्（saṃbuddhās 𑖭𑖽𑖤𑖲

）

字根 बुद्ध्（√buddh-1 ）的過去受動分詞，陽性詞，

複數，主格。「已證悟、遍覺、成佛」之意。

26. 故知般若波羅蜜多是大神咒

तस्माज्ज्ञातव्यं प्रज्ञापारमितामहामन्त्रो

林略梵： tasmāj jñātavyaṃ prajñāpāramitā mahāmantro

林梵英： Therefore, one should know the perfection of wisdom as the great mantra,

林梵漢： 是故，應知般若波羅蜜多（是）大咒、

穆勒英： ‘Therefore one ought to know the great verse of the Prajñâpâramitâ,

林穆漢： 因此，人們應知般若波羅蜜多咒是偉大的咒，

孔睿英： Therefore one should know the prajñāpāramitā as the great spell,

林睿漢： 因此，人們應該知道般若波羅蜜多是偉大的咒、

村紀日： それゆえに人は知るべきである。智慧の完成の大いなる真言、

林村漢： 因此，大家應該知道，「智慧的完成」的大真言、

《講記》

此是引喻讚德。咒（mantra）是一般印度人所信為有極大

妙用的；印度教徒，以為誦持密咒，可以藉咒語裡的鬼神名字和祕密號令，解決人力所不可奈何的事。凡欲求福、息災、神通妙用，或利益人、或損惱人，都可從咒力中獲得。在無量的咒語中，有些效力大的，今即引為譬喻讚說般若的功德——《大般若經》意如此。所以說：「故知般若波羅蜜多，是大神咒」等。大神，喻讚般若有極大的力量；（《講記》pp.202-203）

林註釋：

26-1.

तस्मात्（tasmāt 𑖝 𑖭𑖿𑖦𑖯 𑖝𑖿）→ तस्माज्（tasmāj 𑖝 𑖭𑖿𑖦𑖯 𑖕𑖿）陽性/中性，單數，從格。

（t + j＝j + j，在起首的 j 前-t 變成 j。）cf.《MG 33》、《PG 149》、《梵語初階》§151.(4) ,p.45。

為指示代名詞 tat 的「從格」當成「副詞」使用，「由是之故」之意。

26-2.

ज्ञा（√jñā-9 𑖕𑖿𑖗𑖯）→ज्ञातव्य（jñātavya 𑖕𑖿𑖗𑖯 𑖝 𑖪𑖿𑖧）未來受動分詞(fpp.) →ज्ञातव्यं（jñātavyaṃ 𑖕𑖿𑖗𑖯 𑖝 𑖪𑖿𑖧𑖽）中性詞，單數，主格，作為動詞用。

未來受動分詞作為義務分詞，代替本句的動詞，「應當知道」之意。

ज्ञातव्य（jñātavya 𑖕𑖿𑖗𑖯 𑖝 𑖪𑖿𑖧）

阿題 $_{\text{p.744a.}}$: fpp., to be known or understood.

26-3.

महामन्त्रस्（mahā-mantras 𑖦𑖮𑖯 𑖦𑖡𑖿𑖝𑖿𑖨𑖭𑖿）→महामन्त्रो

（mahā-mantro 𑖦𑖮𑖯 𑖦𑖡𑖿𑖝𑖿𑖨𑖺），字尾 as 因後接 mahā-vidyāmantro 而變成 o。

cf.《MG 45.2.b》、《PG 118》、《梵語初階》§ 118 p.38（as + 有聲子音＝o + 有聲子音）

摩威 p.798c : any very sacred or efficacious text; a great spell.

梵漢 p.680 : 非常有效驗之咒文。

此字由(1) mahā (2) mantras（咒文、真言）組成。mahā 形容 mantras。

26-3.1　महत्（mahat 𑖦𑖮𑖝𑖿）→ महा（mahā 𑖦𑖮𑖯）形容詞。

mahat 作複合詞的前詞而變成略形 mahā-

「大，強」之意，用以修飾 mantras。

26-3.2　मन्त्र（mantra 𑖦𑖡𑖿𑖝𑖿𑖨）→मन्त्रस्（mantras 𑖦𑖡𑖿𑖝𑖿𑖨𑖭𑖿）→मन्त्रो（mantro 𑖦𑖡𑖿𑖝𑖿𑖨𑖺）（as + 有聲子音　＝o + 有聲子音）

陽性詞，單數，主格。「真言」之意。

摩威 p.785c : ‘Instrument of thought’, speech, sacred text or speech, a prayer or song of praise; a mystical verse or magical formula, incantation, charm, spell....

孔睿 p.313 : spell; talk.

梵漢 p.708 :言，語言，言語，辭，言辭，咒，咒禁，禁咒，咒術，咒語，咒論，密咒，神咒，咒術言辭，文詞咒術；明，（大）明，明咒。

阿題 p.1236a.:m., charm, spell, an incantation.

26-4.

महामन्त्र （mahā-mantra 𑖦𑖮𑖯 𑖦𑖡𑖿𑖝𑖿𑖨）《玄奘》譯為「大神咒」。藏譯本及《羅什》並無此句。《施護》譯為「廣大明」，《智慧輪》譯為「大真言」，而《法成》譯為「大密咒」。

此外，《義淨》有「大神咒」。然而，一般認為《玄奘》的對音本《唐梵對字音》p.851b 卻音譯為「大咒」（麼賀 [mahā，大] 滿怛囉 [mantra，咒]）。

《玄奘》所譯的「神」，梵、藏本及《唐梵對字音》都沒有。對於《玄奘》的這一個譯詞，筆者推為玄奘所增譯，多添了一個「神」字，或許表達玄奘對「般若波羅蜜多」不可思議神力的推崇。

26-5.

此句孔睿譯為 as，筆者認為非常恰當。原本此句漢譯中的「是」字，就有兩種解釋：一是相當於英文 be 動詞的 is，意為「它是個大（神）咒」；一是相當於英文 this，漢字意為「這個大（神）咒」。

漢譯的「是」字，另一種用法出現在藏文，是以同位格來藏譯的。類似「A 的（paḥi）B 即是 C 即是……」，可以表達為「般若波羅蜜多＝咒＝大明咒……」的譯法。

摘錄藏譯如下: śes rab kyi pha rol tu phyin paḥi sṅags / rig pa chen poḥi sṅags /…

27. 是大明咒、是無上咒、是無等等咒

महाविद्यामन्त्रो ऽनुत्तरमन्त्रो ऽसमसममन्त्रः

𑖦𑖮𑖯𑖪𑖰𑖟𑖿𑖧𑖯𑖦𑖡𑖿𑖝𑖿𑖨𑖺𑖡𑖲𑖝𑖿𑖝𑖨𑖦𑖡𑖿𑖝𑖿𑖨𑖺𑖭𑖦𑖭𑖦𑖦𑖡𑖿𑖝𑖿𑖨𑖾

林略梵：mahāvidyāmantro’ nuttaramantro’ samasamamantraḥ

林梵英：the great knowledge mantra, the unsurpassed mantra, the unequalled mantra.

林梵漢：是大明咒、是無上咒、是無等等咒，

穆勒英：the verse of the great wisdom, the unsurpassed verse, the peerless verse,

林穆漢：具大智慧的咒、至高無上的咒、無有匹敵的咒，

孔睿英：the spell of great knowledge, the utmost spell, the unequalled spell,

林睿漢：具大知識的咒、最終極的咒、無與倫比的咒，

村紀日：大いなるさとりの真言、無上の真言、無比の真言は、

林村漢：偉大悟覺的真言、無上的真言、無與倫比的真言，

《講記》

「大明（mahā-vidyā）」，喻讚般若的能破一切黑暗愚癡；「無上（an-uttara）」，喻般若為一切法門中最，沒有更過其上的。涅槃為無等法，非一切可及，而般若如涅槃，所以名為「無等等（a-sama-sama）」。《大般若經》中尚有『是一切咒王』句，喻讚般若為一切法門之王。（《講記》p.203）

林註釋：

27-1.

महाविद्यामन्त्रस्（mahā-vidyā-mantras 𑖦𑖮𑖯 𑖪𑖰𑖟𑖿𑖧𑖯 𑖦𑖡𑖿𑖝𑖿𑖨 𑖭𑖿）
→महाविद्यामन्त्रो（mahāvidyā-mantro’ 𑖦𑖮𑖯𑖪𑖰𑖟𑖿𑖧𑖯𑖦𑖡𑖿𑖝𑖿𑖨𑖺）
o + a → o + a 消失成 ’

（在起首的 a 之前的 e、o 保持不變；但 a 消失成 ’。而 o → as ；cf.《MG 21.a》、《PG 158》、《梵語初階》§158 p.46）。

此字由(1) mahā (2) vidyā (3) mantras 組成。

27-1.1 महा（mahā 𑖦𑖮𑖯） 同註釋 26-3.1。

27-1.2 विद्या（vidyā 𑖪𑖰𑖟𑖿𑖧𑖯） 陰性詞。「明、知識、學問」之意。

摩威 p.963c : knowledge, science, learning, scholarship, philosophy. cf. vetti（知）

孔睿 p.354: knowledge; lore; existence; science; secret; magical formula.

梵漢 p.1420： 慧，解，識，明了，明，術，明術，明處，五明處，明論；明咒，咒禁，咒術，明咒力。

27-1.3 मन्त्रस्（mantras 𑖦𑖡𑖿𑖝𑖿𑖨 𑖭𑖿）： 同註釋 26-3.2。

27-2.

雖然梵文的 vidyā 原本也有咒語的意義在內。仔細分析雖仍有相當差異，但筆者也常將梵文幾個皆有咒語意思的字當成同意義的：如 vidya（明），mantra（咒），dhāraṇī（總持）等三個字，筆者常將它們統一翻譯成「咒語」或「真言」。

27-2.1

在諸本《心經》中絕大多數都有「大明咒」的內容，我猜想鳩摩羅什譯的《心經》之所以名為《摩訶般若波羅蜜大明咒經》，很可能就與此段經文有關。

不過在《達賴談心經》一書中所收的《心經》內容中，卻無「大明咒」一詞，雖然絕大多數其他「藏傳廣本心經」皆有此句。讀者可參考拙著《心經集成》P372~382 中，第 118 本至第 130 本、第 158 至第 163 本及第 181 至 182 本，即可見到此現象。以數量看，藏文中有大明咒的內容占大多數。

在一行法師的「英譯略本心經」中，還有瓦桑杜格西（Kazi Dawa-Samdup）依藏本所作的英譯廣本《心經》中，也無「大明咒」一詞。

27-2.2

筆者將 “vidyā” 漢譯為「明」，英譯為 ‘knowledge’。「大明咒」一詞的英譯，一般以 ‘the great wisdom mantra’ 或 ‘the great knowledge mantra’ 為最多，讀者參考拙著《心經集成》p.372-382 即可知，「明」也有譯成 bright 及 luminous 等的。

有兩本較特別的英譯本，則直接採用梵文的 vidyā 當外來語使用，一是那體慧小姐（Jan Nattier）依梵文本所作之英譯本，另一是韋勉（Alex Wayman）之英譯本。

27-3.

अनुत्तरमन्त्रस्（anuttara-mantras 𑖀𑖡𑖲𑖝𑖿𑖝𑖨 𑖦𑖡𑖿𑖝𑖿𑖨𑖭𑖿）→ ऽनुत्तरमन्त्रो（’nuttara mantro 𑖡𑖲𑖝𑖿𑖝𑖨 𑖦𑖡𑖿𑖝𑖿𑖨𑖺）（as + a = o + ’ cf.《MG 21.a》、《PG 158》、《梵語初階》§158 p.46)。

此字由(1) anuttara (2) mantras 組成。

27-3.1 **अनुत्तर**（anuttara 𑖀𑖡𑖲𑖝𑖿𑖝𑖨）梵音「阿耨多羅」。

摩威 p.33a : chief, principal; best, excellent.

孔睿 p.31 : utmost; without anything above it; unsurpassed; supreme; the highest.

梵漢 p.121：勝，最勝，殊勝；踰，無上，最上。

此字可再分解為(1) an (2) uttara。

27-3.1.1 **अन्**（an 𑖀𑖡𑖿）:（連接母音之否定的接頭詞）

27-3.1.2 **उत्तर**（uttara 𑖄𑖝𑖿𑖝𑖨）

ud 意為「向上」。tara 為比較級，「較上的」之意。（亦參同註釋: 25-5.）

27-3.2 **मन्त्रस्**（mantras 𑖦𑖡𑖿𑖝𑖿𑖨𑖭𑖿）：同註釋 26-3.2。

27-4.

अनुत्तर（anuttara 𑖀𑖡𑖲𑖝𑖿𑖝𑖨）形容詞，「無上的、至高無上的」，用以修飾 mantras。筆者較偏好將 anuttara 英譯為 unsurpassed。（亦參同註釋: 25-5.）

27-5.

अनुत्तर（anuttara 𑖀𑖡𑖲𑖝𑖿𑖝𑖨）是‘no higher’，是用比較級表示最高級的特殊用法。「沒有比它更高的」是「比較級」，但其意義都是「最高的」最高級表示法。

英文的高，更高，最高是：high, higher, highest。梵文的高，比較級和最高級的用法：

अन्（an 𑖀𑖡𑖿）+ **उत्**（ut 𑖄𑖝𑖿）+ **तर**（tara 𑖝𑖨）比較級

अन्（an 𑖀𑖡𑖿）+ **उत्**（ut 𑖄𑖝𑖿）+ **तम**（tama 𑖝𑖦）最高級

亦參同註釋: 25-5.

27-6.

मन्त्रो असमसममन्त्रस्（mantro asamasama-mantras 𑖦𑖡𑖿𑖝𑖿𑖨𑖺 𑖀𑖭𑖦𑖭𑖦 𑖦𑖡𑖿𑖝𑖿𑖨𑖭𑖿）→मन्त्रस् ऽसमसमन्त्रः(mantras 'samasa-mantraḥ 𑖦𑖡𑖿𑖝𑖿𑖨𑖭𑖿 𑖭𑖦𑖭𑖦 𑖡𑖿𑖝𑖿𑖨𑖾)

o+ a → o + a 消失成 ’ 。

（在起首的 a 之前的 e、o 保持不變；但 a 消失成 ’ 。而 o → as） cf.《MG 21.a》、《PG 158》、《梵語初階》§158 p.46。

此字由(1) asamasama (2) mantras 組成。

27-6.1 असमसम（asamasama 𑖀𑖭𑖦𑖭𑖦）

सम（sama 𑖭𑖦）是「等、相等」; a-sama 是「無等、不相等」。

阿題 p.1628a : a., same, identical, equal.

असमसम（a-samasama 𑖀 𑖭𑖦𑖭𑖦）有幾種解釋法：

一、強調性用法，也就是用兩次的 sama，sama 來表示「強調」，意思仍是「等」，所以 asamasama 在意思上仍是無等（asama），雖然形式上變成無等等（asamasama）。

二、將 asama-sama 當成二個字，前一字是「無等」，後一字是「等於」，二字合起而為「等於無等的」，或「等於無與其相等的」之意，用較通順的漢語可解釋成「無與倫比的」、「無與之相等的」之意。

有些學者在解釋《心經》時就是用這種說法而英譯為「equalled to unequal」（asama-sama 或 sama a-sama），漢字可直譯成「等無等」。

असमसम（a-samasama 𑖀 𑖭𑖦𑖭𑖦）形容詞。「無

等等、無與倫比」之意。此字用以修飾 mantras。

समसम（samasama སམ་སམ）

梵漢 p.1080：齊等，平等，平正，等等，相當，與等者，平等平等，度量相當。

因為 a-sama-sama 原語意譯僅是「無等」，或「無與倫比」的意思。照理說僅譯成「無等」也就夠了，但漢譯經典《羅什》、《玄奘》、《法月》、《般利》、《智慧輪》、《法成》、《施護》皆譯為「無等等」。漢譯上的慣例譯語「無等等」是「字面直譯」，如同藏譯 mi mñam pa daṅ mñam pa 也是直譯語。

玄奘譯經以忠於原文出名，與羅什之以意譯為主有相當大的差別；因此筆者以為他可能是首先見到《羅什》譯語、再參酌原梵文 asamasama。此字雖與 asama（無等）意思相同，梵文原文卻是 asamasama，而非 asama。筆者個人大膽推測，或許，為了表示此處的原文是 asamasama，於是依梵文字面創造出不太合漢文使用規則的「無等等」一詞。由於語文是約定俗成的潛移默化，多年之後大家逐漸接受習慣這個名詞，也因此成為漢譯的慣例譯語「無等等」吧！

臺語中有很多這種第二、三字相同的形容詞組成的疊字，如：「白拋拋」、「幼麵麵」……，國語中也有「靜悄悄」、「黑漆漆」等……。不知此等疊字的用法與梵文 asamasama（無等等），有關連否？

「新創的詞」或用法，在數年或數百數千年後，自然變成漢文可接受的慣例譯語，後代的人也甚至將它當成本來就屬漢文標準用法。在《心經》的第 7 句之「色不異空，空不異色」也是個字面直譯的例子。

27-6.2　मन्त्रस्（mantras 𑖦𑖡𑖿𑖝𑖿𑖨𑖭𑖿）：同註釋 26-3.2。

28. 能除一切苦

सर्वदुःखप्रशमनः।

𑖭𑖨𑖿𑖪 𑖟𑖲𑖾𑖏 𑖢𑖿𑖨𑖫𑖦𑖡𑖾

林略梵： sarvaduḥkha-praśamanaḥ,

林梵英： It pacifies all suffering.

林梵漢： 能使一切苦滅除，

穆勒英： which appeases all pain－

林穆漢： 止息一切苦，

孔睿英： Allayer of all suffering,

林睿漢： 是一切苦的滅除者，

村紀日： すべての苦しみを鎮めるものであり、

林村漢： 即是滅除一切苦惱的（真言）、

《講記》

印度人誦咒，不外為了除苦得樂，今此般若依之可以離生死苦，得涅槃樂。離一切苦，得究竟樂，所以說：「能除一切苦（sarva-duḥkha-praśamanas），真實不虛（satyam a-mithyatvāt）」。菩提薩埵以下，即總標度一切苦厄的解說。此下，《大般若經》中缺。（《講記》p.203）

林註釋：

28-1.

सर्वदुःखप्रशमनस्（sarvaduḥkha-praśamanas 𑖭 𑖨𑖿𑖪 𑖟𑖲𑖾𑖏 𑖢𑖿𑖨 𑖫 𑖦 𑖡 𑖭𑖿）→ सर्वदुःख प्रशमनः（sarvaduḥkha-praśamanaḥ 𑖭 𑖨𑖿𑖪 𑖟𑖲𑖾𑖏 𑖢𑖿𑖨 𑖫 𑖦 𑖡𑖾）+ सत्यम्（satyam 𑖭 𑖝𑖿𑖧 𑖦𑖿）

（cf.《MG 27, 43》、《PG 95》、《梵語初階》§ 95 p.31：字尾-s 遇下一字開頭為 k、kh、p、ph、ś、ṣ、s 時，-s→-ḥ）。

sarvaduḥkha-praśamanas，「滅除一切苦」之意，是依主釋（業格關係）。

本字由 (1) sarva (2) duḥkha (3) praśamana 組成一個複合詞。

28-1.1　सर्व（sarva 𑖭𑖨𑖿𑖪）：同註釋 1-1-3.1。

28-1.2　दुःख（duḥkha 𑖟𑖲𑖾𑖏）：同註釋 19-1.。

सर्वदुःख（sarva-duḥkha 𑖭𑖨𑖿𑖪 𑖟𑖲𑖾𑖏）組成一個複合詞。譯為「一切苦」，是持業釋（所有格關係）。

28-1.3　प्रशमन（praśamana 𑖢𑖿𑖨 𑖫 𑖦 𑖡）→ प्रशमनः（praśamanaḥ 𑖢𑖿𑖨 𑖫 𑖦 𑖡𑖾）　陽性詞，單數，主格。作為形容詞用，「止息的、使止息的」之意。

摩威 p.695a：tranquilizing, pacifying. cf. praśāmyati.
孔睿 p.289：allayer (Hr.) ; appeasing.
梵漢 p.931：除，滅，除滅，息除，息滅，能滅。

此字可再分解為(1) pra (2) śamana-（除）。

28-1.3.1　प्र（pra 𑖢𑖿𑖨）　前置詞「向前、向外、forth」

之意。

28-1.3.2　**शमन**（śamana 𑖫𑖦𑖡）　「除滅」之意。

शम（śama 𑖫𑖦）

阿題 p.1628a：a., same, identical, equal.

प्रशमन（praśamana 𑖢𑖿𑖨𑖫𑖦𑖡）

阿題 p.1113a：a., calming, tranquilization, cessation.

28-2.

雖然近乎漢譯為「苦」的梵文 duḥkha，也有不少學者直接取之用於英文，理由是英文的 suffer 並不能完全表達 duḥkha 的含義，但筆者覺得孔睿所用的 suffer 做 duḥkha 之英譯，也已有很多人接受，所以本書跟著他的用法將此字英譯為 suffer。

28-3.

有不少版本尤其是藏傳的譯本，其對應的藏譯本句皆做「是能除一切苦的咒」。本書的藏譯亦同。

29. 真實，不虛故

सत्यममिथ्यत्वात् ॥

𑖭𑖝𑖿𑖧𑖦𑖿 𑖀𑖦𑖰𑖞𑖿𑖧𑖝𑖿𑖪𑖯𑖝𑖿

林略梵：satyam amithyatvāt.

林梵英：Since it is not false, it is truth.

林梵漢：由於不虛假之故，（是）真實的。

穆勒英：it is truth, because it is not false —

林穆漢：這是真實的，因為它不虛假，

孔睿英： in truth — for what could go wrong？
林睿漢： 這是真實的，因為那有可能會錯?
村紀日： 偽りがないから真実であると。
林村漢： 因為不虛偽，所以是真實的。

林註釋：

29-1.

सत्य（satya 𑖭𑖝𑖿𑖧）→ सत्यम्（satyam 𑖭𑖝𑖿𑖧𑖦𑖿） 中性詞，單數，主格。「真實」之意。

作為主詞「般若波羅蜜多」的賓詞。

सत्य（satya 𑖭𑖝𑖿𑖧）：

摩威 p.1135c : true; truth, reality.

孔睿 p.397 : true reality; truth; true.

梵漢 p.1158： 真，實，諦。

29-2.

अमिथ्यात्व（a-mithyātva 𑖀𑖦𑖰𑖞𑖿𑖧𑖯𑖝𑖿𑖪）→ अमिथ्यात्वात्（a-mithyātvāt 𑖀𑖦𑖰𑖞𑖿𑖧𑖯𑖝𑖿𑖪𑖯𑖝𑖿） 中性詞，單數，從格。

「由於不虛假之故」的意思。

摩威 p.81c : amithyā＝ not falsely, truthfully.

摩威 p.817c: mythyatva-（中性名詞＝ falsity, unreality.）

孔睿 p.69 : nothing can go wrong (Hr.)

梵漢 p.77： 不虛，無倒，無虛妄。

此字可再分解為(1) a 及 (2) mithyā。

29-2.1 अ（a- 𑖀（否定之接頭詞）

29-2.2 मिथ्या（mithyā 𑖦𑖰𑖞𑖿𑖧𑖯）副詞，「虛假地、不真

實地、虛妄」之意。

摩威 p.817-1: falsity, unreality.

孔睿 p.322 : wrongness.

梵漢 p.731: 邪，邪妄，邪謬，邪執，虛妄。

मिथ्यात्व（mithyātva 𑖦𑖰𑖞𑖿𑖧𑖯𑖝𑖿𑖪）

阿題 p.1270b : n., falsity, unreality, illusion, error.

29-3.

通常英文是必須有完整的句子才能表達完整意義的語言，自此角度看，有時對文意的掌握與瞭解，大概會不如漢文與日文。

漢文可在「不虛」之後加個「故」成為「不虛故」，而自肯定敘述變成表示條件或理由，日文也可在字或句尾加「から」而達到類似的效果，正式的英文大概得用較長較完整的句子如 It is due to 等才能表達。

梵文的這種只在字尾做個小變化就改變意義的方式，可能用漢文或日文較易瞭解。

29-4.

此句若從穆勒先生的說法，可解釋成「不虛故」。從漢譯的各個版本來看，這一句譯為「真實不虛」、或「真實不虛故」。如此的漢譯，往往讓讀者意解為「因真實之故，是不虛假的」或「由於真實不虛假的緣故」。

但從梵藏諸本的對讀，可以更清楚地掌握經典語彙所表達的是「因不虛之故，是真實的」。

本句梵文是“ satyam amithyatvāt ”，其意涵為：「由於不虛假之故，(是)真實的」。藏譯為：“ mi rdzun pas na bden par śes par bya ste / ” 意思是：「由於不虛

假之故，所以應當了解是真實的」。藏譯合於梵文的意涵，但此處藏譯較梵文多解釋出一句——śes par bya（應當了解）。

藏譯是「由於不虛假之故，所以應當了解是真實的」。如果僅由漢譯「真實不虛」或「真實不虛故」，往往並不能掌握經典語彙真正意趣的所在了。

30. (故)說般若波羅蜜多咒

प्रज्ञापारमितायां उक्तो मन्त्रः।

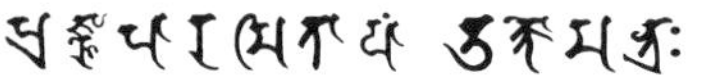

林略梵： prajñāpāramitāyāṃ ukto mantraḥ,

林梵英： The mantra is proclaimed in the perfection of wisdom,

林梵漢： 於般若波羅蜜多中而說咒，

穆勒英： the verse proclaimed in the Prajñâpâramitâ :

林穆漢： 於般若波羅蜜多中說出此咒；

孔睿英： By the Prajñāpāramitā has this spell been delivered.

林睿漢： 藉著般若波羅蜜多，說出此咒。

村紀日： その真言は、智慧の完成において

林村漢： 在『智慧的完成』中，

《講記》

此為鈍根人巧說般若。愚癡眾生，聽聞般若，每不易信

受，反生毀謗。這因為深觀妙果，過於高上，卑劣眾生是不敢希求的；尤其是眾生一向執有，今聞經中一再說空，與他們本心相違，極難信受。般若法門，由此即不易弘傳。大概佛滅五百年後，特別是在千年以後，佛法為了適應時機，採取通俗路線，或是迎合低級趣味。因為這樣，才容易使世人信受。所以印度的後期佛教，為了適合當時印度人的口味，大乘經中都附有密咒。千年以後，密教更不斷高揚。這不失為方便適化之一，如近人說法，每論及近代思想，雖所說的不盡合佛義，也每每引起近代學者對於佛法的好感。同時，人們的思想是散亂的，而般若慧是要從靜定中長養起來，此密咒不加以任何解說，一心持誦，即能使精神集中而達心專一境的定境，也可為引發智慧的方便。這種方便，佛法裏還不只一種，如讀經、禮佛、念佛等皆是。（《講記》pp.203-204）

林註釋：

30-1.

प्रज्ञापारमिता（prajñā-pāramitā 𑖢𑖿𑖨𑖕𑖿𑖗𑖯 𑖢𑖯𑖨𑖦𑖰𑖝𑖯）→ प्रज्ञापारमितायां(prajñā- pāramitāyāṃ 𑖢𑖿𑖨𑖕𑖿𑖗𑖯 𑖢𑖯𑖨𑖦𑖰𑖝𑖯𑖧𑖯𑖽) 陰性詞，單數，位格。「於般若波羅蜜多中」之意。

प्रज्ञापारमिता（prajñā-pāramitā 𑖢𑖿𑖨𑖕𑖿𑖗𑖯 𑖢𑖯𑖨𑖦𑖰𑖝𑖯） 同註釋 1-4.1。

30-2.

वच्（√vac-2 𑖪𑖓𑖿）→ उक्त（uk-ta 𑖄𑖎𑖿 𑖝）→ उक्तस्（uktas 𑖄𑖎𑖿𑖝𑖭𑖿）→ उक्तो（ukto 𑖄𑖎𑖿𑖝𑖺） 字尾 as 因後接 mantras 而變成 o。

（cf.《MG 45.2.b》、《PG 118》、《梵語初階》 § 118 p.38：as +有聲子音＝o+有聲子音）

ukta 為 vac 的過去受動分詞；陽性詞，單數，主格。代替動詞，意為「已被說」。

वच्（√vac 𑖪𑖓𑖿）：

摩威 p.912a : speak, tell, announce, proclaim, recite, describe。

梵漢 p.1364: 名、說、言。

उक्त（ukta 𑖄𑖎𑖿𑖝）：

摩威 p.171c : uttered, said, spoken; （中性名詞） word, sentence. cf. vivakti（言）

孔睿 p.119 :（has been called）; spoken of; one speaks of; said;（as） thought.

梵漢 p.1326 ：云，謂，言，告，名，白言，說，已說，宣說。

阿題 p.1379b : ppp. [< √vac 2 P., to say.]

阿題 p.1330b : said.

30-3.

मन्त्रस्（mantras 𑖦𑖡𑖿𑖝𑖿𑖨𑖭𑖿）→**मन्त्रः**（mantraḥ 𑖦𑖡𑖿𑖝𑖿𑖨𑖾）（s 句尾轉送氣音 ḥ）

मन्त्रस्（mantras 𑖦𑖡𑖿𑖝𑖿𑖨𑖭𑖿）同註釋 26-3.2。

31. 即說咒曰

तद्यथा

𑖝𑖟𑖿𑖧𑖞𑖯

林略梵： tad yathā:
林梵英： It runs like this:
林梵漢： 即說咒曰：
穆勒英： ---（無）---
林穆漢： ---（無）---
孔睿英： It runs like this:
林睿漢： 咒語如下：
村紀日： 次のように說かれた。
林村漢： 說出真言如下：

林註釋：

31-1.

तद्यथा（tad yathā ） 意為「即說咒曰」，梵音「怛姪他」。

摩威 p.841c : as here follows.
孔睿 p.187 : that is.
梵漢 p.1266 : 譬如。

31-1.1　**तत्**（tat ）→**तद्**（tad ）（t＋ 有聲子音 ＝ d＋ 有聲子音）cf.《MG 32.a》、《PG 148》、《梵語初階》§148 p.44。

tat 中性詞，單數，主格。指「彼（說）」。同註釋 4-4. 。

31-1.2　**यथा**（yathā ） 副詞。「如、像」之意。

摩威 p.841b :（correlative of tathā）in which manner, according as, as, like.
梵漢 p.1507 ： 如，如是，如此，如理，如道理，如何，如……即如，若如，譬如；猶；謂；隨。

阿題 p.1300b : indec., namely, as follows.

31-2.

梵文‘tadyatha’，藏音譯為ཏ་དྱ་ཐ（ta-dya-tha），常聽到藏人讀為ཏད་ཡ་ཐ（te-ya-tha）。這種因藏文拼音習慣造成梵文咒音差異的類似例子，還有常見於〈六字大明咒〉的 padma 常被念成 pe-ma。

請參考：藏文《心經》註釋 31-2.的詳細解說。

31-3.

照理說此字僅翻成「咒曰」可能會更恰當。但玄奘譯的「即說咒曰」也很好。一千多年來大家都習慣「即說咒曰」了，因此筆者也譯為「即說咒曰」。

32. 揭諦！揭諦！般羅揭諦！般羅僧揭帝！菩提僧莎訶

गते गते पारगते पारसंगते बोधि स्वाहा ॥

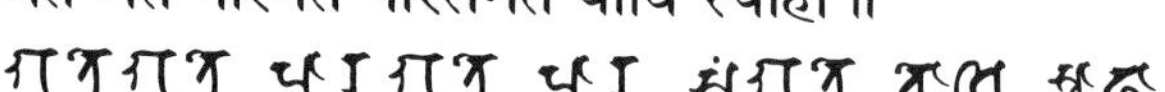

林略梵：gate gate pāragate pāra-saṃgate bodhi svāhā.

林梵英：Gone! Gone! Gone beyond! Gone altogether beyond! Bodhi Svaha!

林梵漢：「揭諦　揭諦　波羅揭諦　波羅僧　揭諦　菩提娑婆訶　（去吧！去吧！　向彼岸去吧！全向彼岸去吧！菩提！莎訶！）」

穆勒英：O Wisdom, gone, gone, gone to the other shore, landed at the other shore, Svâhâ!'

林穆漢：唵！智慧！超越，超越，超越到彼岸，抵達彼岸，莎訶！

孔睿英：GONE, GONE, GONE BEYOND, GONE ALTOGETHER BEYOND, O WHAT AN AWAKENING, ALL HAIL!

林睿漢：超越！超越！超越過去了！一起都超越過去了！喔！好一個悟覺！萬福！

村紀日：ガテー　ガテー　パーラガテー
パーラサンガテー　ボーディ　スヴァーハー
（往ける者よ、往ける者よ、彼岸に往ける者よ、彼岸に全く往ける者よ、さとりよ、幸あれ。）

林村漢：「『gate（能去的人啊！）gate（能去的人啊！）
pāragate（能向彼岸去的人啊！）
pāra-saṃgate（能完全向彼岸去的人啊！）
bodhi（悟覺吧！）svāhā.（祝福你們！）』」

《講記》

如從慧悟說：密咒不可解說，而解說起來，實與教義一致。如「揭諦（gate）」是去義，「波羅（pāra）」是到彼岸義，「僧（saṃ）」是眾義，「菩提（bodhi）」是覺義，「薩婆訶（svāhā）」是速疾成就義。綜合起來，即是：去啊！去啊！到彼岸去啊！大眾都去啊！願正覺的速疾成就！這末一句，類似耶教禱詞中的阿們，道教咒語中的如律令。《心經》的從《般若經》節出而單獨流行者，為了引令鈍根人生信得定等，所以以度脫一切苦厄的波羅蜜，作成密咒的形式而附以「是大神咒」等之後。如解了咒意，這不過以大家同脫苦厄，同得菩提的願望為結論而已。(《講記》p.204-205)

林註釋：

32-1.

गत（gata 𑖐𑖝）→ गते（gate 𑖐𑖝𑖸）陰性詞，單數，位格。由於是過去受動分詞，此處作形容詞用，「已去的、已完成的」之意。字根為√gam 的過去受動分詞 gata，「已行去」之意。

摩威 p.347a : gata ＝ gone, gone away, departed.

孔睿 p.163 : gone（to）; reached.

梵漢 p.452 : 行，已行；往；詣，咸詣；至，到，已到；入；涉；趣；住；在，住在，附在，處在，悉在；處，處於；居，遊居；止，住止；於中；了；徹；通達；證。

阿題 p.648b.: gone, departed, gone for ever.

有些《心經》在揭帝（Gate）之前有個「唵（Oṃ）」字，不過通行本及大部分的略本心經都無此字，大概藏語系或密教系的《心經》較會加「唵（Oṃ）」字」。

32-2.

पारगत（pāra-gata 𑖢𑖯𑖨 𑖐𑖝）→ पारगते（pāra-gate 𑖢𑖯𑖨 𑖐𑖝𑖸） 陰性詞，單數，位格。由於是過去受動分詞，此處作形容詞用，「已行去彼岸的、已完成事業的」之意。

摩威 p.619b : one who has reached the opposite shore;

passed over in safety.

孔睿 p.259 : one who has gone beyond.

梵漢 p.841 ： 度，越度，超，到彼岸，度彼岸，窮邊際，究竟。

此字由(1) pāra (2) gata 組成。

पार（pāra 𑖢𑖯𑖨）

摩威 p.619b ： adj. bringing across; （中性名詞）the further bank or shore, the opposite side, the utmost reach or fullest extent.

孔睿 p.259 : the shore beyond; the beyond of; beyond; yonder shore.

梵漢 p.840： 彼岸，彼邊，尖邊，究竟。

32-3.

पारसंगत（pāra-saṃgata 𑖢𑖯𑖨 𑖭𑖽𑖐𑖝）→ **पारसंगते**（pāra-saṃgate 𑖢𑖯𑖨 𑖭𑖽𑖐𑖝𑖸）

陰性詞，單數，位格。由於是過去受動分詞，此處作形容詞用，「遍已行去彼岸的、遍超越彼岸的」之意。

唐圓測《般若波羅蜜多心經贊》（T33，p.552）疏解為「第三（本註釋 32-3）、四句（本註釋 32-4）如次應知歎僧（saṃ）及佛（bodhi）矣！」可見其不知梵文而被歷來的翻譯家所音譯的「僧（saṃ）」誤導了。

此字是由(1) pāra (2) saṃ (3) gata 組成的複合詞。

पार（pāra 𑖢𑖯𑖨）：同註釋 32-2.1。

सम्（sam 𑖭𑖦𑖿）→ **सं**（saṃ 𑖭𑖽）（鼻音化）同註釋 19-2.1　。

गत（gata 𑖐𑖝）：同註釋 32-1.。

32-4.

बोधि स्वाहा（bodhi- svāhā 𑖤𑖺𑖠𑖰 𑖭𑖿𑖪𑖯𑖮𑖯）

बोधि（bodhi 𑖤𑖺𑖠𑖰） 陰性詞。同註釋 2-2.1。

32-5.

स्वाहा（svāhā 𑖭𑖿𑖪𑖯𑖮𑖯）不變化詞。「娑婆訶、究竟、成就」之意。

摩威 p.1284c : hail! hail to! may a blessing rest on!

梵漢 p.1252 : 安定，侵地界。

阿題 p.1743b : indec. an exclamation used in offering oblation to the gods （with D.）.

〈大悲咒〉中，「娑婆訶」一共使用了十四次。此字梵文是 svāhā，其語源根據鈴木勇夫的研究，有下面三種可能：

一、「sva-dha」這個「祝福語」的姊妹語。

二、su + aha。su 有好（good）、正確（right）、完全（thoroughly）等意思，aha 是說完了，合起來可解釋成「以上所念的咒，到這裏已完全好好地、正確地說完了」，因此，就放在真言的最後面當祈禱結尾語。

三、su + abha。su 是好，abha 是光。

田久保周譽與有賀要延的看法是：

svāhā 是自吠陀以來咒文就常見的慣用語，佛教也跟著採用。在佛教的咒語用法裏，這個字現在已被定型為附在真言最後面的結尾語，漢譯多半譯為「成就、吉祥、圓滿」。

據不空在《仁王護國般若波羅蜜多經陀羅尼念誦儀軌》裏的解釋說：「娑婆訶的意義有成就、吉祥、圓寂、息災、增益、無住等等。」所謂無住是證入無住涅槃。

娑婆訶（svāhā）一詞在古印度的梨俱吠陀及奧義書中已有記載，它是個不變化詞，也就是說它不因性別、人稱及時式而改變，是手捧要給諸神的供物時使用的「感嘆詞」。當陰性名詞時，它有「供物」。另一個由此再引申出的意為「將此字再人格化，變成火神 agni 的妻子的名字」，其含意是這些「供物」的「管理者」。

svāhā 的語源，也有另一種解釋說是 su + ādhā，原來意為「好好地放置」，也即「好好地把要放入火中的供物整理放置好」，使用一段時間以後，其意義變成「手捧供物要放入火中，口裏呼叫火神的名字時的一個異稱」，後來又變成祈禱時對火神使用的一個「神聖詞」。語言隨歷史演變，它與原來的語義已幾乎沒有關聯，到後來，此字更被引用到火神以外的其它諸神，乃至所有咒語中也都使用。這種說法的根據是自 ādhā 變化來的 ādhātṛ 一字是祭典中「將聖火點燃的人」。

可詳參：塚本善隆等編《望月仏教大辭典》（1936，pp.3160c-1b）

以上所述，相信有些讀者仍無法瞭解「娑婆訶」的真正意義，若引本句（32.）　印順導師《講記》對本句的解說：

「薩婆訶這一句，類似耶教禱詞中的『阿門』，道教咒語中的『如律令』。」

這應該是向現代人解釋「娑婆訶」時，最簡單而且最容易明瞭的解釋法吧！

32-6.

本標題 32.是依現在學術界最通用的方式，取於《大正藏》，而《大正藏》主要取自《高麗藏》。一般通行本「般若」寫做「波若」，而「僧莎訶」寫做「娑婆訶」。我們為了看《高麗藏》的字體，親自到韓國「海印寺」拍下原來木刻版，收在本書前面「相片」中。

33. 般若波羅蜜多心經

इति प्रज्ञापारमिताहृदयसुत्रं समाप्तम् ॥

𑖂𑖝𑖰 𑖢𑖿𑖨𑖕𑖿𑖗𑖯𑖢𑖯𑖨𑖦𑖰𑖝𑖯 𑖮𑖴𑖟𑖧 𑖭𑖲𑖝𑖿𑖨𑖽 𑖭𑖦𑖯𑖢𑖿𑖝𑖦𑖿

林略梵： iti Prajñāpāramitā-hṛdaya-sūtraṃ samāptam.
林梵英： Thus ends the Heart of the Perfection of Wisdom.
林梵漢： 以上般若波羅蜜多心經圓滿。
穆勒英： Thus ends the heart of the pragñâpâramitâ.
林穆漢： 如是般若波羅蜜多心圓滿。
孔睿英： ---（無）---
林睿漢： ---（無）---
村紀日： ここに、智慧の完成の心が終つた。
林村漢： 於此，「智慧的完成之心」完畢。

林註釋：

33-1.

इति（iti 𑖂𑖝𑖰） 

摩威 p.165a : in this manner, thus.
梵漢 p.512 : 然；如是，此是，如此；言；前說　；相。

प्रज्ञापारमिताहृदय（prajñāpāramitā-hṛdaya 𑖢𑖿𑖨𑖕𑖿𑖗𑖯𑖢𑖯𑖨𑖦𑖰𑖝𑖯𑖮𑖴𑖟𑖧）　同註釋 1-4.1 及註釋 1-5.。

33-2.

समाप्त（samāpta 𑖭𑖦𑖯𑖢𑖿𑖝）→ समाप्तम्（samāptam 𑖭𑖦𑖯𑖢𑖿𑖝𑖦𑖿）過去受動分詞。「已圓滿結束」之意。

samāpta 由(1) sam (2) āpta 組成。

摩威 p.1611a : completely obtained or attained or reached, concluded, completed, finished, ended.
梵漢 p.1079 : 竟；入，得；罷；圓滿；都盡；已周。
阿題 p.1635a : ppp., finished, concluded, completed.

33-2.1　sam：同註釋 19-2.1。

33-2.2　字根 āp →āpta

過去受動分詞。「已得、完結」之意。

摩威 p.142-2 : reached, obtained.
梵漢 p.127 : 到達，獲得。

第四章

藏文心經逐句註釋

1. 經名：

(1) 以藏文音譯梵文經名

林藏格： རྒྱ་གར་སྐད་དུ། བྷ་ག་བ་ཏཱི་པྲ་ཛྙཱ་པཱ་ར་མི་ཏཱ་ཧྲི་ད་ཡ།（rgya gar skad du / *Bhagavatī-prajñā-pāramitā -hṛdaya* /）

林藏漢： 以印度語（說，是）《薄伽梵母般若波羅蜜多心經》。

林註釋：

(1-1).

བྷ་ག་བ་ཏཱི་པྲ་ཛྙཱ་པཱ་ར་མི་ཏཱ་ཧྲི་ད་ཡ 羅馬轉寫為 “Bhagavatī pra-jñā pāramitā hṛdaya”，係將梵文（即所謂的「印度語」）Prajñāpāramitā-hṛdaya-sūtra《般若波羅蜜多心經》音譯為《薄伽梵母般若波羅蜜多心經》，較梵文略本很明顯增譯了བྷ་ག་བ་ཏཱི（Bhagavatī），此梵文字為「薄伽梵母」，漢文直譯即指「佛母」之意。

བྷ་ག་བ་ཏཱི（Bhagavatī）：陰性名詞，佛母。

(1-1-1).

藏文解析如下：

རྒྱ་གར（rgya gar）：印度。名詞。

སྐད（skad）：話，語。名詞。

རྒྱ་གར་སྐད（rgya gar skad）：印度語。名詞。印度語，在此指梵文。

རྒྱ་གར་སྐད་དུ（rgya gar skad du）：以印度語（說）。副詞片語。

དུ（du）：以、用。位格質詞（LOP）。使用於藏文後加、再後加字母 ṅa、da、na、ma、ra、la 之後。

(2) 以藏文直譯經名

林藏格： བོད་སྐད་དུ། བཅོམ་ལྡན་འདས་མ་ཤེས་རབ་ཀྱི་ཕ་རོལ་ཏུ་ཕྱིན་པའི་སྙིང་པོ།（bod skad du / *Bcom ldan ḥdas ma śes rab kyi pha rol tu phyin paḥi sñiṅ po /*）

林藏漢： 以西藏語（說，是）bcom ldan ḥdas ma śes rab kyi pha rol tu phyin paḥi sñiṅ po（《佛母般若波羅蜜多心經》）。

林註釋：

(1-2).

梵文原文的 "Prajñāpāramitā-hṛdaya-sūtra"《般若波羅蜜多心經》，藏文直譯為བཅོམ་ལྡན་འདས་མ་ཤེས་རབ་ཀྱི་ཕ་རོལ་ཏུ་ཕྱིན་པའི་སྙིང་པོ（Bcom ldan ḥdas ma śes rab kyi pha rol tu phyin paḥi sñiṅ po）《佛母般若波羅蜜多心經》。是故，

較梵文略本還是增譯了 བཅོམ་ལྡན་འདས་མ（Bcom ldan ḥdas ma），此藏文字為「薄伽梵母」，漢文直譯為「佛母」之意。實際上不同藏文之藏經版本記述各有不同。

བཅོམ་ལྡན་འདས་མ（Bcom ldan ḥdas ma）：陰性名詞，佛母，梵文為 Bhagavatī。

(1-2-1).

在梵文原文中，沒有對照的藏文字，如下：

བོད（bod）：名詞。西藏。

སྐད（skad）：名詞。語，話。

བོད་སྐད（bod skad）：名詞。西藏語。

བོད་སྐད་དུ（bod skad du）：以西藏語（說）。

དུ（du）：以、用。位格質詞（LOP）。使用於藏文後加、再後加字母 ṅa、da、na、ma、ra、la 之後。

為索引「第三章梵文心經逐句對照與註釋」的梵文，以下註釋相同的梵、藏字，將會配合相同的「字彙條碼」。

1-4.

བཅོམ་ལྡན་འདས་མ་ཤེས་རབ་ཀྱི་ཕ་རོལ་ཏུ་ཕྱིན་པའི་སྙིང་པོ（Bcom ldan ḥdas ma śes rab kyi pha rol tu phyin paḥi sñiṅ po）：《佛母般若波羅蜜多心經》。

བཅོམ་ལྡན་འདས་མ（Bcom ldan ḥdas ma）：*Bhagavatī*，陰性名詞，佛母。逐字說明如下：

1-4.1 ཤེས་རབ་ཀྱི་ཕ་རོལ་ཏུ་ཕྱིན་པ（śes rab kyi pha rol tu phyin pa）藏譯梵文的「prajñā-pāramitā（般若波羅蜜多

)」。可意譯為「智慧到彼岸」、「智慧的完成」。

1-4.1.1 ཤེས་རབ（śes rab）：梵文「prajñā（般若，智慧）」。名詞。

ཀྱི（kyi）：的。屬格助詞，用於藏文後加、再後加字母 da、ba、sa 三後音之後。

1-4.1.2.1

ཕ་རོལ（pha rol）：梵文「pāra（彼岸）」。名詞。

ཏུ（tu）：業格質詞（LOP），表移動的目的地。作 phyin pa 的對象，用於 ga、ba、da 之後。相當於日文「を」助詞。

1-4.1.2.2

ཕྱིན་པའི（phyin paḥi）：梵文「itā」。去的，到達的。動詞轉作形容詞，用以修飾 sñiṅ po。

འི（ḥi）：的。屬格助詞，用於 ḥa 後音及無後音者（即無後加字母，mthaḥ med）之後。

1-5.

སྙིང་པོ（sñiṅ po）：梵文「hṛdaya（心，精要）」。名詞。

ཤེས་རབ་ཀྱི་ཕ་རོལ་ཏུ་ཕྱིན་པའི（śes rab kyi pha rol tu phyin paḥi）：般若波羅蜜多的、智慧完成的。修飾 སྙིང་པོ（sñiṅ po）心要。

依據古典藏文文法，附加屬格助詞 འི（ḥi）在帶有語尾詞的動詞轉用為動名詞之形容詞時，置於所修飾名詞 སྙིང་པོ（sñiṅ po）的前面。

(3) 藏文經名之後記錄卷數

林藏格： བམ་པོ་གཅིག་གོ།།（bam po gcig go//）

林藏漢： 一卷。

林註釋：

(1-3).

藏文較梵文略本增譯了 བམ་པོ་གཅིག་གོ（bam po gcig go）。

(1-3-1).

བམ་པོ་གཅིག་གོ（bam po gcig go）一卷

བམ་པོ（bam po）：卷

གཅིག（gcig）：一

གོ（go）：完結助詞。相當於句點。用於前一詞 ga 後音之後。

1-(1) 歸敬文

（《玄奘》缺歸敬文）

林藏格： བཅོམ་ལྡན་འདས་མ་ཤེས་རབ་ཀྱི་ཕ་རོལ་ཏུ་ཕྱིན་པ་ལ་ཕྱག་འཚལ་ལོ།།（Bcom ldan ḥdas ma śes rab kyi pha rol tu phyin pa la phyag ḥtshal lo//）

林藏漢：　歸敬：薄伽梵母——（即）般若波羅蜜多。

林註釋：

1-(1)-1.

藏文較梵文略本增譯了 བཅོམ་ལྡན་འདས་མ་ཤེས་རབ་ཀྱི་ཕ་རོལ་ཏུ་ཕྱིན་པ（Bcom ldan ḥdas ma śes rab kyi pha rol tu phyin pa）。強調歸敬的對象是 བཅོམ་ལྡན་འདས་མ（bcom ldan ḥdas ma）薄伽梵母及 ཤེས་རབ་ཀྱི་ཕ་རོལ་ཏུ་ཕྱིན་པ（śes rab kyi pha rol tu phyin pa）般若波羅蜜多。

「薄伽梵母」和「般若波羅蜜多」在此句是同位格。

1-(1)-2.

ཕྱག་འཚལ་ལོ（phyag ḥtshal lo）歸敬、禮敬

ཕྱག་འཚལ་བ（phyag ḥtshal ba）：歸敬、禮敬、禮拜、稽首、叩頭。梵文的音譯為「南無」，對譯的梵文為 namas。

ལོ（lo）：完結助詞。相當於句點。用於 la 後加字母之後。

梵文所缺的藏字，逐字說明如下：

བཅོམ་ལྡན་འདས་མ་ཤེས་རབ་ཀྱི་ཕ་རོལ་ཏུ་ཕྱིན་པ་ལ（Bcom ldan ḥdas ma śes rab kyi pha rol tu phyin pa la）：對著薄伽梵母——（即）對著般若波羅蜜多

བཅོམ་ ལྡན་ འདས་ མ（bcom ldan ḥdas ma）：薄伽梵母

ཤེས་ རབ་ ཀྱི་ ཕ་ རོལ་ ཏུ་ ཕྱིན་ པ（śes rab kyi pha rol tu phyin pa）：般若波羅蜜多，請詳 1-4.1 的解釋。

ལ（la）：與格（為格），指出所禮敬的對象。筆者譯為：「對著……（歸敬）」、「向……（歸敬）」。

1-(2) 說明本經宣講的背景

（《玄奘》缺宣講的背景）

1-(2-1). 如是我聞

林藏格： འདི་ སྐད་ བདག་ གིས་ ཐོས་ པ་ དུས་ གཅིག་ ན།（ḥdi skad bdag gis thos pa dus gcig na/）

林藏漢： 當時我是這樣聽說的（如是我聞，一時）。

林註釋：

1-(2-1). 對於梵文略本整段是藏文增譯的部分

འདི་ སྐད་ བདག་ གིས་ ཐོས་ པ་ དུས་ གཅིག་ ན（ḥdi skad bdag gis thos pa dus gcig na）

在我這樣聽說的某個時候（如是我聞，一時）。作副詞，表時間，用以修飾下一句 བཞུགས（bshugs）住。

(1) འདི་ སྐད་ བདག་ གིས་ ཐོས་ པ（ḥdi skad bdag gis thos pa）：我這

樣聽說的。用以修飾 དུས་གཅིག（dus gcig）一時。ཐོས་པ（thos pa）不及物動詞轉作動名詞。ཐོས་པ（thos pa）在此處可附加屬格助詞 འི（ḥi）轉成形容詞，置於所修飾的名詞前面。

(1-1). འདི་སྐད（ḥdi skad）：解作「這樣」是副詞。若照字面，解作「這（些）話」時，則作 ཐོས་པ（thos pa）的受詞。

འདི（ḥdi）：這。由指示代名詞轉成指示形容詞，用以修飾 སྐད（skad）。

(1-2). སྐད（skad）：名詞，話、語。

བདག་གིས（bdag gis）：被我。བདག（bdag）我，人稱代名詞。གིས（gis）被，agent 作具格，用於 ga、ṅa 二後加字母後面。作具格，用以表示動作的發出者。

(2) ཐོས་པ་དུས་གཅིག་ན（thos pa dus gcig na）：在（這樣）聽說的某個時候（當時）。

(2-1). ཐོས་པ（thos pa）：（……）聽說的。動詞轉作動名詞，當作形容詞，用以修飾 དུས་གཅིག（dus gcig）一時。

(2-2). ཐོས་པ（thos pa）：聽說。

(2-3). དུས་གཅིག་ན（dus gcig na）：在一個時候，在某個時候。

(2-4). དུས（dus）：名詞，時候、時刻。

(2-5). གཅིག（gcig）：數詞，一。用以修飾 dus。數詞作形容詞置於所修飾的名詞後面。

(2-6). ན（na）：位格助詞，表時間。

1-(2-2). 本經宣講的宣講者與參會者

林藏格： བཅོམ་ལྡན་འདས་རྒྱལ་པོའི་ཁབ་ན་བྱ་རྒོད་ཕུང་པོའི་རི་ལ་དགེ་སློང་གི་དགེ་འདུན་ཆེན་པོ་དང་། བྱང་ཆུབ་སེམས་དཔའི་དགེ་འདུན་ཆེན་པོ་དང་ཐབས་ཅིག་ཏུ་བཞུགས་ཏེ།（bcom ldan ḥdas rgyal poḥi khab na bya rgod phuṅ poḥi ri la dge sloṅ gi dge ḥdun chen po daṅ / byaṅ chub sems dpaḥi dge ḥdun chen po daṅ thabs cig tu bshugs te/）

林藏漢： 薄伽梵與大比丘僧眾以及大菩薩僧眾一同住於王舍城靈鷲山中。

林註釋：

1-(2-2). 對於梵文略本整段是藏文增譯的部分

(1) བཅོམ་ལྡན་འདས（bcom ldan ḥdas）：名詞，薄伽梵 （世尊）。作 བཞུགས（bshugs）住的主詞。

(2) རྒྱལ་པོའི་ཁབ་ན་བྱ་རྒོད་ཕུང་པོའི་རི་ལ（rgyal poḥi khab na bya rgod phuṅ poḥi ri la）

རྒྱལ་པོའི་ཁབ་ན（rgyal poḥi khab na）：於王舍城。

རྒྱལ་པོའི་ཁབ（rgyal poḥi khab）：名詞，王舍城。

ན（na）：位格質詞（LOP），表地點範圍，與虛詞 la 在使用上相同。

(3) བྱ་རྒོད་ཕུང་པོའི་རི་ལ（bya rgod phuṅ poḥi ri la）：靈鷲山中

བྱ་རྒོད་ཕུང་པོའི་རི（bya rgod phuṅ poḥi ri）：名詞，靈鷲山

ལ（la）：位格質詞（LOP），表地點。

(4) དགེ་སློང་གི་དགེ་འདུན་ཆེན་པོ་དང（dge sloṅ gi dge ḥdun chen po daṅ）：與大比丘僧眾。

དགེ་སློང་གི་དགེ་འདུན（dge sloṅ gi dge ḥdun）：比丘僧眾。

དགེ་སློང（dge sloṅ）：比丘。

གི（gi）：屬格助詞，的。使用於 ṅa、ga 兩個後加字母之後。

དགེ་འདུན（dge ḥdun）：名詞，僧眾、僧伽。

ཆེན་པོ（chen po）：形容詞，大的。用以修飾 dge sloṅ gi dge ḥdun。

དང（daṅ）：連接詞，與、和。

(5) བྱང་ཆུབ་སེམས་དཔའི་དགེ་འདུན་ཆེན་པོ་དང（byaṅ chub sems dpaḥi dge ḥdun chen po daṅ）：以及大菩薩僧眾。

བྱང་ཆུབ་སེམས་དཔའི（byaṅ chub sems dpaḥi）：菩薩的。byaṅ chub sems dpaḥi 中的 dpaḥi 本是 dpaḥ ḥi，遇 ḥ 後縮寫。

བྱང་ཆུབ་སེམས་དཔའ（byaṅ chub sems dpaḥ）：菩薩、漢譯經典從梵語音譯為「菩提薩埵」。

བྱང་ཆུབ་སེམས（byaṅ chub sems）：名詞，菩提心。

བྱང་ཆུབ（byaṅ chub）：覺悟、漢譯經典從梵語音譯為「菩提」。

སེམས（sems）：名詞，心。

དཔའ（dpaḥ）：dpaḥ bo 形容詞，勇敢的。用以修飾 byaṅ chub sems（菩提心）。

འི（ḥi）：的。屬格助詞。

དགེ་འདུན（dge ḥdun）：名詞，僧眾、僧伽。

ཆེན་པོ（chen po）：形容詞，大的。用以修飾 byaṅ chub sems dpaḥi dge ḥdun。

དང（daṅ）：連接詞，與、和、以及。

(6) ཐབས་ཅིག་ཏུ་བཞུགས་ཏེ（thabs cig tu bshugs te）：一同住於。

ཐབས་ཅིག་ཏུ（thabs cig tu）：副詞，一同、一起。用以修飾動詞 bshugs（住）。

ཐབས（thabs）：名詞，方法、方式。

ཏུ（tu）：位格質詞（LOP），轉成副詞片語。用於 ga、ba 及 da 之後。

བཞུགས（bshugs）：動詞「住」的敬語。

ཏེ（te）：接續助詞，語氣暫告一段落。其用法和意義和 de 和 ste 相同。用於 na、ra、la、sa 四後加字母或再後加字母 da 之後。

1-(2-3). 薄伽梵平等地進入名為「顯明甚深」之法門的三昧

林藏格： དེའི་ ཚེ་ བཅོམ་ ལྡན་ འདས་ ཟབ་ མོ་ སྣང་ བ་ ཞེས་ བྱ་ བའི་ ཆོས་ ཀྱི་ རྣམ་ གྲངས་ ཀྱི་ ཏིང་ ངེ་ འཛིན་ ལ་ སྙོམས་ པར་ ཞུགས་ སོ།།（deḥi tshe bcom ldan ḥdas zab mo snaṅ ba shes bya baḥi chos kyi rnam graṅs kyi tiṅ ṅe ḥdsin la sñoms par shugs so//）

林藏漢： 那時，薄伽梵自然地進入名為「顯明甚深」之法門的三昧。

林註釋：

1-(2-3). 對於梵文略本整段是藏文增譯的部分

(1) དེའི་ ཚེ་（deḥi tshe）：副詞，爾時、在那時候。

དེའི་（deḥi）：那個的。用以修飾 tshe。

དེ་（de）：那個。指示代名詞。

འི་（ḥi）：屬格助詞，的。

ཚེ་（tshe）：名詞，時候。

(2) ཟབ་ མོ་ སྣང་ བ་ ཞེས་ བྱ་ བའི་ ཆོས་ ཀྱི་ རྣམ་ གྲངས་ ཀྱི་ ཏིང་ ངེ་ འཛིན་ ལ་（zab mo snaṅ ba shes bya baḥi chos kyi rnam graṅs kyi tiṅ ṅe ḥdsin la）：名為「顯明甚深」之法門的三昧。

(2-1). ཟབ་ མོ་ སྣང་ བ་ ཞེས་ བྱ་ བའི་（zab mo snaṅ ba shes bya baḥi）：名為「顯明甚深」的。用以修飾 ཆོས་ ཀྱི་ རྣམ་ གྲངས（chos kyi rnam graṅs）法門。

ཟབ་མོ（zab mo）：形容詞，甚深的。用以修飾 snaṅ ba。

སྣང་བ（snaṅ ba）：名詞，顯明、光輝、明相。

ཞེས་བྱ་བ（shes bya baḥi）：名為「……」的。用以修飾 ཆོས་ཀྱི་རྣམ་གྲངས་ཀྱི་ཏིང་ངེ་འཛིན（chos kyi rnam graṅs kyi tiṅ ṅe ḥdsin）。

ཞེས་བྱ་བ（shes bya ba）：名為「……」。相當於梵文的「iti」、日文的「という」。

ཞེས（shes）：接續助詞，名為、稱為。其用法及意義與 ces、śes 相同。cf.《藏漢》p.733a。相當於日文的「と」。

བྱ་བ（bya ba）：動詞，稱、呼。係一特別外動詞，沒有時態變化，前面常連用 shes 等。cf.《藏漢》p.1860b.

(2-2). ཆོས་ཀྱི་རྣམ་གྲངས（chos kyi rnam graṅs）：名詞，法門。

ཆོས（chos）：名詞，法。

ཀྱི（kyi）：的。屬格助詞。用於後加及再後加字母 da、ba、sa 之後。

རྣམ་གྲངས（rnam graṅs）：名詞，門、異名、異門。

(2-3). ཏིང་ངེ་འཛིན་ལ་སྙོམས་པར་ཞུགས་སོ（tiṅ ṅe ḥdsin la sñoms par shugs so）：平等地住於三昧中。

ཏིང་ངེ་འཛིན（tiṅ ṅe ḥdsin）：名詞，三昧、三摩地。

ལ（la）：在、於。位格質詞（LOP），表對象。

སྙོམས་པར་ཞུགས་སོ（sñoms par shugs so）：自然地住。

སྙོམས་པར（sñoms par）：副詞，自然、任運、中庸、平

等地。用以修飾 shugs（住）。

ཤུགས（shugs）：動詞，住。

སོ（so）：完結助詞。相當於句點。用於後加字母或再後加字母 sa 之後。

2. 觀自在菩薩

林藏格：ཡང་ དེའི་ ཚེ་ བྱང་ ཆུབ་ སེམས་ དཔའ་ སེམས་ དཔའ་ ཆེན་ པོ་ འཕགས་ པ་ སྤྱན་ རས་ གཟིགས་ དབང་ ཕྱུག（yaṅ deḥi tshe Byaṅ chub sems dpaḥ sems dpaḥ chen po ḥphags pa spyan ras gzigs dbaṅ phyug）

林藏漢：又，那時候，聖觀自在菩薩摩訶薩，

林註釋：

2-0.

對於梵文略本藏文增譯 yaṅ deḥi tshe

ཡང（yaṅ）：連接詞，又；而且；也。用以連接上下兩句。用於 ṅa、na、ma、ra、la 五後音之後。在 ga、da、ba、sa 四後加字母之後時，變為 kyaṅ，在 ḥa 及無後加字母 mthaḥ med

之後常為 ḥaṅ。

2-1.

འཕགས་ པ་ སྤྱན་ རས་ གཟིགས་ དབང་ ཕྱུག（ḥphags pa spyan ras gzigs dbaṅ phyug）：名詞，聖觀自在。作 rnam par lta（詳細地觀察）的主詞。

འཕགས་ པ（ḥphags pa）：形容詞，神聖的。用以修飾 spyan ras gzigs dbaṅ phyug。同參第三章註釋 2-1.1.對應的梵文是 ārya。

སྤྱན་ རས་ གཟིགས་ དབང་ ཕྱུག（spyan ras gzigs dbaṅ phyug）：名詞，觀自在（菩薩名）。cf.《藏漢》p.1674a、p.1934a。同參第三章註釋 2-1.2.，對應的梵文是 avalokiteśvara。

2-2.

བྱང་ ཆུབ་ སེམས་ དཔའ་ སེམས་ དཔའ་ ཆེན་ པོ（Byaṅ chub sems dpaḥ sems dpaḥ chen po）：名詞，大菩薩、菩薩摩訶薩。與 ḥphags pa spyan ras gzigs dbaṅ phyug 是同位格關係。

བྱང་ ཆུབ་ སེམས་ དཔའ（byaṅ chub sems dpaḥ）：名詞，菩薩。在漢譯經典中，從梵語音譯成「菩提薩埵」。指上求菩提下化眾生的有情。

བྱང་ ཆུབ（byaṅ chub）：覺悟。在漢譯經典中，從梵語音譯成「菩提」。

སེམས་ དཔའ་ ཆེན་ པོ（sems dpaḥ chen po）：名詞，大士、大勇士。

སེམས（sems）：名詞，心。

དཔའ（dpaḥ）：dpaḥ bo 形容詞，勇敢的。用以修飾 byaṅ

chub sems。

ཆེན་པོ（chen po）：形容詞，大的。用以修飾 byaṅ chub sems dpaḥ sems dpaḥ。

3. 行深般若波羅蜜多時

林藏格：　ཤེས་རབ་ཀྱི་ཕ་རོལ་ཏུ་ཕྱིན་པ་ཟབ་མོའི་སྤྱོད་པ་ཉིད་ལ་རྣམ་པར་ལྟ་ཞིང་།（śes rab kyi pha rol tu phyin pa zab moḥi spyod pa ñid la rnam par lta shiṅ/）

林藏漢：　（聖觀自在菩薩）他詳細地觀察甚深的般若波羅蜜多之行。並且，

林註釋：

3-1.

藏文ཤེས་རབ་ཀྱི་ཕ་རོལ་ཏུ་ཕྱིན་པ་ཟབ་མོའི（śes rab kyi pha rol tu phyin pa zab moḥi）：藏譯 འི（ḥi），為「屬格助詞」，解作「的」。對應梵文原文是 gaṃbhīrāyāṃ prajñāpāramitāyāṃ，其中 prajñāpāramitāyāṃ 為「陰性、單數、位格」。

ཤེས་རབ་ཀྱི་ཕ་རོལ་ཏུ་ཕྱིན་པ་ཟབ་མོའི（śes rab kyi pha rol tu

phyin pa zab moḥi)「般若波羅蜜的」：用以修飾 སྤྱོད་པ་ཉིད（spyod pa ñid)「行」。此處藏譯 འི（ḥi），為「屬格助詞」，解作「的」。依據古典藏文文法，附加屬格助詞 འི（ḥi）在帶有語尾詞的動詞轉用為動名詞之形容詞時，置於所修飾名詞前面。

3-1.

ཟབ་མོ（zab mo)：形容詞，深的。用以修飾 ཤེས་རབ་ཀྱི་ཕ་རོལ་ཏུ་ཕྱིན་པ（śes rab kyi pha rol tu phyin pa)。

3-2.

ཤེས་རབ་ཀྱི་ཕ་རོལ་ཏུ་ཕྱིན་པ（śes rab kyi pha rol tu phyin pa)：[梵文：prajñāpāramitā] 名詞，般若波羅蜜多；智慧的完成。亦詳：1-4.1 的解釋。

ཤེས་རབ（śes rab)：[梵文：prajñā] 名詞，智慧。漢譯音譯為「般若」。

ཀྱི（kyi)：屬格助詞，解作「的」，用於 da、ba、sa 三後音之後。

ཕ་རོལ（pha rol)：[梵文：pāra] 名詞，彼岸。

ཏུ（tu)：動態質詞（LOP），表移動的目的地，作 phyin pa 的對象，相當於日文的「を」助詞。用於 ga、ba、da 之後。

ཕྱིན་པ（phyin pa)：[梵文：ita] 動詞，去，到達。

3-3.

སྤྱོད་པ་ཉིད་ལ（spyod pa ñid la)

སྤྱོད་པ་ཉིད（spyod pa ñid)：名詞，行為，舉動。作 རྣམ་པར་ལྟ

（rnam par lta）（詳細地觀察）的受詞。

སྤྱོད་པ（spyod pa）：名詞，行為，舉動。

ཉིད（ñid）：僅止，只此。藏文 ཉིད（ñid）有兩意義：

1. 僅止，只此。強調的用法，表明只此本身；否定其他附帶成份的一個輔助成分。cf.《藏漢》p.952b。
2. 加於形容詞後變為抽象名詞，用於翻譯梵文的 tā、tva，表示事物的性質、特質、屬性等。

ལ（la）：業格質詞（LOP），用於十後音之後。相當於日文「を」助詞。

句中的 la 表示名詞 spyod pa ñid 此處當成「受詞」，是動詞 rnam par lta「詳細地觀察」的對象。

3-(4)　對於梵文略本藏文增譯了 རྣམ་པར་ལྟ（rnam par lta）

རྣམ་པར་ལྟ（rnam par lta）：動詞，「詳細地觀察」。

རྣམ་པར（rnam par）：副詞，「詳細地、十分地」用以修飾 ལྟ（lta）。རྣམ་པ（rnam pa）後面加上 ར（ra），構成從前面修飾動詞或形容詞，使詞義更加深刻化的副詞。cf.《藏漢》p.1568b。

ལྟ（lta）：ལྟ་བ（lta ba）動詞，「觀察、觀看」。

ཞིང（shiṅ）：接續助詞。其用法和意義同於 ciṅ 和 śiṅ。用於後加字母 ṅa、na、ma、ḥa、ra、la 及無後加字母 mthaḥ med 之後。

4. 照見五蘊皆空

林藏格： ཕུང་པོ་ལྔ་པོ་དེ་དག་ལ་ཡང་རང་བཞིན་གྱིས་སྟོང་པར་རྣམ་པར་ལྟའོ།།
（phuṅ po lṅa po de dag la yaṅ raṅ bshin gyis stoṅ par rnam par ltaḥo//）

林藏漢： 他也清楚地觀察到那些五蘊以自性而言是空的。

林註釋：

4-1.

རྣམ་པར་ལྟའོ（rnam par lta ḥo）：詳細地觀察。

རྣམ་པར（rnam par）：副詞，「詳細地、十分地」。

ལྟ（lta）：ལྟ་བ（lta ba）動詞，「觀察、觀看」。

འོ（ḥo）：完結助詞。相當於句點，用於母音後加字母 ḥa 或無後加字母 mthaḥ med 之後。

4-2.

ཕུང་པོ་ལྔ་པོ་དེ་དག་ལ（phuṅ po lṅa po de dag la）：那些五蘊。作 རྣམ་པར་ལྟ（rnam par lta）的受詞。

ཕུང་པོ་ལྔ་པོ（phuṅ po lṅa po）：[梵文：pañca skandhāḥ] 名詞，「五蘊」。指：色受想行識，即指「身心」。

ལྔ་པོ（lṅa po）： [梵文：pañca] 數詞，「五」。用以修飾 ཕུང་པོ（phuṅ po）「蘊」。

4-3.

ཕུང་པོ (phuṅ po)：[梵文：skandha] 名詞，「蘊」。

4-4.

དེ་ (de)：指示代名詞，「那」。用以修飾 ཕུང་པོ་ལྔ་པོ (phuṅ po lṅa po)。

དག (dag)：複數，「些」。

དེ་དག (de dag)：那些、彼等。

ལ (la)：業格質詞（LOP），用於十後音之後。相當於日文「を」助詞。

4-5.

ཡང (yaṅ)：副詞，「又；而且；也」。用以連接上下兩句。用於 ṅa、na、ma、ra、la 五後加字母之後。在 ga、da、ba、sa 四後加字母之後時，使用 kyaṅ，在 ḥa 或無後加字母 mthaḥ med 之後規範使用 ḥaṅ。

4-6.

རང་བཞིན་གྱིས (raṅ bshin gyis)：副詞，在自性上。

རང་བཞིན (raṅ bshin)：名詞，自性。

གྱིས (gyis)：具格助詞，用於 na、ma、ra、la 四後音之後。

4-7.

སྟོང་པར (stoṅ par)：名詞 + ra 形成業格（Acc.)。「當成空」。cf.《藏漢》p.1109a。

སྟོང་པ (stoṅ pa)：空、盡。

5. 度一切苦厄

林藏格：　--- (無) ---

林藏漢：　--- (無) ---

5-(1) 舍利子承佛威力問聖觀自在菩薩——

林藏格：　དེ་ནས་སངས་རྒྱས་ཀྱི་མཐུས། ཚེ་དང་ལྡན་པ་ཤཱ་རིའི་བུས་བྱང་ཆུབ་……སེམས་དཔའ་སེམས་དཔའ་ཆེན་པོ་འཕགས་པ་སྤྱན་རས་གཟིགས་……དབང་ཕྱུག་ལ་འདི་སྐད་ཅེས་སྨྲས་སོ།། (de nas saṅs rgyas kyi mthus / tshe daṅ ldan pa Śā-riḥi bus byaṅ chub sems dpaḥ sems dpaḥ chen po ḥphags pa spyan ras gzigs dbaṅ phyug la ḥdi skad ces smras so//)

林藏漢：　然後，長老舍利子藉由佛陀的力量，(舍利子) 對聖觀自在菩薩摩訶薩說了 (以下)「這段話」——

林註釋：

5-(1) 整段藏文對於梵文略本是增譯的部分

5-(1.1) དེ་ནས་སངས་རྒྱས་ཀྱི་མཐུས（de nas saṅs rgyas kyi mthus）

དེ་ནས（de nas）：副詞，「爾時、然後」。cf.《藏漢》p.1285a。

སངས་རྒྱས（saṅs rgyas）：名詞，「佛陀」。

ཀྱི（kyi）：屬格，「的」。

མཐུས（mthus）：མཐུ（mthu）的具格，「藉承（威神）力量」。cf.《藏漢》p.1216b、《Das》p.602a。

5-(1.2)
ཚེ་དང་ལྡན་པ་ཤཱ་རིའི་བུས་བྱང་ཆུབ་སེམས་དཔའ་སེམས་དཔའ་ཆེན་པོ……
འཕགས་པ་སྤྱན་རས་གཟིགས་དབང་ཕྱུག་ལ་འདི་སྐད་ཅེས་སྨྲས་སོ（tshe daṅ ldan pa Śāriḥi bus byaṅ chub sems dpaḥ sems dpaḥ chen po ḥphags pa Spyan ras gzigs dbaṅ phyug la ḥdi skad ces smras so）

ཚེ་དང་ལྡན་པ（tshe daṅ ldan pa）：具壽、長老的。

ཤཱ་རིའི་བུས（Śā-riḥi bus）：舍利子。人名+sa，作具格，當成主格使用。cf.《藏漢》p.2829b。

འཕགས་པ་སྤྱན་རས་གཟིགས་དབང་ཕྱུག་ལ（ḥphags pa spyan ras gzigs dbaṅ phyug la）

འཕགས་པ（ḥphags pa）：形容詞，神聖的。同參第三章註釋 2-1.1.，對應的梵文是 ārya。

སྤྱན་རས་གཟིགས་དབང་ཕྱུག（spyan ras gzigs dbaṅ phyug）：名詞，觀自在（菩薩名）。cf.《藏漢》p.1674a

、p.1934a。同參第三章註釋 2-1.2.，對應的梵文是 avalokiteśvara。

ལ（la）：業格，觀自在（菩薩名）。

བྱང་ཆུབ་སེམས་དཔའ་སེམས་དཔའ་ཆེན་པོ（byaṅ chub sems dpaḥ sems dpaḥ chen po）

བྱང་ཆུབ་སེམས་དཔའ（byaṅ chub sems dpaḥ）：名詞，菩薩。梵語音譯成「菩提薩埵」。同參第三章註釋 2-2.，對應的梵文是 bodhisattva。

སེམས་དཔའ་ཆེན་པོ（sems dpaḥ chen po）：名詞，大菩薩。

འདི་སྐད་ཅེས་སྨྲས་སོ（ḥdi skad ces smras so）

འདི（ḥdi）：指示代名詞，以下……（指後面要講的話）。

སྐད（skad）：名詞，語、云。cf.《藏漢》p.105a。

ཅེས（ces）：ces ba，稱為、云云。cf.《藏漢》p.733a。

སྨྲས（smras）：smras pa，動詞，smra ba 的過去式，說、告知。cf.《藏漢》p.2181a。

སོ（so）：完結助詞。相當於句點。用於後加或再後加字母 sa 之後。

5-(2). 欲行深般若波羅蜜多的善男子或善女人，如何行呢？

林藏格：རིགས་ཀྱི་བུའམ། རིགས་ཀྱི་བུ་མོ་གང་ལ་ལ་ཤེས་རབ་ཀྱི་ཕ་རོལ་ཏུ་ཕྱིན་པ་ཟབ་མོའི་སྤྱོད་པ་སྤྱད་པར་འདོད་པ་དེས་ཇི་ལྟར་བསླབ་པར་བྱ། དེ་སྐད་ཅེས་སྨྲས་པ་དང་།（rigs kyi buḥam / rigs kyi bu mo gaṅ la la śes rab kyi pha rol tu phyin pa zab moḥi spyod pa spyad par ḥdod pa des ji ltar bslab par bya / de skad ces smras pa daṅ/）

林藏漢：「任何一位想要實踐甚深般若波羅蜜多行的善男子或善女人，他應該如何修學呢？」（當長老舍利子）說完「（前述）那段話」，接著，

林註釋：

5-(2) 整段藏文對於梵文略本是增譯的部分

(1) རིགས་ཀྱི་བུའམ（rigs kyi buḥam）/

རིགས་ཀྱི་བུ（rigs kyi bu）：善男子（族性子）。

ཀྱི（kyi）屬格，「的」。cf.《藏漢》p.2686b。

འམ（ḥam）：此處為「或」的意思。有兩意義：

1. 連接詞，或、若。
2. 疑問助詞，嗎？吧？

(2) རིགས་ཀྱི་བུ་མོ་གང་ལ་ལ་ཤེས་རབ་ཀྱི་ཕ་རོལ་ཏུ་ཕྱིན་པ་ཟབ་མོའི

སྤྱོད་པ་སྤྱད་པར་འདོད་པ་དེས་ཇི་ལྟར་བསླབ་པར་བྱ།（rigs kyi bu mo gaṅ la la śes rab kyi pha rol tu phyin pa zab moḥi spyod pa spyad par ḥdod pa des ji ltar bslab par bya）

རིགས་ཀྱི་བུ་མོ（rigs kyi bu mo）：善女人。ཀྱི（kyi）屬格，「的」。cf.《藏漢》p.2686b。

གང་ལ་ལ（gaṅ la la）：形容詞，「某某、某種」。限定前一個名詞。cf.《藏漢》p.344a。

ཤེས་རབ་ཀྱི་ཕ་རོལ་ཏུ་ཕྱིན་པ（śes rab kyi pha rol tu phyin pa）：般若波羅蜜多，亦詳：1-4.1 及 3-2.的解釋。ཏུ（tu）：表移動目的地。

ཟབ་མོ（zab mo）：形容詞，深的。

སྤྱོད་པ（spyod pa）：名詞，行為。cf.《藏漢》p.1683a。

སྤྱད་པར་འདོད་པ（spyad par ḥdod pa）：སྤྱད་པར（spyad par）動名詞，形成不定詞片語，「想要去修行」。cf.《藏漢》p.1476b。

དེས（des）：指示代名詞。具格，「藉由前面所指的那個（想要去修行的想法）」。

ཇི་ལྟར（ji ltar）：疑問詞，如何。

བསླབ་པར་བྱ（bslab par bya）：「應該去修學」。

བསླབ་པར（bslab par）：བསླབ་པ（bslab pa）未來式，བསླབ་པར（bslab par）轉為副詞「修學」。

བྱ（bya）：བྱེད་པ（byed pa）「做、作」的未來式，有「應該做」的意思。

(3) དེ་སྐད་ཅེས་སྨྲས་པ་དང（de skad ces smras pa daṅ）

དེ་སྐད་ཅེས（de skad ces）：（當長老舍利子）說完「（前述）那段話」。

དེ（de）：指示代名詞。那。

སྐད（skad）：名詞，語。cf.《藏漢》p.105a。

ཅེས（ces）：名為、稱為。其用法及意義與 śes 相同。cf.《藏漢》p.733a。相當於日文的「と」。

5-(3) 聖觀自在菩薩告訴舍利子，說——

林藏格： བྱང་ཆུབ་སེམས་དཔའ་སེམས་དཔའ་ཆེན་པོ་འཕགས་པ་སྤྱན་རས་····གཟིགས་དབང་ཕྱུག་གིས་ཚེ་དང་ལྡན་པ་ཤ་ར་དྭ་ཏིའི་བུ་ལ་འདི་སྐད་ཅེས་སྨྲས་སོ།།（byaṅ chub sems dpaḥ sems dpaḥ chen po ḥphags pa spyan ras gzigs dbaṅ phyug gis tshe daṅ ldan pa Śa-ra-dva-tiḥi bu la ḥdi skad ces smras so//）

林藏漢： 聖觀自在菩薩摩訶薩就對長老舍利弗說了這（以下）「一段話」——

林註釋：

5-(3) 整段藏文對於梵文略本是增譯的部分

བྱང་ཆུབ་སེམས་དཔའ（byaṅ chub sems dpaḥ）：菩薩。

སེམས་ དཔའ་ ཆེན་ པོ（sems dpaḥ chen po）：摩訶薩。

འཕགས་ པ་ སྤྱན་ རས་ གཟིགས་ དབང་ ཕྱུག（ḥphags pa spyan ras gzigs dbaṅ phyug）：聖觀自在。

སྤྱན་ རས་ གཟིགས་ དབང་ ཕྱུག（spyan ras gzigs dbaṅ phyug）：觀自在。cf.《藏漢》p.1674a、p.1934a。同參第三章註釋 2-1.2.，對應的梵文 avalokiteśvara。

གིས（gis）：作具格，主詞。

ཚེ་ དང་ ལྡན་ པ་ ཤཱ་ ར་དྭ་ཏིའི་ བུ（tshe daṅ ldan pa Śa-ra-dva-tiḥi bu）：長老舍利弗。

ཚེ་ དང་ ལྡན་ པ（tshe daṅ ldan pa）：具壽、長老的。

ཤཱ་ ར་དྭ་ཏིའི་ བུ་ ལ（Śa-ra-dva-tiḥi bu la）：ལ（la）是業格，間接受詞。對著舍利弗。

འདི（ḥdi）：指示代名詞。這（指以下的……）。

5-(4)「舍利子！欲行深般若波羅蜜多的善男子或善女人，應行…」

林藏格：ཤཱ་ རིའི་ བུ། རིགས་ ཀྱི་ བུའམ། རིགས་ ཀྱི་ བུ་ མོ་ གང་ ལ་ ལ་ ཤེས་ རབ་ ཀྱི་ ཕ་ རོལ་ ཏུ་ ཕྱིན་ པ་ ཟབ་ མོའི་ སྤྱོད་ པ་ སྤྱད་ པར་ འདོད་ པ་ དེས་ འདི་ ལྟར་ རྣམ་ པར་ བལྟ་ བར་ བྱ་ སྟེ།（Śā-riḥi bu rigs kyi buḥam / rigs kyi bu mo gaṅ la la śes rab kyi pha rol tu phyin pa zab moḥi spyod pa spyad par ḥdod pa des ḥdi ltar rnam par blta bar bya ste/）

林藏漢：「舍利子呀！任何一位想要實踐甚深般若波羅蜜多行的善男子或善女人，他應該像這樣地（如下地）仔細觀察，

林註釋：

5-(4) 整段藏文對於梵文略本是增譯的部分。

ཤཱ་རིའི་བུ（Śā-riḥi bu）：舍利子呀！省略梵文呼格助詞 kye。

འདི་ལྟར（ḥdi ltar）：副詞，像這樣地。cf.《藏漢》p.1396a。

རྣམ་པར་བལྟ་བར་བྱ（rnam par blta bar bya）：應該仔細觀察。

རྣམ་པར（rnam par）：副詞，十分地、仔細地。cf.《藏漢》p.1568a。

བལྟ་བར་བྱ（blta bar bya）：未來式，應該仔細地觀察。cf.《藏漢》p.1082a、p.1124b。

5-(5) 也應詳細如實觀察彼五蘊自性空

林藏格：ཕུང་པོ་ལྔ་པོ་དེ་དག་ཀྱང་རང་བཞིན་གྱིས་སྟོང་པར་རྣམ་པར་ཡང་དག་པར་རྗེས་སུ་བལྟའོ།།（phuṅ po lṅa po de dag kyaṅ raṅ bshin gyis stoṅ par rnam par yaṅ dag par rjes su bltaḥo//）

林藏漢：亦即也應該詳細、正確、隨順地觀察那些五蘊是自性空的。

林註釋：

5-(5) 對於梵文略本整段是藏文增譯的部分

ཕུང་པོ（phuṅ po）：名詞，蘊。

ལྔ་པོ（lṅa po）：數詞，五。

དེ་དག（de dag）：指示代名詞，複數，彼等。

ཀྱང（kyaṅ）：「也」格助詞用法，此處在修飾動詞 bya，為「也應該」之意。

རང་བཞིན（raṅ bshin）：名詞，自性。

གྱིས（gyis）：具格。「藉由、以」。

སྟོང་པར（stoṅ par）：業格。「當成空」。cf.《藏漢》p.1109a。

ཡང་དག་པར（yaṅ dag par）：副詞，正確地、如實地。cf.《藏漢》p.2547b。

རྗེས་སུ（rjes su）：副詞，隨順地。cf.《藏漢》p.912b。

བལྟ（blta）：ལྟ་བ（lta ba）的未來式。cf.《藏漢》p.1082a
、p.1124b。

འོ（ḥo）：完結助詞。相當於句點。

6. 舍利子

林藏格：　---（無）---

林藏漢：　---（無）---

6-(1) 色者，空性也；空性，即色也。

（《玄奘》此句無漢譯及藏譯，此譯句係引自〈林梵漢〉）

林藏格：　---（無）---

林藏漢：　---（無）---

8. 色即是空，空即是色——

（《玄奘》所譯與藏本的 7.和 8.位置顛倒）

林藏格： གཟུགས་སྟོང་པའོ།། སྟོང་པ་ཉིད་གཟུགས་སོ།།

（gzugs stoṅ paḥo // stoṅ pa ñid gzugs so//）

林藏漢： 色（即是）空，空性（即是）色；

林註釋：

8-1.

གཟུགས་སྟོང་པའོ（gzugs stoṅ paḥo）

གཟུགས（gzugs）：名詞，色蘊、色。cf.《藏漢》p.2498b。

སྟོང་པ（stoṅ pa）：形容詞，空。cf.《藏漢》p.1109a。

（yin no：省略 be 動詞）

སྟོང་པ་ཉིད་གཟུགས་སོ（stoṅ pa ñid gzugs so）

སྟོང་པ་ཉིད（stoṅ pa ñid）：抽象名詞，空性。

8-2.

《玄奘》所譯與藏本的 7.和 8.位置顛倒。

《玄奘》譯：「色不異空，空不異色。色即是空，空即是色。」而藏譯為：「色即是空，空即是色。空不異色，色不異空。」。

7. 色不異空，空不異色——

（《玄奘》所譯與藏本前後兩半句位置顛倒）

林藏格： གཟུགས་ལས་སྟོང་པ་ཉིད་གཞན་མ་ཡིན། སྟོང་པ་ཉིད་ལས་ཀྱང་ གཟུགས་གཞན་མ་ཡིན་ནོ།།（gzugs las stoṅ pa ñid gshan ma yin / stoṅ pa ñid las kyaṅ gzugs gshan ma yin no//）

林藏漢： 空不異色，色不異空。

林註釋：

7-1.

玄奘漢譯「色不異空，空不異色」是二個對稱的半句。此二個半句藏譯本與梵文的位置一致，梵文為 rūpān na pṛthak śūnyatā, śūnyatāyā na pṛthag rūpaṃ 由梵文文法直譯為「空性（是）不異於色，色（是）不異於空性」，玄奘漢譯二個位置譯成前後顛倒。

གཟུགས（gzugs）：名詞，色蘊、色。cf.《藏漢》p.2498b。

7-2.

མ་ཡིན（ma yin）：否定詞，不是。

7-3.

གཞན（gshan）：別的、其餘的。「異（於）……」之意。

在此支配從格 གཟུགས་ལས（gzugs las）而有「異於色」之意。cf.《藏漢》p.2413a。英譯為 different、differ

、other than。

7-4.

སྟོང་པ་ཉིད（stoṅ pa ñid）：抽象名詞，空性。

從格 སྟོང་པ་ཉིད་ལས（stoṅ pa ñid las）而有「異於色」、「於空性」、「從空性」之意。英譯為 ‘from emptiness’。

7-5.

《玄奘》所譯與藏本前後兩半句位置顛倒。《玄奘》譯：「色不異空，空不異色」而藏譯為：「空不異色，色不異空」。

9. 受、想、行、識亦復如是

林藏格： དེ་བཞིན་དུ་ཚོར་བ་དང་། འདུ་ཤེས་དང་། འདུ་བྱེད་དང་། རྣམ་པར་ཤེས་པ་རྣམས་སྟོང་པའོ།།（de bshin du tshor ba daṅ / ḥdu śes daṅ / ḥdu byed daṅ / rnam par śes pa rnams stoṅ paḥo//）

林藏漢： 同樣地，受和想、行、識（四者也如色一般）是空的。」

林註釋：

9-1.

དེ་བཞིན་དུ（de bshin du）：副詞，同樣地、像那樣地。

9-2.

ཚོར་བ་དང་། འདུ་ཤེས་དང་། འདུ་བྱེད་དང་། རྣམ་པར་ཤེས་པ་རྣམས（tshor ba daṅ / ḥdu śes daṅ / ḥdu byed daṅ / rnam par śes pa rnams）譯為「受和想、行、識」(四者也如色一般）是……。所對應梵文為相違釋（Dv.）複合詞 vedanā-saṃjñā-saṃskāra-vijñāna（中性詞，複數，主格）。梵文的性、數、格也可由藏文的詞構配合看出，其中藏文「rnams」表示複數。

...daṅ /...daṅ / ...daṅ /表示「相違釋（Dv.）」，在梵文代表複合詞有 ...ca / ...ca /...ca... / 的關係。因此本句的句構架式就可譯成「……和……及……、……等等」。

在僅有梵文原典時，由於學者們在判斷複合詞有不同的六離合釋解釋，這會造成不同學派不同的譯經判讀。若出現藏譯典籍則可作為經典漢譯極佳的參考，若能在眾譯本的譯讀與判釋中，則有利吾人對經典義理詳實的掌握。

9-2.1 ཚོར་བ（tshor ba）：受。所對應梵文為 vedanā。

9-2.2 འདུ་ཤེས（ḥdu śes）：想。所對應梵文為 saṃjñā。

9-2.3 འདུ་བྱེད（ḥdu byed）：行。所對應梵文為 saṃskāra。

9-2.4

རྣམ་པར་ཤེས་པ（rnam par śes pa）：識。所對應梵文為

vijñānāni。

སྟོང་པ（stoṅ pa）：空。所對應梵文為 śūnyatā。

དང（daṅ）：連接詞，和。

（yin no：省略 be 動詞）

10. 舍利子，是諸法空相

林藏格： ཤཱ་རིའི་བུ། དེ་ལྟ་བས་ན། ཆོས་ཐམས་ཅད་སྟོང་པ་ཉིད་དེ། མཚན་ཉིད་མེད་པ།（Śā-riḥi bu de lta bas na chos thams cad stoṅ pa ñid de / mtshan ñid med pa/）

林藏漢： 舍利子！因此，一切法是空性、無相，

林註釋：

10-1.

ཤཱ་རིའི་བུ། དེ་ལྟ་བས་ན（Śā-riḥi bu de lta bas na）：舍利子！因此，

ཤཱ་རིའི་བུ（Śā-riḥi bu）：舍利子！

དེ་ལྟ་བས་ན（de lta bas na）：因此、因是之故。cf.《藏漢》p.1283b。

10-2.

ཆོས་ཐམས་ཅད（chos thams cad）：一切法。所對應的梵文是第三章註釋 10-2. sarva-dharma。

10-2.1 ཐམས་ཅད（thams cad）：形容詞，一切。所對應的梵文是 sarva。

10-2.2 ཆོས（chos）：名詞，法。所對應的梵文是 dharma。

10-3.

སྟོང་པ་ཉིད་དེ། མཚན་ཉིད་མེད་པ（stoṅ pa ñid de / mtshan ñid med pa）：……是空性、無相。

梵文使用複合詞 śūnyatā-lakṣaṇā 其中 lakṣaṇā 原構成「持業釋」同位格關係，由於為了成為「一切法」 的賓詞，整個複合詞轉為「有財釋」。

在本藏文中亦可理解 སྟོང་པ་ཉིད（toṅ pa ñid）和 མཚན་ཉིད་མེད་པ（mtshan ñid med pa）也是同位格關係，也成為「一切法」 的賓詞。只是梵文使用一複合詞「空相」，而藏譯使用兩詞「空性」、「無相」。藏譯本的「空性」、「無相」是同位格的關係。

10-3.1

སྟོང་པ་ཉིད（stoṅ pa ñid）：抽象名詞，空性。

（yin no：省略 be 動詞）

10-3.2

མཚན་ཉིད་མེད་པ（mtshan ñid med pa）：無相。

མཚན་ཉིད（mtshan ñid）：性相。cf.《藏漢》p.2304b。

མེད་པ（med pa）：無、沒有。

11. 不生、不滅，不垢、不淨，不增、不減

林藏格： མ་སྐྱེས་པ། མ་འགགས་པ། དྲི་མ་མེད་པ། དྲི་མ་དང་བྲལ་བ་མེད་པ། བྲི་བ་མེད་པ། གང་བ་མེད་པའོ།།（ma skyes pa / ma ḥgags pa / dri ma med pa / dri ma daṅ bral ba med pa / bri ba med pa / gaṅ ba med paḥo//）

林藏漢： 不生、不滅、不垢、不淨、不減、不增的。

林註釋：

11-1.

མ་སྐྱེས་པ（ma skyes pa）：不生。

11-1.1 མ（ma）：不。

11-1.2 སྐྱེས་པ（skyes pa）：生。

11-2.

མ་འགགས་པ（ma ḥgags pa）：不滅。

11-2-1 མ（ma）：不。

11-2-2 འགགས་པ（ḥgags pa）：滅。

11-3.

དྲི་མ་མེད་པ། དྲི་མ་དང་བྲལ་བ་མེད་པ（dri ma med pa/ dri ma daṅ bral ba med pa）：不垢、不淨。

11-3-1

དྲི་མ་མེད་པ (dri ma med pa)：不垢。

དྲི་མ (dri ma)：垢。cf.《藏漢》p.1326b。

11-3-2

དྲི་མ་དང་བྲལ་བ་མེད་པ (dri ma daṅ bral ba med pa)：不淨。

དང་བྲལ་བ (daṅ bral ba)：從格，從……遠離、離繫。cf.《藏漢》p.1904a。

11-4.

བྲི་བ་མེད་པ (bri ba med pa)：不減。

11-4-1　མེད་པ (med pa)：不、沒有。

11-4-2　བྲི་བ (bri ba)：衰減。

11-5.

གང་བ (gaṅ ba)：增長、具足。

11-5-1　མེད་པ (med pa)：不、沒有。

11-5-2　འོ (ḥo)：完結助詞。相當於句點。

12. 是故，空中——

林藏格：　ཤཱ་རིའི་བུ། དེ་ལྟ་བས་ན་སྟོང་པ་ཉིད་ལ (Śā-riḥi bu/ de lta bas na stoṅ pa ñid la）

林藏漢： 舍利子！因此，在空性當中——

林註釋：

12-1.

དེ་ལྟ་བས་ན（de lta bas na）：因是之故。

12-2.

ཤཱ་རིའི་བུ（Śā-riḥi bu）：舍利子啊！

12-3.

སྟོང་པ་ཉིད（stoṅ pa ñid）：空性 [梵文 6-(1)-2. śūnyatā]。

ལ（la）：位格，在……之中、在……之上。

本句在梵文及藏譯本皆有「舍利子啊！」的句子，《玄奘》略去。

13. 無色，無受、想、行、識

林藏格： གཟུགས་མེད། ཚོར་བ་མེད། འདུ་ཤེས་མེད། འདུ་བྱེད་རྣམས་མེད། རྣམ་པར་ཤེས་པ་མེད།（gzugs med / tshor ba med / ḥdu śes med / ḥdu byed rnams med / rnam par śes pa med/）

林藏漢：　無色（蘊）、無受（蘊）、無想（蘊）、無諸行（蘊）、無識（蘊）。

林註釋：

13-1.

གཟུགས（gzugs）：色（蘊）。同註 6-1-1。

13-2.

關於六根、六境、十二處的術語說明，請見第三章註釋 13-2。

13-3.

ཚོར་བ（tshor ba）：受（蘊）。同註釋 9-2.1。

འདུ་ཤེས（ḥdu śes）：想（蘊）。同註釋 9-2.2。

འདུ་བྱེད（ḥdu byed）：行（蘊）。同註釋 9-2.3。

རྣམས（rnams）：複數，諸。

འདུ་བྱེད་རྣམས（ḥdu byed rnams）：諸行（蘊）。同註釋 9-2.3。

རྣམ་པར་ཤེས་པ（rnam par śes pa）：識（蘊）。同註釋 9-2.4。

མེད（med）：無、沒有。

14. 無眼、耳、鼻、舌、身、意

林藏格： མིག་མེད། རྣ་བ་མེད། སྣ་མེད། ལྕེ་མེད། ལུས་མེད། ཡིད་མེད།（mig med / rna ba med / sna med / lce med / lus med / yid med/）

林藏漢： 無眼（根）、無耳（根）、無鼻（根）、無舌（根）、無身（根）、無意（根）、

林註釋：

14-1. མིག（mig）：眼。

14-2. རྣ་བ（rna ba）：耳。

14-3. སྣ（sna）：鼻。

14-4. ལྕེ（lce）：舌。

14-5. ལུས（lus）：身。

14-6. ཡིད（yid）：意。

མེད（med）：無、沒有。

15. 無色、聲、香、味、觸、法

林藏格： གཟུགས་མེད། སྒྲ་མེད། དྲི་མེད། རོ་མེད། རེག་བྱ་མེད། ཆོས་མེད་དོ།།
（gzugs med / sgra med / dri med / ro med / reg bya med / chos med do//）

林藏漢： 無色（塵）、無聲（塵）、無香（塵）、無味（塵）、無觸（塵）、無法（塵）。

林註釋：

15-1. གཟུགས（gzugs）：色。同註釋 7-1.

15-2. སྒྲ（sgra）：聲。

15-3. དྲི（dri）：香。

15-4. རོ（ro）：味。

15-5. རེག་བྱ（reg bya）：觸。

15-6. ཆོས（chos）：法。

མེད（med）：無、沒有。

16. 無眼界，乃至無意識界

林藏格： མིག་གི་ཁམས་མེད་པ་ནས་ཡིད་ཀྱི་ཁམས་མེད་ཡིད་ཀྱི་རྣམ་པར་ཤེས་པའི་ཁམས་ཀྱི་བར་དུ་ཡང་མེད་དོ།།（mig gi khams med pa nas yid kyi khams med yid kyi rnam par śes paḥi khams kyi bar du yaṅ med do//）

林藏漢： 從無眼界到無意界，乃至意識界也不存在。

林註釋：

16-1.

མིག་གི་ཁམས་མེད་པ་ནས（mig gi khams med pa nas）

མིག་གི་ཁམས（mig gi khams）：眼界。

གི（gi）：屬格質詞。

ནས（nas）：從格，從。

16-2.

ཁམས་ཀྱི་བར་དུ་ཡང་མེད་དོ（khams kyi bar du yaṅ med do）：界也不存在。

བར：名詞，中間、間隙。

བར་དུ（bar du）：二者之間，此處可譯為「乃至」。

ཁམས（khams）：界。

ཡང（yaṅ）：也。

མེད（med）：不存在。

16-3.

ཡིད་ཀྱི་རྣམ་པར་ཤེས་པའི（yid kyi rnam par śes paḥi）：意識的。

ཡིད་ཀྱི་ཁམས（yid kyi khams）：意界。

16-3.1　ཡིད（yid）：意。

ཀྱི（kyi）：屬格質詞。

16-3.1

རྣམ་པར་ཤེས་པ（rnam par śes pa）：識。cf.《藏漢》p.1572a。同註釋 9-2.4 所對應梵文在第三章註釋 9-2.4 及 16-3.2 是 vijñānāna。

འི（ḥi）：屬格，的。

16-3.4　ཁམས（khams）：界。同註釋 16-1.2

17. 無無明，亦無無明盡

林藏格：　མ་རིག་པ་མེད། མ་རིག་པ་ཟད་པ་མེད་པ་ནས་
（ma rig pa med / ma rig pa zad pa med pa nas）

林藏漢：　沒有無明，從沒有無明盡至……

林註釋：

17-1.

མ་རིག་པ་མེད（ma rig pa med）：沒有無明。

མ་རིག་པ（ma rig pa）：無明。

རིག་པ（rig pa）：明。

མེད（med）：沒有。

17-2.

མ་རིག་པ་ཟད་པ་མེད་པ་ནས（ma rig pa zad pa med pa nas）：從沒有無明盡至……

17-2.1 མ（ma）：無。རིག་པ（rig pa）：明。

ནས（nas）：從格，從。

17-2.1.1 མ་རིག་པ（ma rig pa）：無明。

17-2.1.2 ཟད་པ（zad pa）：盡。盡除。

17-2.1.3 མེད་པ（med pa）：沒有。

18. 乃至無老死，亦無老死盡

林藏格： རྒ་ཤི་མེད། རྒ་ཤི་ཟད་པའི་བར་དུ་ཡང་མེད་དོ།།
（rga śi med / rga śi zad paḥi bar du yaṅ med do//）

林藏漢：沒有老死，乃至老死盡也不存在。

林註釋：

18-1.

བར་དུ（bar du）：乃至。同註釋 16-2

18-2.

རྒ་ཤི་མེད（rga śi med）：沒有老死。

18-2.1　རྒ（rga）：老、老耄。cf.《藏漢》p.521b。

18-3.

ཤི（śi）：死、死亡。cf.《藏漢》p.2840b。

18-4.

རྒ་ཤི་ཟད་པའི་བར་དུ་ཡང་མེད་དོ（rga śi zad paḥi bar du yaṅ med do）：乃至老死盡也不存在。

18-4.1　རྒ་ཤི（rga śi）：老死。同註釋 18-2。

18-4.2　ཟད་པ（zad pa）：盡、盡除。同註釋 17-2.1.2。

18-4.3　ཡང（yaṅ）：也。

19. 無苦、集、滅、道

林藏格： སྡུག་བསྔལ་བ་དང་། ཀུན་འབྱུང་བ་དང་། འགོག་པ་དང་། ལམ་… མེད། （sdug bsṅal ba daṅ / kun ḥbyuṅ ba daṅ / ḥgog pa daṅ / lam med/）

林藏漢： 沒有苦和集、滅、道。

林註釋：

19-1.

སྡུག་བསྔལ་བ（sdug bsṅal ba）：苦。所對應的梵文是 19-1. duḥkha。

19-2

ཀུན་འབྱུང་བ（kun ḥbyuṅ ba）：集。所對應的梵文是 19-2. samudaya。

19-3.

འགོག་པ（ḥgog pa）：滅。所對應的梵文是 19-3. nirodha。

19-4.

ལམ（lam）：道。所對應的梵文是 19-4. mārga。

20. 無智，亦無得

林藏格： ཡེ་ཤེས་མེད། ཐོབ་པ་མེད། མ་ཐོབ་པ་ཡང་མེད་དོ།།（ye śes med / thob pa med / ma thob pa yaṅ med do//）

林藏漢： 沒有聖智，沒有得，也沒有無得。

林註釋：

20-1.

ཡེ་ཤེས（ye śes）：聖智。所對應的梵文是 20-1. jñāna

20-2.

關於「聖智」、「智」、「慧」、「觀」等術語說明，請見第三章註釋 20-2。

20-3.

ཐོབ་པ（thob pa）：得。所對應的梵文是 20-3. prāpti。

མ་ཐོབ་པ（ma thob pa）：無得。

ཡང（yaṅ）：也。

20-(1) 是故，舍利子 ——

〈法成譯本〉(《玄奘》缺)

林藏格： ཤཱ་རིའི་བུ་དེ་ལྟ་བས་ན（Śā-riḥi bu de lta bas na）

林藏漢： 舍利子！因此，

林註釋：

20-(1-1).

梵文原文及《玄奘》未有「是故，舍利子」一句。但藏文有：ཤཱ་རིའི་བུ་དེ་ལྟ་བས་ན（Śa-riḥi bu de lta bas na）。

孔睿（Edward Conze）以本句有此一句，而修訂梵文為「tasmāc Chāriputra」，其英譯為‘Therefore, O Śāriputra’。中村元．紀野一義則修訂梵本僅有「是故，therefore」，而沒有譯出「舍利子」。

20-(1-2).

ཤཱ་རིའི་བུ（Śā-riḥi bu）：舍利子。

དེ་ལྟ་བས་ན（de lta bas na）：因是之故。

21. 以無所得故

林藏格： བྱང་ཆུབ་སེམས་དཔའ་རྣམས་ཐོབ་པ་མེད་པའི་ཕྱིར།（byaṅ chub sems dpaḥ rnams thob pa med paḥi phyir/）

林藏漢： 諸菩薩由於無所得之故，

林註釋：

21-1.

ཐོབ་ པ་ མེད་ པའི་ ཕྱིར（thob pa med paḥi phyir）：由於無所得之故。

ཕྱིར（phyir）：由於……之故。

21-2.

བྱང་ ཆུབ་ སེམས་ དཔའ་ རྣམས（byaṅ chub sems dpaḥ rnams）：諸菩薩。為本句的主詞。

22. 菩提薩埵依般若波羅蜜多故，心無罣礙

林藏格：ཤེས་ རབ་ ཀྱི་ ཕ་ རོལ་ ཏུ་ ཕྱིན་ པ་ ལ་ བརྟེན་ ཅིང་ གནས་ ཏེ། སེམས་ ལ་ ··· སྒྲིབ་ པ་ མེད་ པས（śes rab kyi pha rol tu phyin pa la brten ciṅ gnas te / sems la sgrib pa med pas）

林藏漢：（諸菩薩）所以（能）依止並安住於般若波羅蜜多；由於在內心沒有障蔽……。

林註釋：

22-1.

本句的主詞為「諸菩薩」བྱང་ཆུབ་སེམས་དཔའ་རྣམས（byaṅ chub sems dpaḥ rnams）在前句註釋 21-2 已說明。

22-2.

ཤེས་རབ་ཀྱི་ཕ་རོལ་ཏུ་ཕྱིན་པ་ལ（śes rab kyi pha rol tu phyin pa la）：於般若波羅蜜多。亦詳：1-4.1 及 3-2. 的解釋。

ཏུ（tu）：業格質詞。表移動的目的地。

ཕྱིན་པ（phyin pa）：到達。

ལ（la）：業格質詞。「於」。

22-3.

བརྟེན（brten）：依靠、依止。cf.《藏漢》p.1124a。

ཅིང（ciṅ）：而且、並且。

22-4.

གནས（gnas）：安住。cf.《藏漢》p.1547a。

ཏེ（te）：接續助詞（帶餘詞）。

22-5.

སེམས་ལ་སྒྲིབ་པ་མེད་པས（sems la sgrib pa med pas）：由於在內心沒有障蔽。所對應的梵文是第三章註釋 22-5. acittāvaraṇaḥ。

22-5.1　མེད་པས（med pas）：由於不存在。

22-5.2　སེམས་ལ（sems la）：在內心。

ལ (la)：業格質詞。「於」。

22-5.3　སྒྲིབ་པ (sgrib pa)：障蔽、障礙。

23. 無罣礙故，無有恐怖

林藏格：　སྐྲག་པ་མེད་དེ། (skrag pa med de/)

林藏漢：　（由於在內心沒蓋障，因此也就）沒有恐懼；

林註釋：

23-1.

前句已提到「由於在內心沒蓋障 སེམས་ལ་སྒྲིབ་པ་མེད་པས (sems la sgrib pa med pas)」，藏譯本或因而此處略去。

23-2.

藏譯本略去梵文的理由句 nāstitvāt「由於不存在故，因此」。但在前面 22-5.1 已使用 med pas 「由於不存在故，因此」的句型。

23-3.

སྐྲག་པ་མེད (skrag pa med)：沒有恐懼。

དེ（de）：接續助詞（帶餘詞）。

24. 遠離顛倒、夢想，究竟涅槃

林藏格： ཕྱིན་ཅི་ལོག་ལས་ཤིན་ཏུ་འདས་ནས་མྱ་ངན་ལས་འདས་པའི་མཐར་ཕྱིན་ཏོ།།（phyin ci log las śin tu ḥdas nas mya ṅan las ḥdas paḥi mthar phyin to//）

林藏漢： 從顛倒中完全地超越之後，已到達涅槃的究竟。

林註釋：

24-1.

除了《玄奘》及可能譯自《玄奘》譯本的于闐譯本之外，漢譯《法成》、《唐梵對字音》及其他所有的梵、藏皆是「從顛倒中完全超越」，文字中皆未見有漢譯的「夢想」字意。

24-2.

ཕྱིན་ཅི་ལོག་ལས་ཤིན་ཏུ་འདས་ནས（phyin ci log las śin tu ḥdas nas）：從顛倒中完全超越。

24-2.1

ཕྱིན་ཅི་ལོག（phyin ci log）：顛倒。

ལས（las）：作從格。「從」。表來源、出處。

24-2.2

ཤིན་ཏུ་འདས（śin tu ḥdas）

ཤིན་ཏུ（śin tu）：完全地。

འདས（ḥdas）：超越。

ནས（nas）：從格質詞。「從」。

24-3.~ 24-6.

關於「夢想」、「顛倒」、「完全超越」的術語說明，請見第三章註釋 24-3~ 24-6。

24-7.

མྱ་ངན་ལས་འདས་པའི་མཐར་ཕྱིན་ཏོ（mya ṅan las ḥdas paḥi mthar phyin to）到達涅槃的究竟。

24-7.1

མཐར（mthar）：邊際；究竟。

ཕྱིན（phyin）：到達。[梵文：ita]

ཏོ（to）：完結助詞。相當於句點。

24-7.2　མྱ་ངན་ལས་འདས་པ（mya ṅan las ḥdas pa）：從痛苦中超越；涅槃。

25. 三世諸佛，依般若波羅蜜多故，得阿耨多羅三藐三菩提

林藏格： དུས་གསུམ་དུ་རྣམ་པར་བཞུགས་པའི་སངས་རྒྱས་ཐམས་ཅད་ཀྱང་། ཤེས་རབ་ཀྱི་ཕ་རོལ་ཏུ་ཕྱིན་པ་ལ་བརྟེན་ནས། བླ་ན་མེད་པ་ཡང་དག་པར་རྫོགས་པའི་བྱང་ཆུབ་ཏུ་མངོན་པར་རྫོགས་པར་སངས་རྒྱས་སོ།།
（dus gsum du rnam par bshugs paḥi saṅs rgyas thams cad kyaṅ / śes rab kyi pha rol tu phyin pa la brten nas / bla na med pa yaṅ dag par rdsogs paḥi byaṅ chub tu mṅon par rdsogs par saṅs rgyas so//）

林藏漢： 安住於三世當中的一切諸佛也在依止般若波羅蜜多後，於無上正確圓滿的菩提中，現前圓滿地成佛。

林註釋：

25-1.

དུས་གསུམ་དུ་རྣམ་པར་བཞུགས་པའི（dus gsum du rnam par bshugs paḥi）：安住於三世當中的。

25-1.1

དུས་གསུམ（dus gsum）：三世、三時。

དུ（du）：時間副詞。「於」。

25-1.2

རྣམ་པར་བཞུགས་པའི（rnam par bshugs paḥi）：安住於。

རྣམ་པར་བཞུགས་པ（rnam par bshugs pa）：安住。所對應的梵文是第三章註釋 25-1.2 vyavasthitā。

འི（ḥi）：屬格，的。

25-2.

སངས་རྒྱས་ཐམས་ཅད་ཀྱང（saṅs rgyas thams cad kyaṅ）：一切諸佛也。

སངས་རྒྱས་ཐམས་ཅད（saṅs rgyas thams cad）：一切諸佛。

25-2.1 ཐམས་ཅད（thams cad）：一切。同註釋 10-2.1。

25-2.1 སངས་རྒྱས（saṅs rgyas）：佛。

ཀྱང（kyaṅ）：ཡང（yaṅ），也。[梵文：ca]。

25-3.

ཤེས་རབ་ཀྱི་ཕ་རོལ་ཏུ་ཕྱིན་པ་ལ（śes rab kyi pha rol tu phyin pa la）：於般若波羅蜜多。逐字說明，可以詳參如註釋 1-4.1、22-2.及 33-2.的解說。

ལ（la）：業格質詞。「於」。

25-4.

བརྟེན་ནས（brten nas）：是絕對分詞（gerund）。所對應梵文亦是絕對分詞（ger.），可以詳參第三章註釋 25-4. āśritya。

在古典梵文與藏文的文法書皆載：絕對分詞有強調「動作發生的前、後性」，試譯為「依……而……」、「皈依……（之後）」之意。

25-5.

བླ་ན་མེད་པ（bla na med pa）：無上。所對應梵文，可以詳參第三章註釋 25-5. anuttara。

25-6.

ཡང་དག་པར་རྫོགས་པའི་བྱང་ཆུབ་ཏུ（yaṅ dag par rdsogs paḥi byaṅ chub tu）：於正確圓滿的菩提中。

25-6.1

ཡང་དག་པར（yaṅ dag par）：正確地。

རྫོགས་པ（rdsogs pa）：圓滿。

འི（ḥi）：屬格。的。

25-6.2

བྱང་ཆུབ（byaṅ chub）：菩提。

ཏུ（tu）：LOP 質詞，作動作目標的抽象副詞。「……之中」之意。

25-7.

མངོན་པར་རྫོགས་པར་སངས་རྒྱས་སོ།།（mṅon par rdsogs par saṅs rgyas so//）：現前圓滿地成佛。

མངོན་པ（mṅon pa）：現證。

25-7.1 རྫོགས་པར（rdsogs par）：副詞，圓滿地。

25-7.2 སངས་རྒྱས（saṅs rgyas）：過去受動分詞，「成佛、已證悟、遍覺」之意。

26. 故知般若波羅蜜多是大神咒

林藏格：　དེ་ལྟ་བས་ན་ཤེས་རབ་ཀྱི་ཕ་རོལ་ཏུ་ཕྱིན་པའི་སྔགས།（de lta bas na śes rab kyi pha rol tu phyin paḥi sṅags/）

林藏漢：　因此，般若波羅蜜多咒，

林註釋：

26-1.

དེ་ལྟ་བས་ན（de lta bas na）：片語，因是之故。cf.《藏漢》p.1826b。

26-2.

《玄奘》譯「知般若波羅蜜多是大神咒」，梵文為 “jñātavyaṃ prajñāpāramitā mahāmantro”：「應知般若波羅蜜多是大咒」。藏譯此處是：ཤེས་རབ་ཀྱི་ཕ་རོལ་ཏུ་ཕྱིན་པའི་སྔགས（śes rab kyi pha rol tu phyin paḥi sṅags）般若波羅蜜多咒。

ཤེས་རབ་ཀྱི་ཕ་རོལ་ཏུ་ཕྱིན་པའི（śes rab kyi pha rol tu phyin paḥi）：般若波羅蜜多的。

སྔགས（sṅags）：名詞，咒語。所對應梵文參第三章註釋 27-1.3 mantras。

27. 是大明咒、是無上咒、是無等等咒

林藏格：　རིག་པ་ཆེན་པོའི་སྔགས། བླ་ན་མེད་པའི་སྔགས། མི་མཉམ་པ་དང་··· མཉམ་པའི་སྔགས།（rig pa chen poḥi sṅags / bla na med paḥi sṅags / mi mñam pa daṅ mñam paḥi sṅags/）

林藏漢：　就是大明咒，就是無上咒，就是無等等咒，

林註釋：

27-1.

རིག་པ་ཆེན་པོའི་སྔགས（rig pa chen poḥi sṅags）：大明咒

27-1.1　ཆེན་པོ（chen po）：形容詞，大的。

27-1.2　རིག་པ（rig pa）：名詞，明。所對應梵文參第三章註釋 27-1.2　vidyā。

27-1.3　སྔགས（sṅags）：咒。所對應梵文參第三章註釋 27-1.3 mantras。

27-2.

「明」、「咒」、「總持」，請詳：第三章註釋 27-2.。

27-3.~ 27-5.

བླ་ན་མེད་པ（bla na med pa）：無上、梵音「阿耨多羅」。所對應梵文參第三章註釋 25-3. anuttara。

27-6.

27-6.1

མི་མཉམ་པ་དང་མཉམ་པ（mi mñam pa daṅ mñam pa）：無等等。所對應梵文參第三章註釋 27-6.1 asamasama。

མི་མཉམ་པ（mi mñam pa）：無等、無相等。

དང（daṅ）：並列連接詞，「及」、「且」。

མཉམ་པ（mñam pa）：相等。

འི（ḥi）：屬格。的。

27-6.2 སྔགས（sṅags）：咒。請詳：27-1.3。

28. 能除一切苦

林藏格： སྡུག་བསྔལ་ཐམས་ཅད་རབ་ཏུ་ཞི་བར་བྱེད་པའི་སྔགས།（sdug bsṅal thams cad rab tu shi bar byed paḥi sṅags/）

林藏漢： 就是能完全止息一切苦的咒；

林註釋：

28-1.

སྡུག་བསྔལ་ཐམས་ཅད་རབ་ཏུ་ཞི་བར་བྱེད་པ（sdug bsṅal thams cad rab tu shi bar byed pa）：能完全止息一切苦。

སྡུག་བསྔལ་ཐམས་ཅད（sdug bsṅal thams cad）：一切苦。

28-1.1 ཐམས་ཅད（thams cad）：一切。同註釋 10-2.1 及 25-2.1。

28-1.2 སྡུག་བསྔལ（sdug bsṅal）：名詞，痛苦。同註釋 19-1。

28-1.3

རབ་ཏུ་ཞི་བར་བྱེད་པ（rab tu shi bar byed pa）：完全地能使止息。對應的梵文是第三章註釋 28-1.3 praśamana。

རབ་ཏུ（rab tu）：副詞，完全地、徹底地。

ཞི་བ（shi ba）：止息。

29. 真實，不虛（故）

林藏格： མི་རྫུན་པས་ན་བདེན་པར་ཤེས་པར་བྱ་སྟེ།（mi rdsun pas na bden par śes par bya ste/）

林藏漢： 由於沒有虛假，所以應當了解（沒有虛假）是真實的。

林註釋：

29-1.

བདེན་པ（bden pa）：真實。對應的梵文是第三章註釋 29-1. satya。

ར（ra）：業格。

29-2.

མི་རྫུན་པས་ན（mi rdsun pas na）：由於沒有虛假。

29-2.1 མི（mi）：沒有。

29-2.2 རྫུན་པ（rdsun pa）：虛假。對應梵文是第三章註釋 29-2.2　mithyā。

ས（sa）：具格。表原因。

ན（na）：由於……。

29-3.

在此處藏譯較梵文多出一句 ཤེས་པར་བྱ（śes par bya）應當了解。

ཤེས་པར་བྱ（śes par bya）：應當了解。cf.《藏漢》p.407。

ཤེས་པ（śes pa）：了解、知道。

ར（ra）：業格。

བྱ（bya）：（byed pa）的未來式，應該。

སྟེ（ste）：帶餘詞，接續下一段。

29-4.

本句藏譯合於梵文的意涵："satyam amithyatvāt"

「由於不虛假之故，（是）真實的」。

前因是「由於不虛假」，後果是「真實的」。如果僅由漢譯「真實不虛」，往往會單純地意解為一個形容詞，並不能掌握經典語彙真正意趣的所在了。

30. （故）說般若波羅蜜多咒

林藏格： ཤེས་རབ་ཀྱི་ཕ་རོལ་ཏུ་ཕྱིན་པའི་སྔགས་སྨྲས་པ། (śes rab kyi pha rol tu phyin paḥi sṅags smras pa/)

林藏漢： 般若波羅蜜多咒（的內容）就說了——

林註釋：

30-1.

ཤེས་རབ་ཀྱི་ཕ་རོལ་ཏུ་ཕྱིན་པ（śes rab kyi pha rol tu phyin pa）

般若波羅蜜多。逐字說明，可以詳參如註釋 1-4.1、22-2.及 33-2.的解說。

30-2.

སྨྲས་པ（smras pa）：過去分詞，說了。所對應的梵文是第三章註釋 30-2. ukta。

31. 即說咒曰——

林藏格： ཏདྱ་ཐ།（ta dya tha）

林藏漢： 即說咒曰：——（怛姪他——）

林註釋：

31-1.

ཏདྱ་ཐ（ta dya tha）：藏譯梵音「怛姪他」,「亦即」、「就是」。所對應的梵文為第三章註釋 31-1. tad yathā。

31-2.

梵文 tadyatha，漢文意譯為：「即說咒曰」、「咒語如下」、「咒文正是」等，音譯為：「怛你也二合他」、「怛姪哆」等譯法。

藏音譯為ཏ་དྱ་ཐ（ta-dya-tha），常聽到藏人讀為ཏད་ཡ་ཐ（te-ya-tha）。按《大藏全咒》藏文咒語轉寫習慣，ཏད轉寫為 tad；照梵文的習慣，tad 念音為「大的」。但若照藏文的發音規則，tad 中的 ad 會音變為 e 音，故念做“te”。

又有些人會誤用英文習慣，將 te 發成 the 音，其實梵文及藏文的 t 也都念成類似國語注音的ㄉ音，其與 d 之不同，主要是發音位置在口腔前半部與後半部的差異。

此外，也有些人聽到此 tadyatha 的藏音念成「爹鴉他」（de-ya-tha），而誤以為是藏文版中將 ta-dya-tha 的 ta 字省略了，其實這也是前述 d 後加時 ad 變成 e 音所造成的誤會。

這種因藏文拼音習慣造成梵文咒音差異的類似例子，還有常見於〈六字大明咒〉的 pad-ma 一字。padma 常被念成 pe-ma，因按藏文拼音規則 pad 讀為 pe。也有些人會用英文的習慣將 p 念成 ph（ㄆ）音，其實 p 正確應發成國語注音的ㄅ音，其與 b 的不同，主要是發音位置在口腔前半部與後半部的差異。

在此順帶一提，筆者發現六字大明咒中的 pa-dme，在韓國常寫成 pha-dme。不過，他們還是當成 pa-dma 看待。

其中，對於 pad-ma 一字「藏音譯梵」的另一說明，亦請見：廖本聖《實用西藏語文法》p.112 n.8。

32. 揭諦！揭諦！般羅揭諦！般羅僧揭帝！菩提，僧莎訶——

林藏格： ག་ཏེ་ག་ཏེ་པཱ་ར་ག་ཏེ། པཱ་ར་སཾ་ག་ཏེ། བོ་དྷི་སྭཱ་ཧཱ།（ga-te ga-te pā-ra-ga-te / pā-ra-saṁ-ga-te / bo-dhi-svā-hā）

林藏漢： 揭諦、揭諦、波羅揭諦、波羅僧揭諦、菩提娑婆訶，

林註釋：

32-1.

ག་ཏེ（ga-te）：藏譯梵音「揭諦」。「已去的、已完成的」之意。

32-2.

པཱ་ར་ག་ཏེ（pā-ra-ga-te）：藏譯梵音「波羅揭諦」。「已行去彼岸的、已完成事業的」之意。

32-3.

པཱ་ར་སཾ་ག་ཏེ（pā-ra-sam-ga-te）：藏譯梵音「波羅僧揭諦」。「遍已行去彼岸的、遍超越彼岸的」之意。

32-4.

བོ་དྷི（bo-dhi）：藏譯梵音「菩提」。「覺」之意。

32-5.

སྭཱ་ཧཱ（svā-hā）：藏譯梵音「娑婆訶」。「究竟、成就」之意。

32-6.

本標題 32.是依現在學術界最通用的方式，取於《大正藏》，而《大正藏》主要取自《高麗藏》。一般通行本「般若」寫做「波若」，而「僧莎訶」寫做「娑婆訶」。我們為了看《高麗藏》的字體，親自到韓國「海印寺」拍下原來木刻版，收在本書前相片彩圖中。

32-(1). 舍利弗！諸菩薩摩訶薩於甚深般若波羅蜜多行，應如是行。

〈般若共利言譯本〉(《玄奘》缺)

林藏格： ཤཱ་རིའི་བུ། བྱང་ཆུབ་སེམས་དཔའ་སེམས་དཔའ་ཆེན་པོས་དེ་ལྟར་· · · ཤེས་རབ་ཀྱི་ཕ་རོལ་ཏུ་ཕྱིན་པ་ཟབ་མོ་ལ་བསླབ་པར་བྱའོ།།

（Śā-riḥi bu byaṅ-chub sems dpaḥ sems dpaḥ chen pos de ltar śes rab kyi pha rol tu phyin pa zab mo la bslab par byaḥo//）

林藏漢： 舍利子！菩薩摩訶薩應該如前述一般地修學甚深般若波羅蜜多。

林註釋：

32-(1-1).

ཤཱ་རིའི་བུ（Śā-riḥi bu）：舍利子呀！省略梵文呼格助詞 kye。

བྱང་ཆུབ་སེམས་དཔའ་སེམས་དཔའ་ཆེན་པོས（byaṅ-chub sems dpaḥ sems dpaḥ chen pos）：主詞，菩薩摩訶薩。

ས（sa）：名詞+ sa 成為「作具格」。

32-(1-2).

དེ་ལྟར་ཤེས་རབ་ཀྱི་ཕ་རོལ་ཏུ་ཕྱིན་པ་ཟབ་མོ་ལ་བསླབ་པར་བྱའོ（de ltar śes rab kyi pha rol tu phyin pa zab mo la bslab par byaḥo）應該如前述一般地修學甚深般若波羅蜜多。

དེ་ལྟར（de ltar）：（指前面講過的）如、像那樣的。

ཟབ་ མོ་（zab mo）：甚深。

ལ་（la）：LOP 質詞，「於」。

བསླབ་ པར་ བྱ་（bslab par bya）：未來式，應該……修學。

བསླབ་ པ་（bslab pa）：སློབ་ པ་（slob pa）的未來式，修學、學習。

བྱ་（bya）：（byed pa）的未來式，應該。

འོ་（ḥo）：完結助詞。相當於句點，用於後加字母 ḥa 或無後加字母 mthaḥ med 之後。

32-(2). 即時，世尊從廣大甚深三摩地起，讚觀自在菩薩摩訶薩言：

〈般若共利言譯本〉(《玄奘》缺)

林藏格：　དེ་ ནས་ བཅོམ་ ལྡན་ འདས་ ཏིང་ ངེ་ འཛིན་ དེ་ ལས་ བཞེངས་ ཏེ། བྱང་ ཆུབ་ སེམས་ དཔའ་ སེམས་ དཔའ་ ཆེན་ པོ་ འཕགས་ པ་ སྤྱན་ རས་ གཟིགས་ ···· དབང་ ཕྱུག་ ལ་ ལེགས་ སོ་ ཞེས་ བྱ་ བ་ བྱིན་ ནས།（de nas Bcom-ldan- ḥdas tiṅ-ṅe-ḥdsin de las bsheṅs te / byaṅ chub sems dpaḥ sems dpaḥ chen po ḥphags pa spyan ras gzigs dbaṅ phyug la legs so shes bya ba byin nas/）

林藏漢：　在（觀自在菩薩摩訶薩對舍利子說了）那（段話）之後，薄伽梵從那個（名為「顯明甚深」的）三昧起身，並對聖觀自在菩薩摩訶薩給予「讚嘆」（如下）——

林註釋：

32-(2-1).

དེ་ ནས་ བཅོམ་ ལྡན་ འདས་ ཏིང་ ངེ་ འཛིན་ དེ་ ལས་ བཞེངས་ ཏེ（de nas Bcom-ldan-ḥdas tiṅ-ṅe-ḥdsin de las bsheṅs te）在（觀自在菩薩摩訶薩對舍利子說了）那（段話）之後，薄伽梵從那個（名為「顯明甚深」的）三昧起身，

དེ་ ནས（de nas）：在那（段話）之後。

ཏིང་ ངེ་ འཛིན（tiṅ-ṅe-ḥdsin）：三昧、三摩地。

དེ（de）：指示代名詞，那個（指 tiṅ-ṅe-ḥdsin）。

ལས（las）：從格，從。

བཞེངས（bsheṅs）：起身。

32-(2-2).

བྱང་ ཆུབ་ སེམས་ དཔའ་ སེམས་ དཔའ་ ཆེན་ པོ་ འཕགས་ པ་ སྤྱན་ རས་ ……
གཟིགས་ དབང་ ཕྱུག་ ལ་ ལེགས་ སོ་ ཞེས་ བྱ་ བ་ བྱིན་ ནས（Byaṅ chub sems dpaḥ sems dpaḥ chen po ḥphags pa spyan ras gzigs dbaṅ phyug la legs so shes bya ba byin nas）並對聖觀自在菩薩摩訶薩給予「讚嘆」（如下）——

བྱང་ ཆུབ་ སེམས་ དཔའ་ སེམས་ དཔའ་ ཆེན་ པོ་ འཕགས་ པ་ སྤྱན་ རས་ གཟིགས་ དབང་ ཕྱུག（Byaṅ chub sems dpaḥ sems dpaḥ chen po ḥphags pa sPyan ras gzigs dbaṅ phyug）：聖觀自在菩薩摩訶薩。

ལ（la）：業格，「對著」。作為「legs so（讚嘆）」的間接受詞。

ལེགས（legs）：讚嘆。

སོ（so）：完結助詞。相當於句點，用於後加字母或再後加字母 sa 之後。

ཞེས་བྱ་བ（shes bya ba）：所謂的。

བྱིན（byin）：（sbyin pa）的過去式，給予。cf.《藏漢》p.2025b。

བྱིན་ནས（byin nas）：完成式，給予。

32-(3). 「善哉！善哉！善男子，如是！如是！如汝所說，甚深般若波羅蜜多行，應如是行。如是行時，一切如來皆悉隨喜。」

〈般若共利言譯本〉(《玄奘》缺)

林藏格：ལེགས་སོ་ལེགས་སོ།། རིགས་ཀྱི་བུ་དེ་དེ་བཞིན་ནོ།། རིགས་ཀྱི་བུ་དེ་དེ་བཞིན་ཏེ། ཇི་ལྟར་ཁྱོད་ཀྱིས་བསྟན་པ་དེ་བཞིན་དུ་ཤེས་རབ་ཀྱི་ཕ་རོལ་ཏུ་ཕྱིན་པ་ཟབ་མོ་ལ་སྤྱད་པར་བྱ་སྟེ། དེ་བཞིན་གཤེགས་པ་རྣམས་ཀྱང་རྗེས་སུ་ཡི་རང་ངོ།།（legs so legs so //rigs kyi bu de de bshin no // rigs kyi bu de de bshin te/ ji ltar khyod kyis bstan pa de bshin du śes rab kyi pha rol tu phyin pa zab mo la spyad par bya ste / de bshin gśegs pa rnams kyaṅ rjes su yi raṅ ṅo//）

林藏漢：「善哉！善哉！彼男子（應）如此！正如應該如你（觀自在菩薩摩訶薩）所說的那樣實行甚深般

若波羅蜜多（行），諸善逝也隨喜。」

林註釋：

32-(3-1).

ལེགས་སོ་ལེགས་སོ།། རིགས་ཀྱི་བུ་དེ་དེ་བཞིན་ནོ།། རིགས་ཀྱི་བུ་དེ་དེ་བཞིན་ཏེ།（legs so legs so //rigs kyi bu de de bshin no // rigs kyi bu de de bshin te/）善哉！善哉！那個善男子（應）如此！

ལེགས་སོ（legs so）：感歎詞，善哉！

རིགས་ཀྱི་བུ（rigs kyi bu）：善男子。

དེ（de）：彼，指——舍利子所問的善男子應如何修學。

དེ་བཞིན（de bshin）：像那樣，指——觀自在菩薩所說的修學內容。

ནོ（no）：完結助詞。相當於句點，用於 n 後音之後。

ཏེ（te）：帶餘詞，接續下一段。

32-(3-2).

ཇི་ལྟར་ཁྱོད་ཀྱིས་བསྟན་པ་དེ་བཞིན་དུ་ཤེས་རབ་ཀྱི་ཕ་རོལ་ཏུ་ཕྱིན་པ་ཟབ་མོ་ལ་སྤྱད་པར་བྱ་སྟེ།（ji ltar khyod kyis bstan pa de bshin du śes rab kyi pha rol tu phyin pa zab mo la spyad par bya ste/）正如應該如你（觀自在菩薩摩訶薩）所說的那樣實行甚深般若波羅蜜多（行）。

ཇི་ལྟར（ji ltar）：如同。

ཁྱོད（khyod）：你（指：觀自在菩薩摩訶薩）。

ཀྱིས（kyis）：作具格。

བསྟན་པ（bstan pa）：所說、已說。stan pa 的過去式。

དེ་བཞིན་དུ（de bshin du）：像那樣地、如同。

སྤྱད་པར་བྱ（spyad par bya）：應該實行。

སྤྱད་པ（spyad pa）：實行。spyod pa 的未來式。

32-(3-3).

དེ་བཞིན་གཤེགས་པ་རྣམས་ཀྱང་རྗེས་སུ་ཡི་རང་ངོ༎（de bshin gśegs pa rnams kyaṅ rjes su yi raṅ ṅo//）諸善逝也隨喜。

དེ་བཞིན་གཤེགས་པ（de bshin gśegs pa）：善逝（如去）。

རྣམས（rnams）：諸。

ཀྱང（kyaṅ）：讓步質詞，也、甚至。

རྗེས་སུ（rjes su）：副詞，隨之。

ཡི་རང（yi raṅ）：歡喜。

ངོ（ṅo）：完結助詞。相當於句點，用於後加字母 ṅa 之後。

32-(4). 爾時世尊說是語已

〈般若共利言譯本〉（《玄奘》缺）

林藏格：བཅོམ་ལྡན་འདས་ཀྱིས་དེ་སྐད་ཅེས་བཀའ་སྩལ་ནས།（Bcom ldan ḥdas kyis de skad ces bkaḥ stsal nas/）

林藏漢：薄伽梵開示了「那段話」之後，

林註釋：

32-(4-1).

བཅོམ་ལྡན་འདས（Bcom ldan ḥdas）：薄伽梵、世尊。

ཀྱིས（kyis）：作具格。

དེ་སྐད་ཅེས（de skad ces）：「那段話」。

བཀའ་སྩལ་ནས（bkaḥ stsal nas）：開示了……之後。

བཀའ་སྩལ（bkaḥ stsal）：開示了。bkaḥ stsol ba 的過去式。

32-(5). 具壽舍利弗大喜充遍，觀自在菩薩摩訶薩亦大歡喜

〈般若共利言譯本〉(《玄奘》缺)

林藏格： ཚེ་དང་ལྡན་པ་ཤཱ་ར་དྭ་ཏིའི་བུ་དང་། བྱང་ཆུབ་སེམས་དཔའ་སེམས་དཔའ་ཆེན་པོ་འཕགས་པ་སྤྱན་རས་གཟིགས་དབང་ཕྱུག་དང་། ཐམས་ཅད་དང་ལྡན་པའི་འཁོར་དེ་དང་།（tshe daṅ ldan pa Śā-ra-dva-tiḥi bu daṅ / byaṅ chub sems dpaḥ sems dpaḥ chen po ḥphags pa spyan ras gzigs dbaṅ phyug daṅ / thams cad daṅ ldan paḥi ḥkhor de daṅ/）

林藏漢： 長老舍利弗及聖觀自在菩薩摩訶薩以及所有那（些與會）大眾、以及……

林註釋：

32-(5-1).

ཚེ་ དང་ ལྡན་ པ་ ཤཱ་ ར་ དྭ་ ཏིའི་ བུ་ དང་ （tshe daṅ ldan pa Śā-ra-dva-tiḥi bu daṅ）長老舍利弗以及、

ཚེ་ དང་ ལྡན་ པ（tshe daṅ ldan pa）：長老。

ཤཱ་ ར་ དྭ་ ཏིའི་ བུ་ （Śā-ra-dva-tiḥi bu）：舍利弗。

དང（daṅ）：以及。

32-(5-2).

བྱང་ ཆུབ་ སེམས་ དཔའ་ སེམས་ དཔའ་ ཆེན་ པོ་ འཕགས་ པ་ སྤྱན་ རས་ གཟིགས་ དབང་ ཕྱུག་ དང་།（byaṅ chub sems dpaḥ sems dpaḥ chen po ḥphags pa spyan ras gzigs dbaṅ phyug daṅ /）觀自在菩薩摩訶薩

བྱང་ ཆུབ་ སེམས་ དཔའ་ སེམས་ དཔའ་ ཆེན་ པོ（byaṅ chub sems dpaḥ sems dpaḥ chen po）：菩薩摩訶薩。

འཕགས་ པ（ḥphags pa）：神聖的。

32-(5-3).

ཐམས་ ཅད་ དང་ ལྡན་ པའི་ འཁོར་ དེ་ དང（thams cad daṅ ldan paḥi ḥkhor de daṅ）所有那（些與會）大眾、以及……

ཐམས་ ཅད（thams cad）：所有的。

དང་ ལྡན་ པ（daṅ ldan pa）：片語，連同。

འཁོར（ḥkhor）：與會大眾、大眾。

དེ（de）：指示代名詞，那（些）。

32-(6). 時彼眾會天、人、阿修羅、乾闥婆等

〈般若共利言譯本〉(《玄奘》缺)

林藏格：ལྷ་དང་། མི་དང་། ལྷ་མ་ཡིན་དང་། དྲི་ཟར་བཅས་པའི་འཇིག་རྟེན་ཡི་རང་སྟེ། (lha daṅ / mi daṅ / lha ma yin daṅ / dri zar bcas paḥi ḥjig rten yi raṅ ste/)

林藏漢：天、人、阿修羅、乾闥婆……等的世間(皆)隨喜，並且，

林註釋：

32-(6-1).

ལྷ (lha)：天。

མི (mi)：人。

ལྷ་མ་ཡིན (lha ma yin)：非天、阿修羅。

དྲི་ཟ (dri za)：乾闥婆。

ར (ra)：邏義格助虛詞，修飾名詞、形容詞等。

བཅས་པ (bcas pa)：具有……等等。

འཇིག་རྟེན (ḥjig rten)：世間。

ཡི་རང (yi raṅ)：隨喜。

སྟེ (ste)：接續助詞、帶餘詞。

32-(7). 聞佛所說，皆大歡喜，信受奉行

〈般若共利言譯本〉(《玄奘》缺)

林藏格：བཅོམ་ལྡན་འདས་ཀྱིས་གསུངས་པ་ལ་མངོན་པར་བསྟོད་དོ།།（Bcom ldan ḥdas kyis gsuṅs pa la mṅon par bstod do//）

林藏漢：對於薄伽梵所說的（內容）非常讚揚。

林註釋：

32-(7-1).

བཅོམ་ལྡན་འདས（Bcom ldan ḥdas）：薄伽梵、世尊。

ཀྱིས（kyis）：作具格。

གསུངས་པ（gsuṅs pa）：གསུང་བ（gsuṅ ba）的過去式。「講述」的敬語。

ལ（la）：LOP 質詞，業格。

མངོན་པར（mṅon par）：副詞，非常地。

བསྟོད（bstod）：讚揚。

དོ（do）：完結助詞。相當於句點，用於後加字母 da 之後。

33. 般若波羅蜜多心經

林藏格： བཅོམ་ལྡན་འདས་མ་ཤེས་རབ་ཀྱི་ཕ་རོལ་ཏུ་ཕྱིན་པའི་སྙིང་པོ་ཞེས་བྱ་བ་ཐེག་པ་ཆེན་པོའི་མདོ་རྫོགས་སོ།། །།（*Bcom ldan ḥdas ma śes rab kyi pha rol tu phyin paḥi sñiṅ po shes bya ba theg pa chen poḥi mdo* rdsogs so// //）

林藏漢： 名為《薄伽梵母——般若波羅蜜多心經》的大乘經典竟。

林註釋：

33-1.

ཞེས་བྱ་བ（shes bya ba）：所謂的。所對應的梵文是第三章註釋 33-1. iti

33-2.

བཅོམ་ལྡན་འདས་མ་ཤེས་རབ་ཀྱི་ཕ་རོལ་ཏུ་ཕྱིན་པའི་སྙིང་པོ（*Bcom ldan ḥdas ma śes rab kyi pha rol tu phyin paḥi sñiṅ po*）

བཅོམ་ལྡན་འདས་མ（Bcom ldan ḥdas ma）：薄伽梵母、佛母。

ཤེས་རབ་ཀྱི་ཕ་རོལ་ཏུ་ཕྱིན་པ（śes rab kyi pha rol tu phyin pa）：般若波羅蜜多。

སྙིང་པོ（sñiṅ po）：心要、精要。

33-3.

ཐེག་པ་ཆེན་པོའི་མདོ་རྫོགས་སོ（*theg pa chen poḥi mdo* rdsogs so）

ཐེག་པ་ཆེན་པོ（theg pa chen po）：大乘。

ཆེན་པོ（chen po）：大的。

མདོ（mdo）：經典。

རྫོགས（rdsogs）：完畢、竟。cf.《藏漢》p.2360a。

སོ（so）：完結助詞。相當於句點。用於前一詞後加字母或再後加字母 sa 之後。

33-(1). 譯師名

林藏格： རྒྱ་གར་གྱི་མཁན་པོ་བི་མ་ལ་མི་ཏྲ་དང་། ལོ་ཙྪ་བ་དགེ་སློང་རིན་··· ཆེན་སྡེས་བསྒྱུར་ཅིང་།（rgya gar gyi mkhan po Vi-ma-la mi-tra daṅ / lo ccha va gde sloṅ Rin chen sdes bsgyur ciṅ/）

林藏漢：印度的堪布無垢友（梵：Vimala mitra）及譯師寶軍比丘（藏：gde sloṅ Rin chen sdes）翻譯；

林註釋：

33-(1-1).

རྒྱ་གར་གྱི་མཁན་པོ་བི་མ་ལ་མི་ཏྲ་དང（rgya gar gyi mkhan po vi-ma-la mi-tra daṅ）印度的堪布無垢友（梵：vimala mitra）及……

རྒྱ་གར（rgya gar）：印度。

གྱི（gyi）：屬格質詞，的。

མཁན་པོ（mkhan po）：堪布、親教師、大和尚。

བི་མ་ལ་མི་ཏྲ（Vi-ma-la mi-tra）：人名，無垢友。是以「藏音譯梵文」。

དང（daṅ）：以及。

33-(1-2).

ལོ་ཙྪ་བ་དགེ་སློང་རིན་ཆེན་སྡེས་བསྒྱུར་ཅིང（lo ccha va gde sloṅ Rin chen sdes bsgyur ciṅ）：譯師寶軍比丘翻譯。

ལོ་ཙྪ་བ（lo ccha va）：譯師。

དགེ་སློང（gde sloṅ）：比丘。cf.《藏漢》p.1471b。

རིན་ཆེན་སྡེ（Rin chen sde）：人名，寶軍，སྡེས（sde）加sa作具格，當成主格。

བསྒྱུར（bsgyur）：翻譯。

ཅིང（ciṅ）：而且。

33-(2). 主校譯師名稱

林藏格：　ཞུ་ཆེན་གྱི་ལོ་ཙྪ་བ་དགེ་བློ་དང་། ནམ་མཁའ་ལ་སོགས་པས་ཞུས་ཏེ་གཏན་ལ་ཕབ་པ།། །།（shu chen gyi lo ccha va Dge blo daṅ Nam mkhaḥ la sogs pas shus te gtan la phab pa // //）

林藏漢：　主校譯師善慧（藏：Dge blo）及虛空（藏：Nam mkhaḥ）等校勘並訂正。

林註釋：

33-(2-1).

ཞུ་ཆེན་གྱི་ལོ་ཙྪ་བ་དགེ་བློ་དང་། ནམ་མཁའ་ལ་སོགས་པས་ཞུས་ཏེ་གཏན་ལ་ཕབ་པ།། །།（shu chen gyi lo ccha va Dge blo daṅ Nam mkhaḥ la sogs pas shus te gtan la phab pa // //）

ཞུ་ཆེན（shu chen）：主校。

གྱི（gyi）：屬格質詞，「的」。

ལོ་ཙྪ་བ（lo ccha va）：譯師、世間眼。

དགེ་བློ（Dge blo）：人名，善慧。

དང（daṅ）：以及。

ནམ་མཁའ（Nam mkhaḥ）：人名，虛空。

ལ་སོགས་པ（la sogs pa）：「等」。

ཞུས（shus）：（shu ba）的命令式。校勘。

「請求、做」的敬語 ཞུས（shus）加 sa 作具格，當成主格。cf.《藏漢》p.2395a、2398b。

ཏེ（te）：接續助詞。

གཏན་ལ་ཕབ་པ（gtan la phab pa）：訂正。

33-(3).（校本當時）繕寫地點

林藏格：དཔལ་བསམ་ཡས་ལྷུན་གྱིས་གྲུབ་པའི་གཙུག་ལག་གི་དགེ་རྒྱས་བྱེ་མ་གླིང་གི་རྩིག་ངོས་ལ་བྲིས་པ་དང་ཞུ་དག་ལེགས་པར་བགྱིས་སོ།། །།（dpal bsam yas lhun gyis grub paḥi gtsug lag gi dge rgyas bye ma gliṅ gi rtsig ṅos la bris pa daṅ shu dag legs par bgyis so // //）

林藏漢：繕寫於吉祥桑耶任運成就寺（城牆外圍）之遍淨沙院的牆面，做了記錄並善加校勘。

林註釋：

33-(3).

དཔལ（dpal）：吉祥。

བསམ་ཡས（bsam yas）：桑耶、三樣。

ལྷུན་གྱིས（lhun gyis）：任運。

གྱིས（gyis）：作具格。

གྲུབ་པ（grub pa）：成就。

གཙུག་ལག（gtsug lag）：寺院。

གི（gi）：屬格質詞，「的」。

དགེ་རྒྱས་བྱེ་མ་གླིང（gi dge rgyas bye ma gliṅ）：遍淨沙院。

རྩིག་ངོས་ལ（rtsig ṅos la）：於牆面。

རྩིག་ངོས（rtsig ṅos）：牆面。

ལ（la）：LOP 質詞，位格。地點副詞。

བྲིས་པ་དང（bris pa）：繕寫。

དང（daṅ）：並。

ཞུ་དག（shu dag）：校勘。

ལེགས་པར（legs par）：善加。

ར（ra）：邏義格助虛詞，修飾動詞、形容詞等。

བགྱིས（bgyis）：བགྱིད（bgyid）的過去式。做了。

སོ（so）：完結助詞。相當於句點。用於前一詞後加字母或再後加字母 sa 之後。

第五章

梵藏心經學習

一、學習音檔說明

2004 年 4 月最初的版本《梵藏心經自學》出版之時，是於書末附上傳統 CD 光碟。時至今日，短短數年間科技日新月異，期間的變化超乎想像。當此次《梵藏漢心經對照》再版，我們原擬再製作光碟片附贈於書末，許多朋友們卻告知已經不再使用光碟片而改用播放 MP3 音檔的軟體媒介；這使得我們不得不重新審視這個趨勢。

因應時代潮流並呼應環保節能，我們將以提供音檔的作法取代傳統 CD 光碟，期望真正符合所有朋友需求。

讀者們可以至以下網址下載《梵藏漢心經對照》完整學習音檔：https://mantra.com.tw/shinkyo。此外，也能夠直接使用通訊軟體 LINE 抑或微信掃描下列 QR Code，毋須特別使用 QR Code 專用軟體。

倘若讀者希望儲存音檔，茲將常用的系統說明如下：

（一）LINE 安卓版：

① 打開 LINE 的【QR 碼掃描器】。

② 掃描【QR 圖檔】。

③ 點擊【點選連結可加以開啟】，將直接連結至嘉豐下載頁面。

④ 長按希望下載曲目選擇【儲存連結】。

⑤ 自動下載檔案至瀏覽器下載資料夾內。

（二）LINE IOS 版：

① 打開 LINE 的 QR 碼掃描器。

② 掃描【QR 圖檔】。

③ 點擊【點選連結可加以開啟】，將直接連結至嘉豐下載頁面。

④ 長按希望下載曲目選擇【下載連結檔案】。

⑤ 自動下載檔案至瀏覽器下載資料夾內。

（三）微信：

① 打開微信，點選下方【發現】。

② 點選【掃描】。

③ 掃描【QR 圖檔】。

④ 點擊右上方的【…】。

⑤ 點擊【複製連結】。

⑥ 使用其他瀏覽器貼上網址開啟。

⑦ 長按希望下載曲目選擇【下載連結檔案】或【儲存連結】。

⑧ 自動下載檔案至瀏覽器下載資料夾內。

（四）瀏覽器：

① 打開瀏覽器。

② 輸入網址：https://mantra.com.tw/shinkyo。

③ 長按希望下載曲目選擇【下載連結檔案】。

④ 自動下載檔案至瀏覽器下載資料夾內。

（五）備註說明：

由於使用的軟體與瀏覽器版本不同，部分說明文字可能有所不同。倘若說明文字不同時，建議可以關鍵字做判斷，譬如：「連結」、「下載」、「開啟」、「儲存」……，一旦關鍵字掌握正確與操作方向正確，很快就能夠順利下載成功。

二、梵藏心經學習內容說明

本書附贈的音檔內容，第一部分是穆克紀教授（Prof. Dr. Biswadeb Mukherjee）讀誦的梵文《心經》；第二部分是林祺安小姐讀誦的藏文《心經》；第三部分是德澤仁波切唱頌的藏文《心經》。由於三者的錄製時間不同，當時各自使用的版本與本書略有差異，請讀者明鑑。

音檔內容中，將梵文《心經》共分為五段：

第一段：編號 1-(1)～編號 5
第二段：編號 6～編號 11
第三段：編號 12～編號 20
第四段：編號 21～編號 25
第五段：編號 26～編號 33

在這個分段之後，再將全文依有號碼的內容重編一次。之後再用一次無號碼的單純念誦再重來一次。加上無號碼單純念誦的兩段，梵文本的《心經》共有七段。

藏文《心經》也是依照上述類似的方法，將藏文《心經》分成七段：

第一段：編號 1～編號 5
第二段：編號 5-(1)～編號 5-(5)
第三段：編號 6～編號 11
第四段：編號 12～編號 20
第五段：編號 20-(1)～編號 25
第六段：編號 26～編號 32

第七段：編號 32-(1)～編號 33

在這個分段之後，再將全文依有號碼的內容重編一次。之後再用一次無號碼的單純念誦再重新一次。加上無號碼單純念誦的兩段，藏文《心經》共有九段。

如上所述，本梵藏《心經》音檔的內容，計有梵文《心經》七首、藏文《心經》各九首，總計為二十五首。

讀者可同時參考《梵藏漢心經對照》第二章比對。為方便讀者自學，筆者另外再將梵文及藏文的二十五首經文內容與漢譯《心經》合併為一個對照表格，表詳列於下頁梵藏心經音檔內容。

由於透過紙版呈現的方式將使得字體調整較小，限於篇幅緣故與希望方便讀者翻閱對照，筆者同時提供可自由縮放字體大小之電子檔案供讀者閱覽。讀者可至以下網址下載《梵藏漢心經對照》學習講義：https://mantra.com.tw/shinkyostudy。此外，也能夠依照前述步驟直接使用通訊軟體 LINE 抑或微信掃描下列 QR Code 閱讀與下載講義，毋須特別使用 QR Code 專用軟體。

三、梵藏心經音檔內容

《梵藏漢心經對照》附贈之梵藏《心經》學習音檔，共有二十五首，以下分為梵文《心經》與藏文《心經》，依序將經文段落及轉寫列表呈現。

由於希望方便讀者翻閱對照，限於篇幅關係本文字體調整較小，讀者可同時參考《梵藏漢心經對照》第二章比對。

（一）、梵文心經

首	分段	編號	林　略　梵	林　梵　漢
1.	第一段	1.	**Prajñāpāramita-hṛdaya-sūtraṃ**	般若波羅蜜多心經
		1-(1)	**Namaḥ sarvajñāya**	皈敬知一切者！
		2.	**Āryāvalokiteśvaro bodhisattvo**	聖觀自在菩薩，
		3.	**gaṃbhīrāyāṃ prajñāpāramitāyāṃ caryāṃ caramāṇo**	正修行於甚深「般若波羅蜜多」行的時候，
		4.	**vyavalokayati sma pañca skandhāḥ, tāṃś ca svabhāva-śūnyān paśyati sma.**	他觀照五蘊，也已觀見那些對自性而言是空的（五蘊）。
		5.	---（梵文缺）---	---（梵文缺無譯）---
2.	第二段	6.	**iha Śāriputra**	於此（行深般若波羅蜜多……）之中！舍利子啊！
		6-(1)	**rūpaṃ śūnyatā śūnyataiva rūpaṃ.**	色者，空性也；空性即色也；
		7.	**rūpān na pṛthak śūnyatā, śūnyatāyā na pṛthag rūpaṃ.**	空性（是）不異於色，色（是）不異於空性；
		8.	**yad rūpaṃ sā śūnyatā, yā śūnyatā tad rūpaṃ.**	凡（是）色，她（是）空性；凡空性，它（是）色。
		9.	**evam eva vedanā-saṃjñā-saṃskāra-vijñānāni.**	受、想、行、識，就是如此（性空）。
		10.	**iha Śāriputra sarva-dharmāḥ śūnyatā-lakṣaṇā**	於此，舍利子！一切法（是具有）空性的特徵：
		11.	**Anutpannā aniruddhā amalāvimalā nonā na paripūrṇāḥ.**	（一切法是） 不被生、不被滅；（是）不染垢、不清淨；（是）不減損、不增長的。
3.	第三段	12.	**tasmāc chāriputra śūnyatāyā**	是故，舍利子！空中
		13.	**na rūpaṃ na vedanā na saṃjñā na saṃskārā na vijñānanaṃ.**	無色、無受、無想、無行、無識；
		14.	**na cakṣuḥ śrotra-ghrāṇa-jihvā-kāya-manāṃsi,**	無眼、耳、鼻、舌、身、意；
		15.	**na rūpa-śabda- gandha-rasa-spraṣṭavya-dharmāḥ,**	無色、聲、香、味、觸、法；
		16.	**na cakṣur-dhātur- yāvan na mano- vijñāna-dhātuḥ,**	無眼界，乃至無意識界；

首	分段	編號	林　略　梵	林　梵　漢
		17.	**na vidyā nāvidyā na vidyākṣayo nāvidyākṣayo**	（空性中） 沒有明、沒有無明、沒有明盡、沒有無明盡；
		18.	**yāvan na jarāmaraṇaṃ na jarāmaraṇakṣayo,**	乃至（在空性中）沒有老死、沒有老死盡；
		19.	**na duḥkha-samudaya-nirodha-mārgā,**	（在空性中） 沒有苦、集、滅、道；
		20.	**na jñānaṃ na prāptiḥ.**	（在空性中） 沒有智，沒有得。
4.	第四段	**21.**	**tasmād aprāptitvād**	是故，以無所得狀態之故，
		22.	**bodhisattvānāṃ prajñāpāramitām āśritya viharaty acittāvaraṇaḥ.**	依諸菩薩的般若波羅蜜多而住，（那人）沒有心的罣礙。
		23.	**cittāvaraṇa-nāstitvād atrasto**	因為沒有心的罣礙故，所以沒有恐怖，
		24.	**viparyāsātikrānto niṣṭhanirvāṇaḥ.**	遠離顛倒，達成涅槃。
		25.	**tryadhvavyavasthitāḥ sarva-buddhāḥ prajñā-pāramitām āśrityānuttarāṃ samyaksaṃbodhim abhisaṃbuddhāḥ.**	安住於三世之一切諸佛，依般若波羅蜜多故，証得阿耨多羅三藐三菩提。
5.	第五段	**26.**	**tasmāj jñātavyaṃ prajñāpāramitā mahāmantro**	是故，應知般若波羅蜜多（是）大咒、
		27.	**mahāvidyāmantro' nuttaramantro' samasamamantraḥ**	是大明咒、是無上咒、是無等等咒，
		28.	**sarvaduḥkha-praśamanaḥ,**	能使一切苦滅除，
		29.	**satyam amithyatvāt.**	由於不虛假之故，（是）真實的，
		30.	**prajñāpāramitāyāṃ ukto mantraḥ,**	於般若波羅蜜多中而說咒，
		31.	**tad yathā:**	即說咒曰：
		32.	**gate gate pāragate pāra-saṃgate bodhi svāhā.**	「揭諦 揭諦 波羅揭諦 波羅僧揭諦 菩提 娑婆訶」
		33.	**iti Prajñāpāramitā-hṛdaya-sūtraṃ samāptam.**	以上般若波羅蜜多心經圓滿。
6.	重複 1~5 首一次			
7.	重複 1~5，但無口白，僅留穆克紀教授唸誦梵本《心經》一次。			

（二）、藏文心經

首	分段	編號	林　藏　格	林　藏　漢
8. 和 17.	第一段	**1.**	**rgya gar skad du /** ***Bhagavatī- prajñā- pāramitā-hṛdaya*** **/**	以印度語（說，是）《薄伽梵母般若波羅密多心經》。
			bod skad du / ***Bcom ldan ḥdas ma śes rab kyi pha rol tu phyin paḥi sñiṅ po*** **/**	以西藏語（說，是）《佛母般若波羅密多心經》。
			bam po gcig go /	一卷。
		1-(1)	**Bcom ldan ḥdas ma śes rab kyi pha rol tu phyin pa la phyag ḥtshal lo //**	歸敬：薄伽梵母——（即）般若波羅蜜多。
		1-(2)	**1-(2-1) ḥdi skad bdag gis thos pa dus gcig na /**	1-(2-1) 在我這樣聽說的某個時候（如是我聞，一時）。
			1-(2-2) Bcom ldan ḥdas Rgyal poḥi khab na Bya rgod phuṅ poḥi ri la / dge sloṅ gi dge ḥdun chen po daṅ / byaṅ chub sems dpaḥi dge ḥdun chen po daṅ thabs cig tu bshugs te/	1-(2-2) 薄伽梵與大比丘僧眾以及大菩薩僧眾一同住於王舍城靈鷲山中。

首	分段	編號	林藏格	林藏漢
			1-(2-3) deḥi tshe Bcom ldan ḥdas zab mo snaṅ ba shes bya baḥi chos kyi rnam graṅs kyi tiṅ ṅe ḥdsin la sñoms par shugs so //	1-(2-3) 薄伽梵與大比丘僧團一同住於王舍城靈鷲山中。那時，薄伽梵平等地進入名為「顯明甚深」之法門的三昧。
		2.	yaṅ deḥi tshe Byaṅ chub sems dpaḥ sems dpaḥ chen po ḥphags pa spyan ras gzigs dbaṅ phyug	又，那時候，聖觀自在菩薩摩訶薩，
		3.	śes rab kyi pha rol tu phyin pa zab moḥi spyod pa ñid la rnam par lta shiṅ /	他詳細地觀察甚深的般若波羅蜜多之行。並且，
		4.	phuṅ po lṅa po de dag la yaṅ raṅ bshin gyis stoṅ par rnam par ltaḥo //	他也清楚地觀察到那些五蘊以自性而言是空的。
		5.	---（無）---	---（無）---
9. 和 18.	第二段	5-(1)	de nas Saṅs rgyas kyi mthus / tshe daṅ ldan pa Śā-riḥi bus Byaṅ chub sems dpaḥ sems dpaḥ chen po ḥphags pa spyan ras gzigs dbaṅ phyug la ḥdi skad ces smras so //	然後，長老舍利子藉由佛陀的力量，（舍利子）對聖觀自在菩薩摩訶薩說了（以下）「這段話」——
		5-(2)	rigs kyi buḥam / rigs kyi bu mo gaṅ la la śes rab kyi pha rol tu phyin pa zab moḥi spyod pa spyad par ḥdod pa des ji ltar bslab par bya / de skad ces smras pa daṅ /	「任何一位想要實踐甚深般若波羅蜜多行的善男子或善女人，他應該如何修學呢？」 （當長老舍利子）說完「（前述）那段話」，接著，
		5-(3)	Byaṅ chub sems dpaḥ sems dpaḥ chen po ḥphags pa spyan ras gzigs dbaṅ phyug gis tshe daṅ ldan pa Śa-ra-dva-tiḥi bu la ḥdi skad ces smras so //	聖觀自在菩薩摩訶薩就對長老舍利弗說了這（以下）「一段話」——
		5-(4)	Śā -riḥi bu rigs kyi buḥam / rigs kyi bu mo gaṅ la la śes rab kyi pha rol tu phyin pa zab moḥi spyod pa spyad par ḥdod pa des ḥdi ltar rnam par blta bar bya ste /	「舍利子呀！任何一位想要實踐甚深般若波羅蜜多行的善男子或善女人，他應該像這樣地（如下地）仔細觀察，
		5-(5)	phuṅ po lṅa po de dag kyaṅ raṅ bshin gyis stoṅ par rnam par yaṅ dag par rjes su bltaḥo //	亦即也應該詳細、正確、隨順地觀察那些五蘊是自性空的。
10. 和 19.	第三段	6.	（藏譯缺）	---（無）---
		8.	gzugs stoṅ paḥo // stoṅ pa ñid gzugs so //	「色（即）空，空性（即）色；。
		7.	gzugs las stoṅ pa ñid gshan ma yin / stoṅ pa ñid las kyaṅ gzugs gshan ma yin no //	空不異色，色不異空。
		9.	de bshin du tshor ba daṅ / ḥdu śes daṅ / ḥdu byed daṅ / rnam par śes pa rnams stoṅ paḥo //	同樣地，受和想、行、識（四者也如色一般）是空的。」
		10.	Śā-riḥi bu de lta bas na chos thams cad stoṅ pa ñid de / mtshan ñid med pa /	舍利子！因此，一切法是空性、無相，
		11.	ma skyes pa / ma ḥgags pa / dri ma med pa / dri ma daṅ bral ba med pa / bri ba med pa / gaṅ ba med paḥo //	不生、不滅、不垢、不淨、不減、不增的。
11. 和 20.	第四段	12.	Śā-riḥi bu de lta bas na stoṅ pa ñid la	舍利子！因此，在空性中——
		13.	gzugs med / tshor ba med / ḥdu śes med / ḥdu byed rnams med / rnam par śes pa med /	無色（蘊）、無想（蘊）、無諸行（蘊）、無識（蘊）。
		14.	mig med / rna ba med / sna med / lce med / lus med / yid med /	無眼（根）、無耳（根）、無鼻、無舌、無身、無意（根）、
		15.	gzugs med / sgra med / dri med / ro med / reg bya med / chos med do //	無色（塵）、無聲（塵）、無香、無味、無觸、無法（塵）。
		16.	mig gi khams med pa nas yid kyi khams med / yid kyi rnam par śes paḥi khams kyi bar du yaṅ med do //	從無眼界到無意界，乃至意識界也不存在。

首	分段	編號	林　藏　格	林　藏　漢
		17.	ma rig pa med / ma rig pa zad pa med pa nas	沒有無明，從沒有無明盡至……
		18.	rga śi med / rga śi zad paḥi bar du yaṅ med do //	沒有老死，乃至老死盡也不存在。
		19.	sdug bsṅal ba daṅ / kun ḥbyuṅ ba daṅ / ḥgog pa daṅ / lam med /	沒有苦和集、滅、道。
		20.	ye śes med / thob pa med / ma thob pa yaṅ med do //	沒有聖智，沒有得，沒有無得。
12.和21.	第五段	20-(1)	Śā-riḥi bu de lta bas na	舍利子！因此，
		21.	byaṅ chub sems dpaḥ rnams thob pa med paḥi phyir /	諸菩薩由於無所得之故，
		22.	śes rab kyi pha rol tu phyin pa la brten ciṅ gnas te / sems la sgrib pa med pas	（諸菩薩）所以（能）依止並安住於般若波羅蜜多；由於在內心沒有障蔽……。
		23.	skrag pa med de /	（由於在內心沒蓋障，因此也就）沒有恐懼；
		24.	phyin ci log las śin tu ḥdas nas mya ṅan las ḥdas paḥi mthar phyin to //	從顛倒中完全地超越之後，已到達涅槃的究竟。
		25.	dus gsum du rnam par bshugs paḥi saṅs rgyas thams cad kyaṅ / śes rab kyi pha rol tu phyin pa la brten nas / bla na med pa yaṅ dag par rdsogs paḥi byaṅ chub tu mṅon par rdsogs par saṅs rgyas so //	安住於三世當中的一切諸佛也在依止般若波羅蜜多後，於無上正確圓滿的菩提中，現前圓滿地成佛。
13.和22.	第六段	26.	de lta bas na śes rab kyi pha rol tu phyin paḥi sṅags /	因此，般若波羅蜜多咒，
		27.	rig pa chen poḥi sṅags / bla na med paḥi sṅags / mi mñam pa daṅ mñam paḥi sṅags /	就是大明咒，就是無上咒，就是無等等咒，
		28.	sdug bsṅal thams cad rab tu shi bar byed paḥi sṅags /	就是能完全止息一切苦的咒；
		29.	mi rdsun pas na bden par śes par bya ste /	由於沒有虛假，所以應當了解是真實的。
		30.	śes rab kyi pha rol tu phyin paḥi sṅags smras pa /	般若波羅蜜多咒（的內容）就說了——
		31.	ta dya tha /	即說咒曰：
		32.	ga-te ga-te pā-ra-ga-te / pā-ra-saṁ-ga-te / bo-dhi-svā-hā /	揭諦、揭諦、波羅揭諦、波羅僧揭諦、菩提娑婆訶
14.和23.	第七段	32-(1)	Śā-riḥi bu byaṅ-chub sems dpaḥ sems dpaḥ chen pos de ltar śes rab kyi pha rol tu phyin pa zab mo la bslab par byaḥo //	「舍利子！菩薩摩訶薩應該如前述一般地修學甚深般若波羅蜜多。」
		32-(2)	de nas Bcom-ldan-ḥdas tiṅ-ṅe-ḥdsin de las bsheṅs te / Byaṅ chub sems dpaḥ sems dpaḥ chen po ḥphags pa spyan ras gzigs dbaṅ phyug la legs so shes bya ba byin nas /	在（觀自在菩薩摩訶薩舍利子說了）那（段話）之後，薄伽梵從那個（名為「顯明甚深」的）三昧起身，並對聖觀自在菩薩摩訶薩給予「讚嘆」（如下）——
		32-(3)	legs so legs so //rigs kyi bu de de bshin no // rigs kyi bu de de bshin te / ji ltar khyod kyis bstan pa de bshin du śes rab kyi pha rol tu phyin pa zab mo la spyad par bya ste / de bshin gśegs pa rnams kyaṅ rjes su yi raṅ ṅo //	「善哉！善哉！彼男子(應)如此！正如應該如你(觀自在菩薩摩訶薩)所說的那樣實行甚深般若波羅蜜多（行），諸善逝也隨喜。」
		32-(4)	Bcom ldan ḥdas kyis de skad ces bkaḥ stsal nas /	薄伽梵開示了「那段話」之後，
		32-(5)	tshe daṅ ldan pa Śa- ra-dva-tiḥi bu daṅ / Byaṅ chub sems dpaḥ sems dpaḥ chen po ḥphags pa spyan ras gzigs dbaṅ phyug daṅ / thams cad daṅ ldan paḥi ḥkhor de daṅ /	長老舍利弗以及、聖觀自在菩薩摩訶薩、所有那（些與會）大眾、以及……
		32-(6)	lha daṅ / mi daṅ / lha ma yin daṅ / dri zar bcas paḥi ḥjig rten yi raṅs te /	天、人、阿修羅、乾闥婆……等的世間（皆）隨喜，並且，
		32-(7)	Bcom ldan ḥdas kyis gsuṅs pa la mṅon par bstod do //	對於薄伽梵所說的（內容）非常地讚揚。

首	分段	編號	林　藏　格	林　藏　漢
		33.	**Bcom ldan ḥdas ma śes rab kyi pha rol tu phyin paḥi sñiṅ po shes bya ba theg pa chen poḥi mdo rdsogs so //**	名為《薄伽梵母——般若波羅密多心經》的大乘經典竟。
15.	重複 8~14 首一次			
24.	重複 17~23 首一次			
16.	重複 8~14 首，無分段口白，僅留林祺安小姐唸誦藏文《心經》一次。			
25.	重複 17~23 首，無分段口白，僅留德澤仁波切唱誦的藏文《心經》一次。			

第六章

心經專題研究

〈第一篇〉

新發現智光漢譯廣本心經

本文曾發表於：《十方》17 卷 No.3，頁 41~45

所有佛經中，翻譯次數最多的當非《心經》莫屬。民國以後由於資料的易得及教育的普及，更是新譯本群出，我的一些學梵文與藏文的朋友，大概都會以翻譯《心經》作為語文能力的試金石。但至清初為止，就我所知的漢譯廣本、略本《心經》共有二十二本，茲依翻譯年代列舉如下：

經　題	廣/略	年代/西元	譯　者	附　註
摩訶般若波羅蜜咒經	?	吳 / 223	月支．支謙	闕
摩訶般若波羅蜜大明咒經	略本	姚秦 / 402（?）	龜茲．鳩摩羅什	T-8,250, P.847
般若波羅蜜多心經	略本	唐太宗 / 649	唐．玄奘	T-8,251, P.848
唐梵翻對字音般若波羅蜜多心經（觀音親授本）	略本	唐太宗 /（?）	唐．玄奘	T-8,256, P.851, 敦煌 S-2464
般若波羅蜜多（那提）經	?	唐武后 / 693	南印．菩提流志	闕
摩訶般若隨心經	?	唐武后 /（?）	于闐．實叉難陀	闕

經　　題	廣/略	年代/西元	譯　　者	附　　註
佛說般若波羅蜜多心經	略本	唐武后 / 700(?)	唐・義淨	日本大藏經
梵本般若波羅蜜多心經	略本	唐玄宗 / 723(?)	南天竺・不空	房山石經，塔下九二五九
般若波羅蜜多心經（初譯本）	廣本	唐玄宗 /（?）	東天竺・法月	日本大藏經
普遍智藏般若波羅蜜多心經（重譯本）	廣本	唐玄宗 / 732	東天竺・法月	T-8,252, P.849
般若波羅蜜多心經	廣本	唐德宗 / 790	迦畢試・般若共利言	T-8,253, P.849
般若波羅蜜多心經	廣本	唐宣宗 / 850	西域・智慧輪	T-8,254, P.850
般若波羅蜜多心經	廣本	唐宣宗 / 856(?)	西藏（?）・法成	T-8,255, P.851
梵本般若波羅蜜多心經	廣本	五代 / 1062（?）	中印・慈賢	房山石經，塔下八七一七
佛說聖佛母般若波羅蜜多經	廣本	宋太宗 / 980	西域・施護	T-8,257, P.852
梵語心經	略本	宋 /（?）	蘭溪大覺禪師帶至日本	
（大明新譯）摩訶般若波羅蜜多心經	廣本	明太祖 / 1374 ~1381	明・智光	新發現

經　　題	廣/略	年代/西元	譯　　者	附　　註
（大內譯）般若波羅蜜多心經	廣本	康熙 / 1622~1722	譯者不明	
薄伽梵母智慧到彼岸心經	廣本	清初 /（?）	西藏・貢噶呼圖克圖（比康熙本多歸敬文）	
般若波羅蜜多心經	略本	乾隆 / 1764	咒語為新譯，譯者不明	
般若波羅蜜多心經	廣本	清 /（?）	清・郭尚先書於都門	
般若波羅蜜多心經	廣本	（敦煌遺書異本）	方廣錩修訂	

以上譯本有些早已佚失，如支謙、菩提流志、及實叉難陀等譯本。有些原以為佚失，但後來在新發現的資料中被找出，如法成廣本在大英博物館的敦煌寫本裏發現；而可能與所謂觀音親授本的玄奘音譯略本（大英博物館敦煌寫本，S-2464）為同一本的不空音譯略本，及慈賢音譯略本，二者皆在房山石經發現。希望將來能有機會讓前述三本佚失的《心經》再見世人。

我計畫出版收集二百種不同版本的梵漢日英韓文等的《心經集成》，因此對歷代的《心經》譯本相當注意。從《補續高僧傳》卷一的〈智光傳〉（新版卍續藏 77, 1524, p.373a），可見到他從其師薩訶咱釋理處傳譯一部《心經》。不過目前學界似乎尚未注意到此本智光漢譯《心經》。

近代研究《心經》譯本的書籍，我覺得內容較齊全的有三本：（一）榛葉良男著《般若心經大全》（一九四〇年出版，一九七七年東京開明書院再印）；（二）福井文雅著《般若心經の歷史的研究》（一九八七年東京春秋社）；（三）方廣錩編撰《般若心經譯注集成》（一九九四年上海古籍出版社）。

此三書對歷代諸漢譯《心經》皆有詳盡的研究，但榛葉先生將不空與慈賢音譯本列入已佚失的部分。一九八二年三月《法音雜誌》第二期發表了在房山石經發現不空與慈賢兩個《心經》音譯本後，福井先生在他的著作中引用該新發現資料，且將不空的資料做了詳細研究，提出了所謂觀音親授玄奘音譯本與不空音譯本是同本的看法。在書中他只簡單提一下慈賢音譯本，但後來另撰一文「新發現慈賢譯音梵文般若波羅蜜多心經」，發表於一九八九年三月《佛教學》第 26 號。至於方先生則不但收集了多種不空譯本的寫本，也比對修訂了內容；另外還將不空與慈賢的資料全文重新編排，方便讀者閱讀。但此三書皆未曾提到智光漢譯的《心經》。

一九九八年七月，我陪同台大圖書館林光美館長與韓竹平主任去拜訪北大圖書館；九月再度前往北京，參加由中國社會科學院與中華佛學研究所為了紀念佛教傳入中國兩千年所共同舉辦的「兩岸佛學會議」，會議期間陪同聖嚴法師拜訪北大圖書館。二次拜訪中，無意間發現兩本未曾見人談論過的廣本《心經》漢譯本，其一即本文所談的智光譯本，另一為清雍正元年的版本。此雍正版本亦相當特別，滿漢蒙藏四體合璧對照，是康熙年間的譯本，並有雍正皇帝御製的序文，我將另文詳談。茲錄智光譯本全文如下：

大明新譯摩訶般若波羅蜜多心經

西天迦濕弥羅國．板的達善世禪師．薩訶咱釋理集，東土沙弥智光譯語

如是我聞：一時，佛在王舍城耆闍崛山中，與大比丘僧及大菩薩眾俱。爾時世尊為諸大眾演說甚深光明微妙法已，即入甚深三摩地定。

時觀自在菩薩摩訶薩，行深般若波羅蜜多，照見五蘊自性皆空。時，舍利子承佛威神，白觀自在菩薩言：

「若善男子、善女人於是甚深般若波羅蜜多樂欲修行，彼云何學？」

觀自在菩薩告舍利子言：

「若善男子、善女人欲行是甚深般若波羅蜜多，當如是學：所謂應觀五蘊自性皆空。云何五蘊自性皆空？色不異空，空不異色；色即是空，空即是色；受、想、行、識亦復如是。

舍利子！是諸法空相，不生、不滅；不垢、不淨；不增、不減。是故，空中無色，無受、想、行、識；無眼、耳、鼻、舌、身、意；無色、聲、香、味、觸、法；無眼界，乃至無意識界；無無明，亦無無明盡；乃至無老死，亦無老死盡；無苦、集、滅、道；無色亦無智，無得亦無無得。

是故，舍利子！以無所得故，菩提薩埵依般若波羅蜜多，心無罣礙。無罣礙故，無有恐怖，遠離顛倒，究竟涅槃。三世諸佛，依般若波羅蜜多故，得阿耨多羅三藐三菩提。

故知般若波羅蜜多是大神咒、是大明咒、是無上咒、是無等等咒，離於邪正，能除眾苦。故說般若波羅蜜多咒，即說咒曰，怛爹達：『唵！葛諦，葛諦，巴朗葛諦，巴朗僧葛諦，菩提，莎訶！』

如是，舍利子！諸菩薩摩訶薩於甚深般若波羅蜜多，當依是學。」

爾時世尊從三摩地安詳而起，讚觀自在菩薩言：「善哉！善哉！善男子！如是！如是！如汝所說，甚深般若波羅蜜多，當如是學，一切如來悉皆隨喜。」

佛說此經已，觀自在菩薩及諸大眾、天、龍、夜叉、乾闥婆、阿脩羅、伽樓羅、緊那羅、摩侯羅伽、人、非人等，聞佛所說，皆大歡喜，信受奉行。

大明新譯摩訶般若波羅蜜多心經

此本譯於明代的「廣本型」《大明新譯摩訶般若波羅蜜多心經》，經名後註有「西天迦濕弥羅國・板的達善世禪師・薩訶咱釋理集，東土沙弥智光譯語」。簡言之本經是「薩訶咱釋理禪師」集自現今「喀什米爾」地區的「原本」，由「智光」譯成「漢語」。

茲依《中華佛教百科全書》等的資料，詳細說明如下：「西天」泛指印度及附近諸國，東土指中國。「迦濕彌羅國」是印度西北的古國，位於喜馬拉雅山麓，即今之喀什米爾地方，梵文是 Kashimir，《漢書》譯作罽賓，《唐書》稱為箇失蜜或迦濕彌羅。該地位於現在的阿富汗附近，以高級羊毛聞名於世，一個名牌的仿羊毛人造纖維「卡什米龍」（Kashimilon），即取自此字。

「板的達」梵文為 paṇḍita，為有學問的、有智慧的、賢能、聖者、學者等意。「善世禪師」是明太祖賜給薩訶咱釋理的封號。

「薩訶咱釋理」（Sahajashrī）譯為具生吉祥，sahaja 是具生、先天的、遺傳的；śri 是吉祥、勝利、威德等意思。他是印度迦毗羅衛國人，在迦濕彌羅國的蘇囉薩寺出家。初學五明三藏，皆辯析精詳，但知言論非究竟之法，棄而習定於雪山十二年。後立志瞻禮東方五臺山文殊應現之所。元朝至正年中抵達甘肅，隨後被元室迎入京師吉祥法雲寺，雖有僧眾受其教化，但與元帝機語不契。明・洪武二年（1369）赴五臺山以償初志，並駐錫壽安禪林。洪武七年南下南京，太祖嘉其遠至，於奉天門召見，賜「善世禪師」號，且頒銀章，令總理天下釋教，並在鍾山建庵以為其居。

「智光」是明朝譯經師，山東武定人，俗姓王，字無隱，幼而聰慧，讀而不忘。十五歲出家，尋禮印度迦濕彌羅國・板的達薩訶咱釋哩國師，學聲明記論之旨。洪武二年（1369）遊五臺山，感文殊菩薩現相；太祖高皇帝聞其名，召至鍾山，命譯其師薩訶咱釋哩之「四眾弟子菩薩戒」，詞簡理明，眾所推服。

洪武時兩次奉詔出使西域烏斯藏諸國宣揚聖化，受當地人民之敬重，永樂時又使烏斯藏，迎尚師哈立麻，遂通番國諸經，多所譯解。歷事六朝，寵錫冠群僧，淡泊自甘，不失戒行。歸國後詔居西天寺。仁宗（1424－1425）時賜「圓融妙慧淨覺弘濟輔國光範衍教灌頂廣善大國師」。宣德十年（1435）示寂。譯有《顯密經義》及所傳《心經》、《八支了義真實名經》、《仁王護國經》、《大白傘蓋經》等。

智光所譯《心經》，依經名後所記，所依原本為西天迦濕彌羅國的版本。從現有來自不同地區的各種版本看起來，此本似乎是來自喀什米爾地區唯一的一個版本，內容應該頗值得參考。細讀其內容，可知其所據原本可能不同於其他版本，以致有幾處明顯不同之處。

茲列出智光譯本的幾個特色如下：

1. 本譯本屬廣本型式，因此有「如是我聞」的「正宗分」，及「皆大歡喜，信受奉行」的「流通分」。
2. 本譯本雖屬廣本，但其內容與略本共通的部分，卻幾乎與玄奘譯本相同，可能當時翻譯時曾參考玄奘的譯本。
3. 智光的正宗分內容譯為「大比丘僧」者，其他廣本譯本皆譯為「大比丘眾」或「大苾蒭眾」，二者有「僧」與「眾」之別。當然二者意義相同，前者為音譯，後者為意譯。
4. 智光譯文的「爾時世尊為諸大眾演說甚深光明微妙法已，即入甚深三摩地定」，與他家譯本皆不同，他似乎稱所演說之法為「甚深光明微妙法」，所入之定為「甚深三摩地定」。
5. 其他譯本在正宗分提到舍利子時，皆附有尊稱如具壽、尊者、壽命具足等，但智光本未附尊稱。
6. 智光譯本的「色空關係」經文部分與玄奘譯本一樣，只有「色不異空，空不異色；色即是空，空即是色」四個句子，不同於其他譯本如目前較通行的梵文本之有六個句子：「色者空也，空者色也；色不異空，空不異色；是色即空，是空即色。」
7. 一般譯本多為「無智，亦無得」或「無智，無得亦無無得」，而智光譯本為「無色亦無智，無得亦無無得」，多了「無色」二字。此「無色」二字在現存所有梵文略本皆未見到，但在穆勒（Max Müller）梵文廣本，及東京大學所收河口慧海教授帶回日本的梵文廣本中也有此字。

8. 「以無所得故」這一句，歷史上的註釋家大約有一半將其放在「無智亦無得」後，當前半段經文的「結尾句」；另有一半則將其當做是開啟後半段經文的「起始句」。由此譯本在本句前有「是故，舍利子！」看來，智光將它當成是後者，這點與大多數的廣本相同。

9. 玄奘譯本的「遠離顛倒、夢想」中的「夢想」，在梵文本與藏文本中皆無。夢想一詞自鳩摩羅什與玄奘譯出後，諸漢譯多半有此內容。但我查《大般若經》全文，內容有很多「夢」與「想」，可是卻未見「夢想」連用的一詞。智光本為「遠離顛倒」，無「夢想」二字，此點與目前所見所有梵文本與藏文本相同。

10. 玄奘譯本的「能除一切苦，真實不虛」，從梵文本看應為「滅除一切苦，真實不虛故」，智光本為「離於邪正，能除眾苦」。智光本多了「離於邪正」四個字，但無「真實不虛」一句。

11. 自十九世紀末學界開始注意到《心經》梵文本後，學者間就有一些爭議，一個例子如玄奘譯本中，傳統上一直被斷句為「真實不虛，故說般若波羅蜜多咒」這一段。此段依梵文本直譯應是「真實，以不虛故。於般若波羅蜜多中說咒」，所謂爭議在此指「故」是屬前句的最後一字，或屬後句的第一個字的問題。自智光本看來，他無「真實不虛」這一句，且譯為「故說般若波羅蜜多咒」，因此與傳統看法相同。

12. 怛爹達是梵文的 tat yathā，意思是「即說咒曰」。本經中同時譯出「即說咒曰」與「怛爹達」，我想是因誦原梵文咒語時常會先念「怛爹達」一詞，因此才會二者同時譯出。此外，智光本比玄奘本多了咒語常見的起始語「唵」。

13. 智光本在流通分列出了完整的天龍八部，其他譯本多半只列出阿修羅、乾闥婆及天、人等而已。

附圖：《心經》明代智光譯本

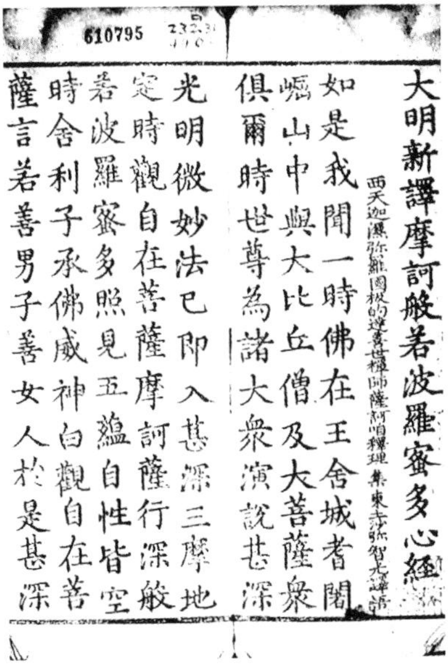

610795

大明新譯摩訶般若波羅蜜多心經

西天迦濕弥羅國板的達善世禪師薩訶咱釋理　集東寺沙弥智光譯語

如是我聞一時佛在王舍城耆闍崛山中與大比丘僧及大菩薩衆俱爾時世尊為諸大衆演說甚深光明微妙法已即入甚深三摩地定時觀自在菩薩摩訶薩行深般若波羅蜜多照見五蘊自性皆空時舍利子承佛威神白觀自在菩薩言若善男子善女人於是甚深

圖 1

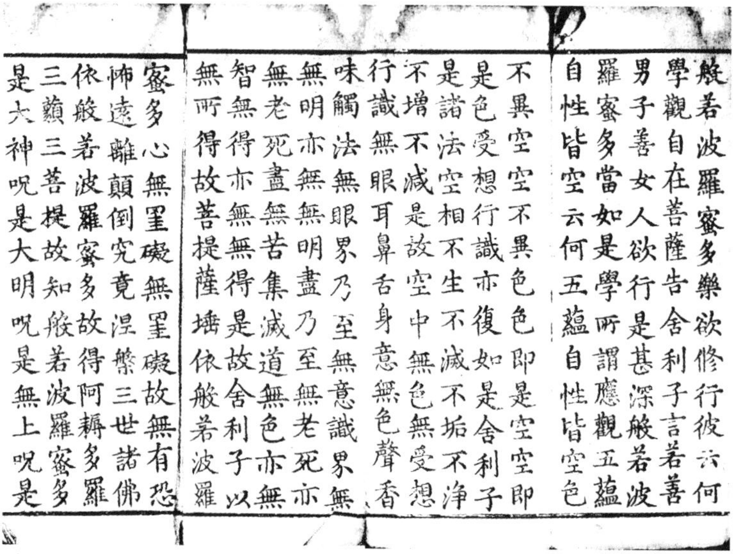

般若波羅蜜多樂欲修行彼云何
學觀自在菩薩告舍利子言若善
男子善女人欲行是甚深般若波
羅蜜多當如是學所謂應觀五蘊
自性皆空云何五蘊自性皆空色
不異空空不異色色即是空空即
是色受想行識亦復如是舍利子
是諸法空相不生不滅不垢不淨
不增不減是故空中無色無受想
行識無眼耳鼻舌身意無色聲香
味觸法無眼界乃至無意識界無
無明亦無無明盡乃至無老死亦
無老死盡無苦集滅道無色亦無
智無得亦無無得是故舍利子以
無所得故菩提薩埵依般若波羅
蜜多心無罣礙無罣礙故無有恐
怖遠離顛倒究竟涅槃三世諸佛
依般若波羅蜜多故得阿耨多羅
三藐三菩提故知般若波羅蜜多
是大神呪是大明呪是無上呪是

圖 2

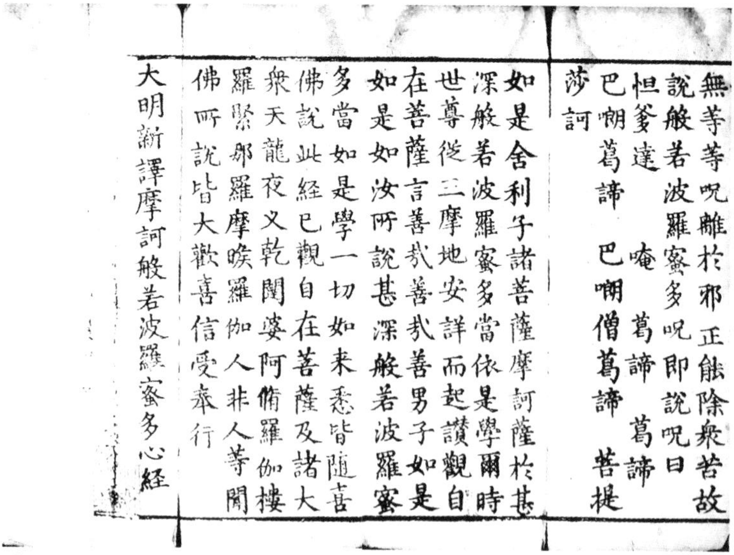

無等等呪離於邪正能除衆苦故
說般若波羅蜜多呪即說呪曰
怛爹達 唵 葛諦 葛諦
巴嘲葛諦 巴嘲僧葛諦 菩提
莎訶
如是舍利子諸菩薩摩訶薩於甚
深般若波羅蜜多當依是學爾時
世尊從三摩地安詳而起讚觀自
在菩薩言善哉善哉善男子如是
如是如汝所說甚深般若波羅蜜
多當如是學一切如來悉皆隨喜
佛說此經已觀自在菩薩及諸大
衆天龍夜叉乾闥婆阿脩羅伽樓
羅緊那羅摩睺羅伽人非人等聞
佛所說皆大歡喜信受奉行
大明新譯摩訶般若波羅蜜多心經

圖 3

〈第二篇〉

清雍正譯廣本心經

本文曾發表於《十方》17 卷 No.5，頁 29~35

傳統學界常說《心經》漢譯本共有十一本，七存三闕一疑，七存指收於《大正藏》除玄奘對字音譯本以外的七本，三闕指支謙、菩提流志及實叉難陀的譯本，一疑指義淨譯本。但就我所知，至清朝初年為止，漢譯的廣本及略本《心經》，如下所列共二十三本：

經　　題	廣/略	年代/西元	譯　　　者	附　　　註
摩訶般若波羅蜜咒經	?	吳 / 223	月支・支謙	闕
摩訶般若波羅蜜大明咒經	略本	姚秦 / 402（?）	龜茲・鳩摩羅什	T-8,250, P.847
般若波羅蜜多心經	略本	唐太宗 / 649	唐・玄奘	T-8,251, P.848
唐梵翻對字音般若波羅蜜多心經（觀音親授本）	略本	唐太宗 /（?）	唐・玄奘	T-8,256, P.851 敦煌 S-2464
般若波羅蜜多（那提）經	?	唐武后 / 693	南印・菩提流志	闕
摩訶般若隨心經	?	唐武后 /（?）	于闐・實叉難陀	闕
佛說般若波羅蜜多心經	略本	唐武后 / 700（?）	唐・義淨	日本大藏經

經　題	廣/略	年代/西元	譯　者	附　註
梵本般若波羅蜜多心經	略本	唐玄宗 / 723（?）	南天竺・不空	房山石經，塔下九二五九
般若波羅蜜多心經（初譯本）	廣本	唐玄宗 /（?）	東天竺・法月	日本大藏經
普遍智藏般若波羅蜜多心經（重譯本）	廣本	唐玄宗 / 732	東天竺・法月	T-8,252, P.849
般若波羅蜜多心經	廣本	唐德宗 / 790	迦畢試・般若共利言	T-8,253, P.849
般若波羅蜜多心經	廣本	唐宣宗 / 850	西域・智慧輪	T-8,254, P.850
般若波羅蜜多心經	廣本	唐宣宗 / 856(?)	西藏（?）・法成	T-8,255, P.851
梵本般若波羅蜜多心經	廣本	五代 / 1062（?）	中印・慈賢	房山石經，塔下八七一七
佛說聖佛母般若波羅蜜多經	廣本	宋太宗 / 980	西域・施護	T-8,257, P.852
梵語心經	略本	宋 /（?）	蘭溪大覺禪師帶至日本	
（大明新譯）摩訶般若波羅蜜多心經	廣本	明太祖 / 1374~1381	明・智光	新發現
（大內譯）般若波羅蜜多心經	廣本	康熙 / 1622~1722	譯者不明	
薄伽梵母智慧到彼岸心經	廣本	清初 /（?）	西藏・貢噶呼圖克圖	
摩訶般若波羅蜜多心經	廣本	雍正 / 1723	譯者不明	新發現

經　　題	廣/略	年代/西元	譯　　者	附　　註
般若波羅蜜多心經	略本	乾隆 / 1764	咒語為新譯，譯者不明	
般若波羅蜜多心經	廣本	清 / （？）	清·郭尚先 書於都門	
般若波羅蜜多心經	廣本	（敦煌遺書異本）	方廣錩修訂	

一九九八年七月，我陪同台大圖書館林光美館長與韓竹平主任去拜訪北大圖書館；九月再度前往北京參加由中國社會科學院與中華佛學研究所，為了紀念佛教傳入中國兩千年所共同舉辦的「兩岸佛學會議」，會議期間陪同聖嚴法師拜訪北大圖書館。二次拜訪中，無意間發現兩本未曾見人談論過的廣本《心經》漢譯本：一本為明初智光譯本，另一本為清朝雍正元年的版本。智光譯本已另文詳談（十方雜誌，一九九八年十二月號），茲錄出雍正年間譯本全文如下：

御製《摩訶般若波羅蜜多心經》序

《心經》出自西域，唐僧元（玄）奘翻譯流傳至今。按《舊唐書》〈元（玄）奘傳〉：貞觀初往遊西域，十七年歸，太宗詔將梵本六百五十七部於弘福寺翻譯，《心經》其一也，故《宋史》〈藝文志〉有元（玄）奘譯《般若波羅蜜多心經》一卷。

唐白居易蘇州重元寺法華院石壁經碑文云：「空法塵依佛智莫過於《般若波羅蜜多心經》，凡二百五十八言，即今流傳之本是矣！」

我聖祖仁皇帝得西藏舊本《心經》，凡五百五十五字，較之今本則前後敘述體製獨為完備，中間文法亦有詳畧異同，乃知此為《心經》完本，而向所流傳闕畧而未全也，惟我聖祖以天縱之聖人，躋郅隆之上治，政教修明，百度具舉，宏綱細目，靡有闕遺。而聖學淵深，窮理盡性，貫徹天人，表章易、詩、書、春秋微言大義，如日中天，即凡律、曆、算、數、子、史、百家，莫不兼收博採，究極精微，乃至二氏之書亦垂神注意。如《心經》茲本於千有餘年流傳，闕畧而不察者，必求其完備而後已。

蓋聖學之廣大，聖治之精密，胥於此可想見焉。朕夙夜勵精，仰追前烈，凡聖祖所貽一話一言，紹述恐後，茲本因聖祖曾命儒臣校勘，未付剞劂，特雕板以廣其傳，俾（俾）天下後世，知大聖人之用心，雖至纖悉，亦寓咸正無缺之意，如此云。雍正元年十二月初八日。

摩訶般若波羅蜜多心經

梵言：薄伽婆諦般若波羅蜜多吸哩達呀
華言：出有壞母智慧到彼岸心經

如是我聞：一時，薄伽梵在王舍城靈鷲山中，與大比丘眾、大菩薩眾俱。爾時，薄伽梵入觀照深妙法品三昧。

是時復有觀自在菩薩摩訶薩，觀般若波羅蜜多深妙行，照見五蘊皆自性空。於是壽命具足舍利子，承佛神力，白觀自在菩薩摩訶薩言：「善男子若有欲修般若波羅蜜多深妙行者，作何修習？」

觀自在菩薩摩訶薩告壽命具足舍利子言：

「舍利子！若有善男子、善女人樂修般若波羅蜜多深妙行者，應作是觀：應以五蘊，亦從自性空真實觀。色即是空，空即是色；色不異空，空不異色；受、想、行、識亦如是空。

舍利子！以是諸法皆空、無相，不生、不滅；無垢亦不離垢；不減、不增。

舍利子！是故空中無色，無受、想、行、識；無眼、無耳、無鼻、無舌、無身、無意；無色、無聲、無香、無味、無觸、無法；無眼界及無意界，乃至無意識界；無無明，亦無無明盡；乃至無老死，亦無老死盡；是以無苦、集、滅、道；無智，無得亦無不得。

舍利子！是故菩提薩埵以無所得故，依般若波羅蜜多，心無罣礙故。無恐怖，遠離顛倒，究竟涅槃。三世諸佛，依般若波羅蜜多故，得阿耨多羅三藐三菩提。

故知般若波羅蜜多咒是大明咒、是無上咒、是無等等咒，是除一切苦咒，真實不虛故。說般若波羅蜜多咒，怛只他:『揭諦，揭諦，波羅揭諦，波羅僧揭諦，菩提，娑訶。』舍利子！諸菩薩摩訶薩相應如是修習深妙般若波羅蜜多。」

於是薄伽梵從三昧起，告觀自在菩薩摩訶薩言：「善哉！」復云:「善哉！善哉！善男子，是乃如是，是誠如是，如汝所說深妙般若波羅蜜多，作是修習，一切如來亦應隨喜。」

薄伽梵作是語已，壽命具足舍利子、觀自在菩薩摩訶薩，暨諸眷屬，天、人、阿修羅、乾闥婆等一切世間，皆大歡喜，宣讚佛旨。

摩訶般若波羅蜜多心經終

本新譯本特色如下：

1. 一般通行的《心經》是玄奘漢譯略本，漢韓兩地通行本為 260 字，但日本通行本則為 262 字，是因「遠離『一切』顛倒夢想」中多了「一切」二字。
2. 略本《心經》可說只有「正宗分」，比廣本少了「如是我聞」的「序分」，及「皆大歡喜，信受奉行」的「流通分」。本譯本為廣本，如序中可見：「較之今本，則前後敘述體製獨為『完備』，乃知此為《心經》『完本』，而向所流傳，闕略而未全也。」
3. 一般所謂康熙譯本《心經》，共有六百八十七字，其內容與貢噶呼圖克圖譯本相同，但無歸敬文及經前的經名。本譯本序中說：「朕夙夜勵精…特雕板以廣其傳，俾天下後世」，並註明日期為雍正元年（西元 1723）十二月八日，加上經名之前有「御製」二字，可見其為雍正所製，因此我稱之為雍正年間譯本，但序言中又可見「我聖祖仁皇帝西藏舊本《心經》，凡五百五十五字」，亦可見「聖祖曾命儒臣校勘，未付剞劂」，因此譯出時間有可能是在清聖祖康熙年間，但出版於雍正年間。此部分正確情況我還在搜尋各種資料查證中。
4. 經名部分，此譯本與西藏譯經傳統相同，除了藏譯經名，還加上梵文經名，一個對比是法成譯本雖也譯自藏譯，但無梵文經名。

5. 玄奘譯本的「照見五蘊皆空」，在通行梵文本可見到奘譯無的內容「自性」，達賴喇嘛一九九七年來台提到《心經》時，也特別提到了此「自性」二字，此譯本為「照見五蘊皆自性空」。
6. 本譯本的「色空關係」與奘譯本相同，只有四句，但順序相反，奘譯為「色不異空，空不異色；色即是空，空即是色」，而本譯本為「色即是空，空即是色；色不異空，空不異色」。二者皆不同於通行梵文本的六句：「色即是空，空即是色；色不異空，空不異色，是色即空，是空即色」
7. 玄奘譯本的「受、想、行、識亦復如是」，本譯本為「受、想、行、識亦如是空」，明顯地強調了「空」。
8. 奘譯本的「是諸法空相」，本譯本是「以是諸法皆空，無相」。
9. 奘譯本的「不生、不滅；不垢，不淨；不增，不減」，本譯本為「不生，不滅；無垢亦不離垢；不減，不增」。本譯本的「無垢亦不離垢」是梵文 amalāvimala 的直譯，而「不減、不增」亦與梵文的先說「減」再說「增」順序相同。
10. 玄奘譯「無眼、耳、鼻、舌、身、意，無色、聲、香、味、觸、法」，本譯本為「無眼、無耳、無鼻、無舌、無身、無意；無色、無聲、無香、無味、無觸、無法」，前者只用了兩次無，後者用了十二次；後者的用法在其他梵文廣本也很常見。
11. 玄奘譯「無眼界乃至無意識界」，本譯本為「無眼界及無意界，乃至無意識界」，後者多了「及無意界」。此外，後者在「無苦、集、滅、道」之前，比玄奘譯多了「是以」兩字；另外在「無智、無得」之後多了「亦無不得」。

12. 「以無所得故」這一句，歷史上的註釋家大約有一半將其放在「無智亦無得」後，當前半段經文的「結尾句」；另有一半則將其當做是開啟後半段經文的「起始句」。由此譯本在本句前有「是故，舍利子！」看來，本譯本將它當成是後者，這點與大多數的廣本相同。

13. 玄奘譯本的「遠離顛倒、夢想」中的「夢想」，在梵文本與藏文本中皆無。夢想一詞自鳩摩羅什與玄奘譯出後，諸漢譯多半有此內容。但我查《大般若經》全文，內容有很多「夢」與「想」，可是卻未見「夢想」連用的一詞。本譯本為「遠離顛倒」，無「夢想」二字，此點與目前所見所有梵文本與藏文本相同。

14. 玄奘譯「以無所得故，菩提薩埵依般若波羅蜜多故，心無罣礙；無罣礙故，無有恐怖，遠離顛倒、夢想，究竟涅槃」；本譯本為「舍利子！是故菩提薩埵以無所得故，依般若波羅蜜多，心無罣礙故。無恐怖，遠離顛倒，究竟涅槃」，可見二者遣詞用字有些不同。

15. 奘譯的「菩提薩埵依般若波羅蜜多故」，但通行梵文本的直譯是「依菩提薩埵之般若波羅蜜多而住」。本譯本也主張菩提薩埵是主格，而非目前通行梵文本的屬格。

16. 玄奘譯「故知般若波羅蜜多，是大神咒、是大明咒、是無上咒、是無等等咒，能除一切苦，」本譯本為「故知般若波羅蜜多『咒』，是大明咒、是無上咒、是無等等咒，是滅除一切苦『咒』」。後者少了「大神咒」一句，但在「故知『般若波羅蜜多』」及「是滅除一切苦」二句後，各多了一個「咒」字，二者意義上有相當的差異。

17. 有些人主張《心經》是咒，原因之一就是從玄奘的譯文可看出「般若波羅蜜多，是大神「咒」，是大明「咒」，是無上「咒」，是無等等「咒」，而且它的功效是「能除一切苦」。若從本譯本看起來，本經所談的咒，名稱為「（故知）般若波羅蜜多咒」，它是「大明咒」，是「無上咒」，是「無等等咒」，也是「除一切苦咒」。

18. 自十九世紀末學界開始注意到《心經》梵文本後，學者間就有一些爭議，一個例子如玄奘譯本中，傳統上一直被斷句為「真實不虛，故說般若波羅蜜多咒」這一段。此段依梵文本直譯應是「真實，以不虛故。於般若波羅蜜多中說咒」，所謂爭議在此指「故」是屬前句的最後一字，或屬後句的第一個字的問題。自本譯本及其對應藏文本看來，本譯本是「真實不虛故」，因此與傳統看法相同。

19. 本譯本最後的結尾，是「皆大歡喜，宣讚佛旨」，與傳統漢譯經典的「皆大歡喜，信受奉行」不同。而經後經名的「摩訶般若波羅蜜多心經終」，與梵文本用法相同，「終」字是梵文 samāptam 的漢譯。

〈第三篇〉

心經譯註探微

本文曾發表於：《本地風光》雜誌 No.24，第一版

在全世界研究《心經》領域裡，我覺得近數年內最大的事件應該是一九九二年底開始的有關「《心經》是否為偽經」的論戰。此事由美國的那體慧女士（Ms. Jan Nattier）於一九九二年十一月所發表的 The Heart Sutra.：A Chinese Apocryphal Text?（《心經》：一部漢文的偽經？）一文所引發。該文的內容大意是說：《心經》原是中國人以漢文創造出來，再回翻（back translation）成梵文，而非大部分人所認知的先有梵文本再譯成漢文本。該文引起世界各地的熱烈討論，支持與反對的意見都有，在日本佛學界的反對聲浪中，最出名的應該是福井文雅教授於一九九四年十二月所著《般若心經的研究史－現今の問題點》一文。

我覺得不論是那體慧女士、福井教授或其他參與筆戰的學者，各人有各人的看法，立論也都有其根據，讀起來不只發人深省，也非常有趣。不過我最樂於見到的倒是此事件能開闊人們的胸襟與眼光，讓人知道同一部佛經竟然有這麼多不同的看法，進而培育更寬廣的角度去研讀佛經；以及由此論戰而引起更多人閱讀《心經》，乃至產生深入研究《心經》的興趣。

我手上原本就有約近百本各種梵、漢、日、英文本《心經》，為了更深一層探討雙方的論點，近年來更收集到不少版

本與資料，同時也參閱了許多中國歷代的註疏以及歐美日學者的相關新作。

有朋友建議我將讀過的資料與心得寫出來，我想了想：此舉應能對某些有心鑽研《心經》的朋友有助益，因此就根據我研讀的過程中自用的版本比對與字典資料等，著手進行了下列四本書的寫作，計畫於近期內出版。茲簡單介紹各書內容如下：

一、《心經譯本集成》[1]

本書收錄二百多本不同語文的《心經》，包括梵、漢、日、英、藏、韓、法等多種語文，以分句對照的方式，比較諸廣本與略本的各種《心經》。

有了這份資料，讀者可輕易看出各版本譯本間的差異。茲舉數例：

（一）「觀自在菩薩」一詞，另有「觀世音菩薩」（法月初譯本），以及「觀世音自在菩薩」（慧輪譯本）等不同的譯法。

（二）所有梵文廣本與略本《心經》皆無「度一切苦厄」這一句。另外在「遠離顛倒夢想」一句中，梵文本皆無「夢想」一詞。

（三）「色不異空」的色、空關係之經文，玄奘譯本是四句，但梵文本及部分其他漢譯本皆是六句。

[1] 本書後於 2000 年出版，書名作：《心經集成》。

二、《梵漢日英心經》

本書選擇了幾本我覺得值得介紹給大家的英、日新譯本《心經》，並與梵文本作對照，也收錄了我自梵文試譯的英、漢文《心經》。編輯的重點是將《心經》所用的梵文逐字列出，分析各字來源與結構，並收錄取自幾本比較有名而且常為佛學研究者使用的字典之相關資料，作成梵文的逐字英、漢文註釋。附上字典資料的用意，除了省卻讀者查閱字典的時間之外，更希望讀者能因此清楚瞭解梵文《心經》原文中每一字乃至每一句的正確原意。

茲舉二例如下：

（一）玄奘譯本的「真實不虛。故說般若波羅蜜多咒」，在梵文本是「真實不虛故。於般若波羅蜜多中說咒」。換句話說，此「故」字是接在「不虛」之後表示理由。

（二）玄奘譯本的「菩提薩埵依般若波羅蜜多故」，其梵文本直譯是「依菩提薩埵之般若波羅蜜多故」。二者有主格與屬格之差別。

我覺得這種差異看似不大，而且諸家不同的說法皆有其依據，但在細緻的義理推敲之處，應有相當不同。本書提出這些從文字本身出發的微細差異，讓有興趣的讀者自己去深入思考。

三、《心經註疏選集》

本書收集歷代漢文二十幾本以及現代英日文各一本的註疏，以玄奘漢譯本的內容為主軸，逐句依序重新編排各本註疏。這種新編排方式的嘗試，應可節省閱讀的時間，讓讀者能針對同一詞或同一句，同時看到各家不同的說法。

另外在註疏的選擇上，我盡可能將各種不同宗派的作品都收錄，譬如：法相宗、唯識宗、華嚴宗、天台宗、三論宗、禪宗、淨土宗、密宗等，並於文中一一清楚標示該註疏所屬宗派。這樣的編排方式，應有助於讓讀者瞭解各註疏之間的差異，及不同的角度，期望有助於開闊讀者的心胸去接納百家之言。

事實上我也讀過以基督教的角度、唯物論的角度，甚至從性的角度來註《心經》的論著，各種說法皆有自成一家之言的一套立論基礎，除了嘆為觀止，我能尊重各種不同意見。只可惜礙於篇幅及考慮到讀者群的問題，因此本書只能收錄我覺得不錯的一些註疏。

編輯本書的過程中，最高興的莫過於獲得印順導師親筆賜函，允許我在本書中採用他的《般若經講記》一書中有關《心經》的資料，謹藉此機會向他深深的致謝。

四、《心經研究（一）：玄奘譯本與梵文本差異試析》

有些佛經有多種不同的漢譯本，但從讓中國歷代佛教徒接受並廣為流傳的角度來看，這些譯本中往往會有一本是主流。在《金剛經》、《阿彌陀經》、《法華經》及《維摩詰經》等幾部中都可見到此現象：大部分的佛教徒皆以鳩摩羅什的譯本為主。因為羅什的譯出時間較早，而且其漢譯本高雅流暢易於誦讀，深受歡迎應屬理所當然。（雖然我仍常覺得若要研讀經義，玄奘那種忠於原意的信實譯本可能更具參考價值。）

不過《心經》譯本卻不一樣，雖然羅什譯本比玄奘譯本早譯出近二百五十年，而且二者用詞相當接近，但除了日本一些密教宗派採用羅什譯本之外，可以說中、日、韓三國的佛教徒所誦讀的《心經》皆是玄奘的譯本。(但日本有多了「一切」二字於「顛倒夢想」之前的差異。)

雖然玄奘譯經一向以忠於原文出名，但是他翻譯的《心經》與目前為大部分學者所接受的《心經》比較起來，卻有相當大的差異，讓人不禁懷疑是否玄奘所根據的梵文原本與今日所見的梵本有異。茲舉數例如下：

(一) 玄奘譯本的「照見五蘊皆空」，與梵文本中的「觀照五蘊而見其等自性皆空」，有無「自性」一詞的差異。

(二) 玄奘譯本的「能除一切苦」，與梵文本中的「滅除一切苦」，有無「能」字的差異。

(三) 玄奘譯本的「故說般若波羅蜜多咒」，與梵文本中的「於般若波羅蜜多中說咒」應有相當大的差異。差異部分之一為本經中的咒語自玄奘譯本看起來可能是一名為「般若波羅密多」之咒。

另一個值得探究的題目是：玄奘在自己譯出《心經》之前，唸誦的到底是哪一本《心經》？依據《大唐大慈恩寺三藏法師傳》的記載：玄奘生於西元六百年，約西元六二二年前後他住在四川時，從一位「身瘡臭穢、衣服破污之病人」學得《心經》。他於西元六二九年八月自長安出發赴印度，途中遇到不少困難，多次皆靠誦持《心經》來解決問題，最後才能平安抵達印度。他於西元六四五年回到長安開始譯經，在西元六四九年五月譯出《心經》，次月唐太宗駕崩。因此，玄奘在西行途中以及西元六四九年自己譯出本經之前所誦持的到底是哪一本《心經》？是梵文本或漢字音譯本或羅什譯本？這應該是個有趣也值得探討的題目。本書內有一文就是對此題目的個人淺見。

結語：

所有的佛經中最廣為世界各種人所誦持閱讀的經典絕對非《心經》莫屬，歷代有人認為他是解說大乘佛教核心般若空觀的經典，如絕大多數的中日韓佛教徒的看法就是；也有人說他是以密咒為中心的經文，如日本空海系統的真言宗佛教徒就是；而福井教授近年更在深入研究「本經的俗稱何以由《多心經》轉變至《心經》的歷程後，提出《心經》的出發點與核心皆為最後的密咒」的第三種看法。不論以哪種角度來看此經，我相信《心經》仍會繼續是無論顯密的所有佛教徒，乃至非佛教徒所最愛唸誦的佛經。

參考資料：

1. Jan Nattier, The Heart Sutra.：A Chinese Apocryphal Text？The Journal of the International Association of Buddhist Studies,Vol.15/ No.2, 1992, P.222-3。
2. 福井文雅，《般若心經之研究史－現今の問題點》，《佛教學》第 36 號，1994,p.79-99。
3. 《大唐大慈恩寺三藏法師傳》卷一，T50,No.2035,P.224b.

〈第四篇〉

梵文略本心經

本文曾發表於〈穆克紀教授恭誦：梵文略本《心經》〉單張

甲、《心經》簡介

一般常用的佛經中，最簡短、最為人熟知、也最常為人誦持的是《心經》。《心經》有略本與廣本二種，後者比前者多了開頭的序分、與結尾的流通分。

在中日韓等使用「漢字譯本心經」的地區裏，最常用的是玄奘譯的「略本心經」：中國用的是 260 字本；日本用的則是 262 字本，後者多了「一切」二字於「顛倒夢想」之前；韓國則二者都有人用。

本帶所錄《梵文心經》是林光明先生修訂本，其與近年流行最廣、也最常被人引用的，由日本中村元教授修訂的《梵文心經》之主要差異有二：一、在「無無明，亦無無明盡」那一段，中村元教授版本的梵文譯成漢文是：「無明，亦無無明；無明盡，亦無無明盡」。換句話說，此處中村元教授以為在「沒有無明（無無明）」之前，有個「沒有明（無明）」；同理在「無」「無明盡」之前，有個「無」「明盡」。二、在經後之經名那一段，前者在心（hṛdaya）之後有意思是經的 sūtraṃ 一字，而後者無。

乙、《梵文心經》與玄奘譯本之差異簡介：

目前所知的梵文《心經》，廣本有近十種、而略本約有數十種不同版本，內容大體相當接近。其與玄奘譯漢文略本《心經》之主要差異有以下幾點：

(1) 梵文廣略本前面幾乎都有「禮敬全知者」之歸敬文，玄奘漢譯本無此句。

(2) 「聖觀自在菩薩」，而非「觀自在菩薩」。

(3) 「行深般若波羅蜜多行時」，而非「行深般若波羅蜜多時」。

(4) 「觀照五蘊，而見其等自性皆空」，而非「照見五蘊皆空」。

(5) 所有現存廣本與略本梵文《心經》，皆無「度一切苦厄」這一句。

(6) 色空之關係有六句，而非四句，且順序與譯文不同：

梵文本也可譯為：「色者空也，空者色也；空不異色，色不異空；是色即空，是空即色」。

玄奘本是：「色不異空，空不異色；色即是空，空即是色。」

(7) 「不生不滅」之梵文是過去被動分詞。傳統上漢文不太區分主動被動，對學過英文而瞭解分詞用法的現代人來說，可能改譯成被動型更易瞭解。

(8) 梵本之「不欠缺，不完美」，與「不增、不減」意思稍有不同。

(9) 「是故空中無色、無受、無想、無行、無識」，而非「是故空中無色，無受、想、行、識」。

(10) 有些版本是「無明，亦無無明；無明盡，亦無無明盡」，而非「無無明，亦無無明盡」。換句話說，此處不只是指順逆十二因緣，他們認為「無明」之前有個「明」，「無明盡」之前有個「明盡」。

(11) 有些梵文版本在「無得」之後還有一句「亦無無得」。

(12) 有些略本梵文版本在「以無所得故」之前有「是故」；而在多數的廣本梵文版本裏，此句是：「是故，舍利子！以無所得故」。

由有「是故」兩字在前面來看，「以無所得故」是開啟後段經文的開始句，本修訂梵文本與漢譯皆依此看法而做分段。不過若僅自玄奘譯本來看，此句雖可解釋為開始句，但也有可能是接在「無智，亦無得」之後的結尾句；甚至是「自『空中無色』至『亦無得』」這一大段的結尾句。

(13) 「依菩提薩埵之般若波羅蜜多而住」，而非「菩提薩埵依般若波羅蜜多故」。

此二譯文有主格與屬格不同的一個大問題，各家說法不同，非在此以三言兩語所能說完，請參考林光明之《心經研究》一書中，對此段譯文的深入分析。

(14) 「遠離顛倒」，而非「中國通行本」之「遠離顛倒夢想」，或「日本通行本」之遠離「一切顛倒夢想」。

何以有此差異，請參考林光明之《心經研究》一書中的分析。同書也分析了玄奘在自己譯出《心經》之前，到底是誦持何本《心經》的問題。

據記載：玄奘生於西元 600 年，當他住在蜀（四川）的時候（大約是西元 622 年前後），自一「身瘡臭穢、衣服破污之病人」學得《心經》(一說在西行途中於益州空惠寺內，自一「有疾之僧」學得)。他於西元 629 年八月自長安出發赴印度，途中遇到不少問題，多次靠誦持《心經》解決困難，而平安抵達印度。他西元 645 年(一說 644 年)回到長安開始譯經，於西元 649 年五月譯出《心經》，次月唐太宗駕崩，西元 664 年玄奘圓寂(一說西元 661 年)。玄奘在西元 649 年之前的幾十年當中持的是那本《心經》？是個有趣也值得探討的題目。

(15)「是故，應知般若波羅蜜多」，而非「故知般若波羅蜜多」。

(16) 是「大咒」，而非「大神咒」。

(17)「滅除一切苦」，而非「能除一切苦」。嚴格說梵文中並無「能」在內，亦即無相當於同屬印歐語系之英文中的 can 或 be able to。但譯為「能除」在意義上亦通，也許也更容易瞭解。

部分廣本在「能除一切苦」之後，有「咒(mantraḥ)」一字，亦即他們認為此句意思是「般若波羅蜜多是大神咒、……是能除一切苦之咒」。

(18)「真實，以不虛故」，而非「真實不虛」。此二不同譯文牽涉很廣，也非三言兩語可說完，請參考林光明之《心經研究》一書。

(19)「於般若波羅蜜多中說咒」，而非「故說般若波羅蜜多咒」。

(20) 漢譯佛經的習慣在每部經文之前都有經名，之後有時也有經名；但傳統梵文佛經一般在經文前並無經名，只在經文後有一段文字說：「以上(或如是)某某經完結(或圓滿)。」漢譯經典常將此段之內容譯出當做經名而置於經前。

本經結尾文是「以上般若波羅蜜多心經圓滿」。但有些版本之此段為:「以上般若波羅蜜多心圓滿」,亦即在「心」字後並無「經」一字。

(21) 此段結尾文中的「心(hṛdaya)」之後有無「經(sūtraṃ)」一字,與「《心經》到底是『經』?是『咒』?甚至是『心咒』?」的問題應有相當關聯。

歷史上有人說它是「經」,有人說它是「咒」,除了顯密不同及解釋各異以外,可能與各家所根據或使用的版本不同也有相當關係。

事實上《心經》經文之有多種不同的解釋,除了版本不同外,即令在同一梵文或漢文版本中,若斷句不同,或用於斷句有逗點句點等之不同,其意義也會有相當差異。瞭解此點,對各種不同的釋經方式,大概就能以寬廣的心胸包容百家之言了。

丙、梵文《心經》及漢譯

茲錄略本梵文《心經》及其漢譯,文中之漢譯儘可能使用玄奘之漢譯文,以利讀者參考。另外為了方便對照,將漢譯與對應梵文以齊頭式上下對齊列出,但有些無法逐字對齊的,則將漢譯以無間隔方式連續打出。括弧內的漢字是幾個對應梵文之漢文意義,在同句內已譯出,列在括弧內以供參考。

Namaḥ　Sarvajñāya
禮　敬　全知者！

Āryāvalokiteśvaro bodhisattvo gaṃbhīrāyāṃ ,
聖　觀　自在　菩　薩　行深

prajñāpāramitāyāṃ caryāṃ caramāṇo
般若　波羅蜜多　行時，(　行　)

vyavalokayati sma：pañca skandhāḥ,
觀　照　五　蘊，

tāṃś　ca　svabhāva-śūnyān paśyati sma.
而見其等　自性　皆空。(　見　)

iha　Śāriputra　rūpaṃ　śūnyatā, śūnyataiva rūpaṃ.
於此，舍利子！　色者　空也，　空者　色也；

rūpān na pṛthak śūnyatā,　śūnyatāyā na pṛthag　rūpaṃ.
空　不 異色（空性），　色　不 異空　（色）；

yad　rūpaṃ sā śūnyatā, yā śūnyatā tad rūpaṃ.
是　色　即　空，　是　空　即　色。

evam eva vedanā-saṃjñā-saṃskāra- vijñānāni.
（如是）　受、　想、　行、　識，亦復如是。

iha Śāriputra　sarva-dharmāḥ śūnyatā-lakṣaṇā
於此，舍利子！　諸 法　空　相，

anutpannā aniruddhā　amalāvimalā　nonā　na paripūrṇāḥ.
不生、　不滅，　不垢、不淨，　不減、　不增。

tasmāc Chāriputra śūnyatāyāṃ
是故，舍利子！　空中

na rūpaṃ na vedanā na saṃjñā na saṃskārā na vijñānaṃ.
無 色、 無 受、 無　想、 無　行、　無 識；

na cakṣuḥ-śrotra-ghrāṇa-jihvā-kāya-manāṃsi,
無 眼、 耳、 鼻、 舌、 身、 意；

na rūpa- śabda- gandha-rasa-spraṣṭavya-dharmāḥ,
無 色、 聲、 香、 味、 觸、 法；

na cakṣur-dhātur yāvan na mano-vijñāna- dhātuḥ,
無 眼 界，乃至 無 意 識 界；

na vidyā nāvidyā na vidyākṣayo nāvidyākṣayo
無明 無無明，無 明盡 亦無無明盡，

yāvan na jarāmaraṇaṃ na jarāmaraṇakṣayo,
乃至 無 老 死、 亦無 老死盡；

na duḥkha-samudaya-nirodha-mārgā, na jñānaṃ na prāptiḥ.
無 苦、 集、 滅、 道；無 智， 亦無 得。

tasmād aprāptitvād
是故， 以無所得故，

bodhisattvānāṃ prajñāpāramitām āśritya viharaty acittāvaraṇaḥ.
依菩提薩埵 之 般若波羅蜜多（依） 而住， 心無罣礙。

cittāvaraṇa-nāstitvād atrasto
以心罣礙 無有故， 無有恐怖，

viparyāsātikrānto niṣṭhanirvāṇaḥ.
遠離顛倒， 究竟涅槃。

tryadhvavyavasthitāḥ sarva-buddhāḥ
安住於三世之 諸 佛，

prajñāpāramitām āśrityānuttarāṃ samyaksaṃbodhiṃ
abhi-saṃbuddhāḥ.
依般若波羅蜜多故，得 阿耨多羅 三藐 三 菩提。
（ 證得 ）

tasmāj　jñātavyaṃ　prajñāpāramitā　mahāmantro
是故，　應知　　般若 波羅蜜多　　是大咒、

mahāvidyāmantro　'nuttaramantro　'samasamamantraḥ,
是大　明　咒、是 無上咒、　是 無等　等　咒，

sarvaduḥkha-praśamanaḥ,
滅除一切苦，（滅 除）

satyam　amithyatvāt
真實，　以不虛故。

prajñāpāramitāyām　ukto　mantraḥ,
於般若 波羅蜜多中　說　咒，

tad yathā:
即說咒曰：

gate　gate　pāragate　pāra-saṃgate
揭諦　揭諦　波羅揭諦　波羅僧 揭諦
去吧！　去吧！　向彼岸去吧！　全向彼岸去吧！

bodhi　svāhā.
菩提　娑婆訶，
菩提！　莎訶！

iti　Prajñāpāramitā-hṛdaya-sūtraṃ　samāptam.
以上　般若波羅蜜多　心　經　圓滿。

附錄

圖1：梵文天城體自利型《心經》咒輪

圖2：梵文藏文體自利型《心經》咒輪

圖3：梵文悉曇體自利利他型《心經》咒輪

圖4：梵文悉曇體自利利他型《心經》咒輪

圖5：日本梵文名家德山暉純之梵文悉曇體《心經》咒牌

參考書目

一、經典古籍部分：

《佛說聖佛母般若波羅蜜多經》No. 257，（大正八）。
《唐梵飜對字音般若波羅蜜多心經 [燉煌出 S.700] 》No. 256，（大正八）。
《般若波羅蜜多心經》No. 251，（大正八）。
《般若波羅蜜多心經》No. 253，（大正八）。
《般若波羅蜜多心經》No. 254，（大正八）。
《般若波羅蜜多心經（燉煌石室本）》No. 255，（大正八）。
《採盈異譯心經》收於榛葉良男 1978 著《般若心經大成》，東京：開明書院
《普遍智藏般若波羅蜜多心經》No. 252，（大正八）。
《摩訶般若波羅蜜大明咒經》No. 250，（大正八）。

二、網路、影音及電子佛典部分：

CD-Rom -- CBETA-Chinese Electronic Tripitaka Series（Taisho Tripitaka），臺北：中華電子佛典協會。
CD-Rom -- A Thousand Books of Wisdom.（Release IV），New York ： The Asian Classics Input Project, 1998。
CD-Rom --《印順法師佛學著作集【學術版】》，新竹：財團法人印順文教基金會。
影音 -- 梵文略本心經，臺北：佶茂出版社。

三、工具書：

（一） 中日文工具書

山本智教

---. 1981.《インド學大事典》，東京：金花舍。

山田龍城著 許洋主譯

---. 1988.《梵語佛典導論》，臺北：世界佛學名著譯叢。

小野玄妙等編

---. 1930.《佛書解說大辭典》，東京：文麗社。

王沂暖主編

---. 1992.《佛學辭典》，西寧：青海民族出版社。

平川彰 編

---. 1997.《佛教漢梵大辭典》，東京：株式會社いんなあとりつぷ社。

平岡昇修

---. 1991.《サンスクイット・トレーニング（Sanskrit Training）II》，東京：世界聖典刊行協會。

佛光大辭典編輯委員會

---. 1988.《佛光大辭典》，高雄：佛光出版社。

赤沼智善 編

---. 1981.《印度佛教固有名詞辭典》，京都：法藏館。

張怡蓀主編

---. 1993.《藏漢大辭典》，北京：民族出版社。

林光明，林怡馨 編譯

---. 2005.《梵漢大辭典》，臺北：嘉豐出版社。

塚本善隆等編

---. 1936.《望月佛教大辭典》，東京：世界聖典刊行協會。

鈴木修次、武部良明、水上靜夫 編

---. 1992.《角川最新漢和辭典》，臺北：永大書局。

廖本聖

---. 2002.《實用西藏語文法》，臺北：法鼓文化出版社。

榊亮三郎、西尾京雄 編

---. 1985.《翻譯名義大集》，臺北：華宇出版社。

劉元孝主編

---. 1992.《永大當代日華辭典》，臺北：永大書局。

藍吉富 編

---. 1994.《中華佛教百科全書》，台南：中華佛教百科文獻基金會。

釋惠敏、釋齎因

---. 1996.《梵語初階》，臺北：法鼓文化。

（二） 西文工具書

Apte, V.S.

---. 1978. *THE PRACTICAL SANSKRIT-ENGLISH DICTIONARY*，

京都：臨川書店。

Das, S. C.

---. 1970. *A Tibetan English Dictionary*，India：Motilal Banarsidass（7rd.1995）.

Jaschke, H.R.

---. 1881. *A Tibetan -English Dictionary*，London：Lowe and Brydone Limited （6rd.1968）.

Macdonell, A. A.

---. 1901. *A Sanskrit Grammar for Students*，Oxford University，London.（3rd.1926）

Perry, E. D.

---. 1936. *A Sanskrit Primer*，India：Motilal Banarsidass（7rd.1994）.

Rockwell, Jr. John

---. 1991. *A Primer for Classical Literary Tibetan*. Volume I. The Grammar，Colorado：Samadhi Bookstore. （rpt.1992）

Shivram, Vaman Apte

---. 1970. *The Student's Sanskrit-English Dictionary*，India：Motilal Banarsidass （7rd.1993）.

Williams, Monier

---. 1988. *SANSKRIT-ENGLISH DICTIONARY*，New York：The Clarendon Press.

---. 1899. *A SANSKRIT-ENGLISH DICTIONARY*，India：Motilal Banarsidass（rpt.1956）.

四、近人研究書籍：

（一） 中文研究著作

方廣錩 編纂

---. 1994. 《般若心經譯注集成》，上海：上海古籍出版社。

林光明 編著

---. 1999. 《梵字悉曇入門》，臺北：嘉豐出版社。

---. 2000a.《心經集成》，臺北：嘉豐出版社。

---. 2000b.《認識咒語》，臺北：法鼓文化。(2001，九刷)。

---. 2000c.《簡易學梵字・基礎篇》，臺北：全佛出版社。

---. 2000d.《簡易學梵字・進階篇》，臺北：全佛出版社。

金克木

---. 1938. 《印度文化論集》，北京：中國社會科學出版社。

季羨林

---. 1982. 《印度古代語言論集》，北京：中國社會科學出版社。

---. 1995. 《季羨林佛教學術論文集》，臺北：東初出版社。

郭忠生 譯

---. 1996. 《印度與中國的早期中觀學派》，臺北：正觀出版社。

葉阿月

---. 1990. 《超越智慧的完成》，臺北：新文豐出版社。

鄭振煌 譯、達賴喇嘛 著

---. 2004. 《達賴喇嘛談心經》，臺北：圓神出版社。

藍吉富 編

---. 1995.《觀世音菩薩聖德新編》，臺北：迦陵出版社。

釋印順

---. 1973. 重版《般若經講記》，臺北：正聞出版社 （1992，修訂一版）。

---. 1973. 重版《性空學探源》，臺北：正聞出版社 （1989，九版）。

---. 1992. 六版《空之探究》，臺北：正聞出版社 （1992，六版）。

釋東初

---. 1979.《般若心經思想史》，臺北：天華出版社。

釋聖嚴

---. 1997.《心的經典——心經新釋》，臺北：法鼓文化。

（二） 外文研究著作

Conze, Edward

---. 1957. *Buddhist Wisdom Books Containing The Diamond Sutra and The Heart Sutra*，London.

---. 1967. *30 Years of Buddhist Sutra*，Oxford：Bruno Cassirer LTD.

---. 1973. *The Short Prajñāpāramitā Texts*，London：Luzac & Company LTD.

---. 1978. *The Prajnaparamita literature*，Tokyo：Reiyukai Library.

Max Müller,M. A. and Bunyiu Nanjio ,Hon. M. A., Oxon.

---. 1972. *The Ancient Palm-Leaves containing the Pragñâ-Pâramitâ- Hridaya-Sûtra and the Ushnîsha-Vigaya-Dhâranî*, Netherlands：The Edition

Oxford.

Kelsang Gyatso, Geshe
---. 1989. *Heart of wisdom：a commentary to the Heart Sutra*，London：Tharpa.

Stcherbatsky, Th.
---. 1968. *The Conception of Buddhist Nirvāṇa*，India：Motilal Banarsidass.

白石真道
---. 1988. 《白石真道佛教學論文集》，神奈川：京美出版社。

中村元・紀野一義 譯注
---. 1992. 《般若心經 金剛般若經》，東京：岩波書店。

羽田野伯猷
---. 1988. 《チベット・インド學集成》，京都：株式會社法藏館。

湧井 和
---. 2003. 《サンスクリット入門・般若心經を梵語原典で讀んみでる》，京都：明日香出版社。

福井文雅

---.　1987.《般若心經の的歷史研究》，東京：春秋社。

---.　2000.《般若心經の總合的研究》，東京：春秋社。

鈴木勇夫

---.　1980.《般若心經の研究》，名古屋：中部日本教育文化會。

榛葉良男（元水）

---.　1978.《般若心經大成》，東京：開明書院。

五、論文著作：

Nattier , Jan

---.　1992.　"The Heart Sutra: A Chinese Apocryphal Text?" , Journal of The International Association of Buddhist Studies Vol.15 : p.155-156.

白石真道

---.　1979.〈般若心經梵本の解釋について〉(《印度學佛教學研究》28卷No.1)，東京：株式會社山喜房，頁417-421。

長田徹澄

---.　1935.〈燉煌出土・東寺所藏兩梵本玄奘三藏音譯般若心經の研究〉(《密教研究》No.58，頁42-62。28卷No.1)，東京：株式會社山喜房，頁417-421。

林光明

---. 1998a.〈新發現智光漢譯廣本《心經》〉(《十方》17卷No.3)，臺北：十方禪林雜誌社，頁41-45。

---. 1998b.〈《心經》譯註探微〉(《本地風光》雜誌 No.24)，臺北：現代禪出版社，第一版。

---. 1999. 〈清雍正譯廣本《心經》〉(《十方》17卷No.5)，臺北：十方禪林雜誌社，頁29-35。

---. 2003. 〈試析　印順導師對咒語的態度〉(《第四屆印順導師思想之理論與實踐「人間佛教・薪火相傳」海峽兩岸學術研討會》)，臺北，弘誓文教基金會，頁H1-22。

萬金川

---. 2004. 〈敦煌石室《心經》音寫抄本校釋序說〉(《中華佛學學報》17)，臺北：中華佛學研究所，頁95-119。

福井文雅

---. 1983. 〈般若心經觀在中國的變遷〉(《敦煌學》6)，東京：春秋社。(《般若心經の總合的研究》，頁1-27。)

蘇南望傑

---. 2017. 〈初探藏譯佛典譯語演化——以藏文心經為中心〉，佛光：《第十一屆漢文佛典語言學國際學術研討會・會議論文集》，頁437-486。

索引

索 引 說 明

本書提供四種索引，以備檢索。分別如下：

梵文索引
中文索引
字彙條碼索引
藏文索引

◎ 以上四種索引，均未附頁碼，而以字彙條碼為準。

◎ 「字彙條碼」在檢索欄中簡稱「條碼」。

◎ 字彙條碼之詳細頁次，請參照本書之次目錄（iii-ix）內容。

◎ 梵、藏文索引均按英文順序排序，母音不分長短音均歸於短母音；此外，因梵、藏文 Ś 起頭之字數較多，故另分一欄收於 S 後。

▶ 梵文索引

梵　文	條　碼	藏　文	中　文
√lok	2-1.2.1 及 4-1.3	lta ba	觀
A			
abhi-	25-7	mṅon par	方向、上方（前置詞）
abhi-saṃbudda	25-7.	mṅon par rdsogs par saṅs rgyas	已證得、了知、正覺、現當覺
a-citta-āvaraṇas	22-5.	sems la sgrib pa med pas	（具）沒有心的罣礙的……
a-mala	11-3.1	dri ma med pa	不垢、非煩惱性
a-mithyātvāt	29-1.	mi rdsun pas na	由於不虛假之故
a-niruddhā	11-2.	ma ḥgags pa	不滅、止滅
an-utpanna	11-1.	ma skyes pa	不生、不生起
an-uttara	25-5. 27-3.1	bla na med pa	無上的
aprāptitvāt	21-1.	thob pa med paḥi phyir	以無所得之故
ārya	2-1.1	ḥphags pa	神聖的
Ārya-avalokiteśvaras	2-1.	Ḥphags pa spyan ras gzigs dbaṅ phyug	聖觀自在（菩提薩埵）

梵文	條碼	藏文	中文
a-sama-sama	27-6.1	mi mñam pa daṅ mñam pa	無與倫比、無等等
ati-	24-2.2.1	śin tu	通過、超越、甚、極（前置詞）
ati-krānta	24-2.2	śin tu ḥdas	超越的
a-trastas	23-3.	skrag pa med	無恐、無怖
avalokita	2-1.2.1	spyan ras gzigs	觀
avalokiteśvara	2-1.2	spyan ras gzigs dbaṅ phyug	觀自在
a-vidyā	17-1.1	ma rig pa	無明、煩惱
a-vimala	11-3.2	dri ma daṅ bral ba med pa	不淨
āśritya	22-3. 25-4	brten ciṅ	依……而（下一動作）……

B

bodhi	2-2.1	byaṅ chub	菩提，覺
bodhisattvas	2-2. 及 22-1.	byaṅ chub sems dpaḥ	菩提薩埵，菩薩

C

cakṣus	14-1. 及 16-1.1.	mig	眼、眼識

梵文	條碼	藏文	中文
caramāṇa	3-4.	spyod pa ñid	正在行，行
caryā	3-3.	spyod pa	加行，行

D

梵文	條碼	藏文	中文
dharma	10-2.2 及 15-6.	chos	法
dhātus	16-1.2 及 16-3.3	kham	界、部屬、部類
duḥkha	19-1.	sdug bsṅal ba	苦

E

梵文	條碼	藏文	中文
eva	6-1-3.2 及 9-1.	（yin no 省略）	如、就是
evam eva	9-1.	de bshin du	就是如此

G

梵文	條碼	藏文	中文
gaṁbhira	3-1.	zab mo	深，甚深
gandha	15-3	dri	香、芳香
gate	32-1.	ga-te	已去的、已完成的
ghrāṇa	14-3.	sna	鼻、鼻識

梵 文	條 碼	藏 文	中 文
H			
hṛdaya	1-5.	sñiṅ po	心臟、心、肝要
I			
iha	6-1.	--- (無) ---	於此、(in this world or case)
itā	1-4.1.2.1	phyin paḥi	渡對岸，到達終局，完全
iti	33-1.	shes bya ba	如是，此是，如此；言；前說
īśvara	2-1.2.2	dbaṅ phyug	自在，王，伊濕伐羅
J			
jarā	18-2.1 及 18-4.1	rga	老、老耄
jñāna	20-1.	ye śes	智，覺智
jñātavya	26-2.	--- (無) ---	應當知道
jñāya	1-1-3.2	--- (無) ---	智者
jihvā	14-4	lce	舌，味覺

梵　文	條　碼	藏　文	中　文
K			
kāya	14-5	lus	身，觸覺
kṣayas	17-2.1.2 及 18-4.2	zad pa	盡、滅盡
L			
lakṣaṇa	10-3.2	mtshan ñid	相，特徵
M			
mahā	26-3.1	---（無）---	大，強大，強
mahā-mantra	26-3.	śes rab kyi pha rol tu phyin paḥi sṅags	非常有效驗之咒文、大咒
manas	14-6 及 16-3.1	yid	意、心
mantra	26-3.2	sṅags	真言、咒
maraṇa	18-3. 及 18-4.1	śi	死、死亡
mārga	19-4.	lam	道，聖道，正道
mithyā	29-2.2	rdsun pa	邪，邪性，邪位，虛假

梵文	條碼	藏文	中文
N			
namas	1-1-2.	phyag ḥtshal ba	歸命、敬禮
nāstitvāt	23-2.	med pas	由於……不存在之故
na-unā	11-4.	bri ba med pa	不減、不減損
ni-rodha	19-3.	ḥgog pa	滅，滅度，滅壞，寂滅，寂靜
nirvāṇa	24-7.2	mya ṅan las ḥdas pa	涅槃
nis	24-7.2.1	ḥdas pa	出離的（前置詞）
niṣṭha	24-7.1	mya ṅan las ḥdas paḥi mthar	究竟的、達至的
P			
pañca	4-2.	lṅa po	五
pāra-gate	32-2.	pā-ra-ga-te	已去彼岸的、已完成事業的
pāramitā	1-4.1.2	pha rol tu	到達彼岸、到達彼岸的狀態、（德）完滿達成
pāra-saṃgate	32-3.	pā-ra-saṁ-ga-te	遍已行去彼岸的、遍超越彼岸的

梵 文	條 碼	藏 文	中 文
paripūrṇa	11-5.	gaṅ ba	增長
paśyati	4-7.	lta ba	見；觀；觀見；觀察
prajñā	1-4.1.1	śes rab	慧、智慧、知識
prajñā-pāramitā	1-4.1、22-2、25-3 及 30-1 和 33-2.	śes rab kyi pha rol tu phyin pa	般若波羅蜜多
prāpti	20-3.	thob pa	得、獲得、到達
praśamana	28-1.3	shi ba	止息的、使止息
pṛthak	7-3.	gshan	異（於）……
R			
rasa	15-4	ro	味、汁
rūpa	6-1-1.	gzugs	色
S			
saṃbodhi	25-6	yaṅ dag par rdsogs paḥi byaṅ chub	正等菩提、三菩提、正
saṃbuddha	25-7	mṅon par rdsogs par saṅs rgyas	已證悟、遍覺
saṃjñā	9-2.2 及 13-3	ḥdu śes	想、思想

梵 文	條 碼	藏 文	中 文
saṃskāra	9-2.3 及 13-3	ḥdu byed	行、有作為
sam-	19-2.1	kun	共存、完成（前置詞）
samāpta	33-2.	rdsogs	已圓滿結束
samudaya	19-2.	kun ḥbyuṅ ba	集、集合、集因
samyak	25-6.1	yaṅ dag pa	正、真實的，三藐
samyak-saṃbodhim	25-6.	yaṅ dag par rdsogs paḥi byaṅ chub tu	正等正覺、三藐三菩提
sarva	1-1-3.1 及 10-2.1	thams cad	一切、諸、所有、全部
sarva-buddhās	25-2.	saṅs rgyas thams cad	一切諸佛
sarvajñāya	1-1-3.	---（無）---	對著知一切者
sattva	2-2.2	sems dpaḥ	薩埵，有情
satya	29-1.	bden pa	真實
Skandha	4-2.	phuṅ po	蘊，聚，集合
spraṣṭavya	15-5	reg bya	觸、觸境
sūtra	1-6.	mdo	修多羅，經
svabhāva	4-6.1	raṅ bshin	自性、本性
svāhā	32-5.	svā-hā	娑婆訶、究竟、成就

Ś

梵文	條碼	藏文	中文
śabda	15-2	sgra	聲
Śāriputra	6-2. 及 12-2.	Śā-riḥi bu	舍利子
śrotra	14-2.	rna ba	耳、耳識
śūnya	4-6. 及 6-1-2.	stoṅ pa	空

T

梵文	條碼	藏文	中文
tad yathā	31-1.	ta dya tha	即說咒曰
tasmāt	12-1. 及 26-1.	de lta bas na	以是之故、 因此
trastas	23-3.2	skrag pa	恐、怖
tryadhva	25-1.1	dus gsum	三世

U

梵文	條碼	藏文	中文
udaya	19-2.2	ḥbyuṅ ba	上昇、生
ukta	30-2.	smras pa	已被說

V

梵文	條碼	藏文	中文
varaṇas	22-5.3.2	sgrib pa	翳，蓋；遮，障， 礙，障礙，罣礙

梵文	條碼	藏文	中文
vedanā	9-2.1 及 13-3	tshor ba	受、感覺
vidyā	17-1	rig pa	明、知識、覺智
viharati	22-4.	gnas pa	住
vijñāna	9-2.4 及 13-3 和 16-3.2	rnam par śes pa	識、認識
viparyāsa	24-2.1	phyin ci log	顛倒
vyavalokayati	4-1.	rnam par lta	照見、觀察
Y			
yāvat	16-2 及 18-1.	bar du	乃至

▶ 中文索引

中文	梵文	條碼	藏文
已證悟、遍覺	saṃbuddha	25-7	mṅon par rdsogs par saṅs rgyas
已證得、了知、正覺、現當覺	abhi-saṃbudda	25-7.	mṅon par rdsogs par saṅs rgyas
[四 畫]			
不生、不生起	an-utpanna	11-1.	ma skyes pa
不垢、非煩惱性	a-mala	11-3.1	dri ma med pa
不淨	a-vimala	11-3.2	dri ma daṅ bral ba med pa
不減、不減損	na-unā	11-4.	bri ba med pa
不滅、止滅	a-niruddhā	11-2.	ma ḥgags pa
五	pañca	4-2.	lṅa po
心臟、心、肝要	hṛdaya	1-5.	sñiṅ po
方向、上方（前置詞）	abhi-	25-7	mṅon par
止息的、使止息	praśamana	28-1.3	shi ba
[五 畫]			

中 文	梵 文	條 碼	藏 文
以是之故、因此	tasmāt	12-1. 及 26-1.	de lta bas na
以無所得之故	aprāptitvāt	21-1.	thob pa med paḥi phyir
出離的（前置詞）	nis	24-7.2.1	ḥdas pa
加行，行	caryā	3-3.	spyod pa
正、真實的，三藐	samyak	25-6.1	yaṅ dag pa
正在行，行	caramāṇa	3-4.	spyod pa ñid
正等正覺、三藐三菩提	samyak-saṃbodhim	25-6.	yaṅ dag par rdsogs paḥi byaṅ chub tu
正等菩提、三菩提、正	saṃbodhi	25-6	yaṅ dag par rdsogs paḥi byaṅ chub
由於……不存在之故	nāstitvāt	23-2.	med pas
由於不虛假之故	a-mithyātvāt	29-1.	mi rdsun pas na

［六 畫］

中 文	梵 文	條 碼	藏 文
共存、完成（前置詞）	sam-	19-2.1	kun
如、就是	eva	6-1-3.2 及 9-1.	（yin no 省略）

中文	梵文	條碼	藏文
如此；言；前說	iti	33-1.	shes bya ba
安住的	vyavasthita	25-1.2	rnam par bshugs pa
死、死亡	maraṇa	18-3. 及 18-4.1	śi
老、老耄	jarā	18-2.1 及 18-4.1	rga
耳、耳識	śrotra	14-2.	rna ba
自在，王，伊濕伐羅	īśvara	2-1.2.2	dbaṅ phyug
自性、本性	svabhāva	4-6.1	raṅ bshin
舌，味覺	jihvā	14-4	lce
色	rūpa	6-1-1.	gzugs
行、有作為	saṃskāra	9-2.3 及 13-3	ḥdu byed

[七 畫]

中文	梵文	條碼	藏文
住	viharati	22-4.	gnas pa
即說咒曰	tad yathā	31-1.	ta dya tha
究竟的、達至的	niṣṭha	24-7.1	mya ṅan las ḥdas paḥi mthar
見；觀；觀見；觀察	paśyati	4-7.	lta ba

中　文	梵　文	條　碼	藏　文
身，觸覺	kāya	14-5	lus

[八　畫]

中　文	梵　文	條　碼	藏　文
邪，邪性，邪位，虛假	mithyā	29-2.2	rdsun pa
依……而（下一動作）……	āśritya	22-3. 25-4	brten ciṅ
具沒有心的罣礙的……	a-citta-āvaraṇas	22-5.	sems la sgrib pa med pas
到達彼岸、到達彼岸的狀態、(德)完滿達成	pāramitā	1-4.1.2	pha rol tu
受、感覺	vedanā	9-2.1 及 13-3	tshor ba
味、汁	rasa	15-4	ro
於此、(in this world or case)	iha	6-1.	---（無）---
明、知識、覺智	vidyā	17-1	rig pa
法	dharma	10-2.2 及 15-6.	chos
空	śūnya	4-6. 及 6-1-2.	stoṅ pa

中　文	梵　文	條　碼	藏　文
舍利子	Śāriputra	6-2. 及 12-2.	Śā-riḥi bu
非常有效驗之咒文、大咒	mahā-mantra	26-3.	śes rab kyi pha rol tu phyin paḥi sṅags

[九　畫]

中　文	梵　文	條　碼	藏　文
界、部屬、部類	dhātus	16-1.2 及 16-3.3	khams
相，特徵	lakṣaṇa	10-3.2	mtshan ñid
苦	duḥkha	19-1.	sdug bsṅal ba
香、芳香	gandha	15-3	dri

[十　畫]

中　文	梵　文	條　碼	藏　文
修多羅，經	sūtra	1-6.	mdo
娑婆訶、究竟、成就	svāhā	32-5.	svā-hā
恐、怖	trastas	23-3.2	skrag pa
涅槃	nirvāṇa	24-7.2	mya ṅan las ḥdas pa
真言、咒	mantra	26-3.2	sṅags
真實	satya	29-1.	bden pa
神聖的	ārya	2-1.1	ḥphags pa

中 文	梵 文	條 碼	藏 文
般若波羅蜜多	prajñā-pāramitā	1-4.1、22-2 及 25-3 及 30-1 和 33-2.	śes rab kyi pha rol tu phyin pa

[十一畫]

得、獲得、到達	prāpti	20-3.	thob pa
深，甚深	gaṁbhira	3-1.	zab mo
異（於）……	pṛthak	7-3.	gshan
眼、眼識	cakṣus	14-1. 及 16-1.1.	mig
通過、超越、甚、極、最極（前置詞）	ati-	24-2.2.1	śin tu

[十二畫]

就是如此	evam eva	9-1.	de bshin du
智，覺智	jñāna	20-1.	ye śes
智者	jñāya	1-1-3.2	---（無）---
渡對岸，到達終局，完全	itā	1-4.1.2.1	phyin paḥi

中　文	梵　文	條　碼	藏　文
無上的	an-uttara	25-5. 27-3.1	bla na med pa
無明、煩惱	a-vidyā	17-1.1	ma rig pa
無恐、無怖	a-trastas	23-3.	skrag pa med
無與倫比、無等等	a-sama-sama	27-6.1	mi mñam pa daṅ mñam pa
菩提，覺	bodhi	2-2.1	byaṅ chub
菩提薩埵，菩薩	bodhisattvas	2-2.及 22-1.	byaṅ chub sems dpaḥ
超越的	ati-krānta	24-2.2	śin tu ḥdas
集、集合、集因	samudaya	19-2.	kun ḥbyuṅ ba

[十三畫]

中　文	梵　文	條　碼	藏　文
意、心	manas	14-6 及 16-3.1	yid
想、思想	saṃjñā	9-2.2 及 13-3	ḥdu śes
滅，滅度，滅壞，寂滅，寂靜	ni-rodha	19-3.	ḥgog pa
照見、觀察	vyavalokayati	4-1.	rnam par lta

中 文	梵 文	條 碼	藏 文
聖觀自在（菩提薩埵）	Ārya-avalokiteśvaras	2-1.	Ḥphags pa spyan ras gzigs dbaṅ phyug
道，聖道，正道	mārga	19-4.	lam
遍已行去彼岸的、遍超越彼岸的	pāra-saṃgate	32-3.	pā-ra-saṁ-ga-te
[十四畫]			
對著知一切者	sarvajñāya	1-1-3.	---（無）---
盡、滅盡	kṣayas	17-2.1.2 及 18-4.2	zad pa
鼻、鼻識	ghrāṇa	14-3.	sna
增長	paripūrṇa	11-5.	gaṅ ba
[十五畫]			
慧、智慧、知識	prajñā	1-4.1.1	śes rab
[十七畫]			
應當知道	jñātavya	26-2.	---（無）---

中 文	梵 文	條 碼	藏 文
[十八畫]			
翳，蓋；遮，障，礙，障礙，罣礙	varaṇas	22-5.3.2	sgrib pa
聲	śabda	15-2	sgra
歸命、敬禮	namas	1-1-2.	phyag ḥtshal ba
薩埵，有情	sattva	2-2.2	sems dpaḥ
[十九畫]			
識、認識	vijñāna	9-2.4 及 13-3 和 16-3.2	rnam par śes pa
顛倒	viparyāsa	24-2.1	phyin ci log
蘊，聚，集合	skandha	4-2.	phuṅ po
觸、觸境	spraṣṭavya	15-5	reg bya
[廿五畫]			
觀	√lok	2-1.2.1 及 4-1.3	lta ba
觀	avalokita	2-1.2.1	spyan ras gzigs

中 文	梵 文	條 碼	藏 文
觀自在	avalokiteśvara	2-1.2	spyan ras gzigs dbaṅ phyug

▶ 字彙條碼索引

條　碼	梵　文	藏　文	中　文
1.			
1-4.1、22-2及25-3及30-1和33-2.	prajñā-pāramitā	śes rab kyi pha rol tu phyin pa	般若波羅蜜多
1-4.1.1	prajñā	śes rab	慧、智慧、知識
1-4.1.2	pāramitā	pha rol tu	到達彼岸、到達彼岸的狀態、（德）完滿達成
1-4.1.2.1	itā	phyin paḥi	渡對岸，到達終局，完全
1-5.	hṛdaya	sñiṅ po	心臟、心、肝要
1-6.	sūtra	mdo	修多羅，經
1-1-2.	namas	phyag ḥtshal ba	歸命、敬禮
1-1-3.	sarvajñāya	---（無）---	對著知一切者
1-1-3.1及10-2.1	sarva	thams cad	一切、諸、所有、全部
1-1-3.2	jñāya	---（無）---	智者

條　碼	梵　文	藏　文	中　文
2.			
2-1.	Ārya-avalokiteśvaras	Ḥphags pa spyan ras gzigs dbaṅ phyug	聖觀自在（菩提薩埵）
2-1.1	ārya	ḥphags pa	神聖的
2-1.2	avalokiteśvara	spyan ras gzigs dbaṅ phyug	觀自在
2-1.2.1	avalokita	spyan ras gzigs	觀
2-1.2.2	īśvara	dbaṅ phyug	自在，王，伊濕伐羅
2-2.及 22-1.	bodhisattvas	byaṅ chub sems dpaḥ	菩提薩埵，菩薩
2-2.1	bodhi	byaṅ chub	菩提，覺
2-2.2	sattva	sems dpaḥ	薩埵，有情
3.			
3-1.	gaṁbhira	zab mo	深，甚深
3-3.	caryā	spyod pa	加行，行
3-4.	caramāṇa	spyod pa ñid	正在行，行

條碼	梵文	藏文	中文
4.			
4-1.	vyavalokayati	rnam par lta	照見、觀察
2-1.2.1 及 4-1.3	√lok	lta ba	觀
4-2.	pañca	lṅa po	五
4-2.	skandha	phuṅ po	蘊，聚，集合
4-6.及 6-1-2.	śūnya	stoṅ pa	空
4-6.1	svabhāva	raṅ bshin	自性、本性
4-7.	paśyati	lta ba	見；觀；觀見；觀察
6.			
6-1.	iha	---（無）---	於此、（in this world or case）
6-2.及 12-2.	Śāriputra	Śā-riḥi bu	舍利子
6-1-1.	rūpa	gzugs	色
6-1-3.2 及 9-1.	eva	（yin no 省略）	如、就是

條　碼	梵　文	藏　文	中　文
7.			
7-3.	pṛthak	gshan	異（於）……
9.			
9-1.	evam eva	de bshin du	就是如此
9-2.1 及 13-3	vedanā	tshor ba	受、感覺
9-2.2 及 13-3	saṃjñā	ḥdu śes	想、思想
9-2.3 及 13-3	saṃskāra	ḥdu byed	行、有作為
9-2.4 及 13-3 和 16-3.2	vijñāna	rnam par śes pa	識、認識
10.			
10-2.2 及 15-6.	dharma	chos	法
10-3.2	lakṣaṇa	mtshan ñid	相，特徵

條碼	梵文	藏文	中文
11.			
11-1.	an-utpanna	ma skyes pa	不生、不生起
11-2.	a-niruddhā	ma ḥgags pa	不滅、止滅
11-3.1	a-mala	dri ma med pa	不垢、非煩惱性
11-3.2	a-vimala	dri ma daṅ bral ba med pa	不淨
11-4.	na-unā	bri ba med pa	不減、不減損
11-5.	paripūrṇa	gaṅ ba	增長
12.			
12-1.及 26-1.	tasmāt	de lta bas na	以是之故、因此
14.			
14-1.及 16-1.1.	cakṣus	mig	眼、眼識
14-2.	śrotra	rna ba	耳、耳識
14-3.	ghrāṇa	sna	鼻、鼻識
14-4	jihvā	lce	舌，味覺

條　碼	梵　文	藏　文	中　文
14-5	kāya	lus	身，觸覺
14-6 及 16-3.1	manas	yid	意、心

15.

15-2	śabda	sgra	聲
15-3	gandha	dri	香、芳香
15-4	rasa	ro	味、汁
15-5	sprașțavya	reg bya	觸、觸境

16.

16-1.2 及 16-3.3	dhātus	khams	界、部屬、部類
16-2 及 18-1.	yāvat	bar du	乃至

17.

17-1	vidyā	rig pa	明、知識、覺智
17-1.1	a-vidyā	ma rig pa	無明、煩惱
17-2.1.2 及 18-4.2	kṣayas	zad pa	盡、滅盡

條碼	梵文	藏文	中文
18.			
18-2.1 及 18-4.1	jarā	rga	老、老耄
18-3. 及 18-4.1	maraṇa	śi	死、死亡
19.			
19-1.	duḥkha	sdug bsṅal ba	苦
19-2.	samudaya	kun ḥbyuṅ ba	集、集合、集因
19-2.1	sam-	kun	共存、完成（前置詞）
19-2.2	udaya	ḥbyuṅ ba	上昇、生
19-3.	ni-rodha	ḥgog pa	滅，滅度，滅壞，寂滅，寂靜
19-4.	mārga	lam	道，聖道，正道
20.			
20-1.	jñāna	ye śes	智，覺智
20-3.	prāpti	thob pa	得、獲得、到達

條　碼	梵　文	藏　文	中　文
21.			
21-1.	aprāptitvāt	thob pa med paḥi phyir	以無所得之故
22.			
22-3. 25-4	āśritya	brten ciṅ	依……而（下一動作）……
22-4.	viharati	gnas pa	住
22-5.	a-citta-āvaraṇas	sems la sgrib pa med pas	（具）沒有心的罣礙的……
22-5.3.2	varaṇas	sgrib pa	翳，蓋；遮，障，礙，障礙，罣礙
23.			
23-2.	nāstitvāt	med pas	由於……不存在之故
23-3.	a-trastas	skrag pa med	無恐、無怖
23-3.2	trastas	skrag pa	恐、怖

條碼	梵文	藏文	中文
24.			
24-2.1	viparyāsa	phyin ci log	顛倒
24-2.2	ati-krānta	śin tu ḥdas	超越的
24-2.2.1	ati-	śin tu	通過、超越、甚、極、最極（前置詞）
24-7.1	niṣṭha	mya ṅan las ḥdas paḥi mthar	究竟的、達至的
24-7.2	nirvāṇa	mya ṅan las ḥdas pa	涅槃
24-7.2.1	nis	ḥdas pa	出離的（前置詞）
25.			
25-1.1	tryadhva	dus gsum	三世
25-1.2	vyavasthita	rnam par bshugs pa	安住的
25-2.	sarva-buddhās	saṅs rgyas thams cad	一切諸佛
25-5. 27-3.1	an-uttara	bla na med pa	無上的

條　碼	梵　文	藏　文	中　文
25-6.	samyak-saṃbodhim	yaṅ dag par rdsogs paḥi byaṅ chub tu	正等正覺、三藐三菩提
25-6.1	samyak	yaṅ dag pa	正、真實的，三藐
25-6	saṃbodhi	yaṅ dag par rdsogs paḥi byaṅ chub	正等菩提、三菩提、正
25-7.	abhi-saṃbudda	mṅon par rdsogs par saṅs rgyas	已證得、了知、正覺、現當覺
25-7	abhi-	mṅon par	方向、上方（前置詞）
25-7	saṃbuddha	mṅon par rdsogs par saṅs rgyas	已證悟、遍覺
26.			
26-2.	jñātavya	---（無）---	應當知道
26-3.	mahā-mantra	śes rab kyi pha rol tu phyin paḥi sṅags	非常有效驗之咒文、大咒
26-3.1	mahā	---（無）---	大，強大，強
26-3.2	mantra	sṅags	真言、咒
27.			

條碼	梵文	藏文	中文
27-6.1	a-sama-sama	mi mñam pa daṅ mñam pa	無與倫比、無等等

28.

28-1.3	praśamana	shi ba	止息的、使止息

29.

29-1.	satya	bden pa	真實
29-1.	a-mithyātvāt	mi rdsun pas na	由於不虛假之故
29-2.2	mithyā	rdsun pa	邪，邪性，邪位，虛假

30.

30-2.	ukta	smras pa	已被說
31.			
31-1.	tad yathā	ta dya tha	即說咒曰

32.

32-1.	gate	ga-te	已去的、已完成的

條 碼	梵 文	藏 文	中 文
32-2.	pāra-gate	pā-ra-ga-te	已去彼岸的、已完成事業的
32-3.	pāra-saṃgate	pā-ra-saṁ-ga-te	遍已行去彼岸的、遍超越彼岸的
32-5.	svāhā	svā-hā	娑婆訶、究竟、成就
33.			
33-1.	iti	shes bya ba	如是，此是，如此；言；前說
33-2.	samāpta	rdsogs	已圓滿結束

▶ 藏文索引

藏　文	中　文	條　碼	梵　文
B			
bar du	乃至	16-2 及 18-1.	yāvat
bden pa	真實	29-1.	satya
bla na med pa	無上的	25-5. 27-3.1	an-uttara
bri ba med pa	不滅、不減損	11-4.	na-unā
brten ciṅ	依……而（下一動作）……	22-3. 25-4	āśritya
byaṅ chub	菩提，覺	2-2.1	bodhi
byaṅ chub sems dpaḥ	菩提薩埵，菩薩	2-2. 及 22-1.	bodhisattvas
C			
chos	法	10-2.2 及 15-6.	dharma
D			

藏　文	中　文	條　碼	梵　文
dbaṅ phyug	自在，王，伊濕伐羅	2-1.2.2	īśvara
de bshin du	就是如此	9-1.	evam eva
de lta bas na	以是之故、因此	12-1. 及 26-1.	tasmāt
dri	香、芳香	15-3	gandha
dri ma daṅ bral ba med pa	不淨	11-3.2	a-vimala
dri ma med pa	不垢、非煩惱性	11-3.1	a-mala
dus gsum	三世	25-1.1	tryadhva

G

ga-te	已去的、已完成的	32-1.	gate
gaṅ ba	增長	11-5.	paripūrṇa
gnas pa	住	22-4.	viharati
gshan	異（於）……	7-3.	pṛthak
gzugs	色	6-1-1.	rūpa

Ḥ

ḥbyuṅ ba	上昇、生	19-2.2	udaya
ḥdas pa	出離的（前置詞）	24-7.2.1	nis

藏文	中文	條碼	梵文
ḥdu byed	行、有作為	9-2.3 及 13-3	saṃskāra
ḥdu śes	想、思想	9-2.2 及 13-3	saṃjñā
ḥgog pa	滅，滅度，滅壞，寂滅，寂靜	19-3.	ni-rodha
ḥphags pa	神聖的	2-1.1	ārya
Ḥphags pa spyan ras gzigs dbaṅ phyug	聖觀自在（菩提薩埵）	2-1.	Ārya-avalokiteśvaras

K

藏文	中文	條碼	梵文
khams	界、部屬、部類	16-1.2 及 16-3.3	dhātus
kun	共存、完成（前置詞）	19-2.1	sam-
kun ḥbyuṅ ba	集、集合、集因	19-2.	samudaya

L

藏文	中文	條碼	梵文
lam	道，聖道，正道	19-4.	mārga
lce	舌，味覺	14-4	jihvā
lta ba	觀	2-1.2.1 及 4-1.3	√lok

藏　文	中　文	條　碼	梵　文
lta ba	見；觀；觀見；觀察	4-7.	paśyati
lus	身，觸覺	14-5	kāya
lṅa po	五	4-2.	pañca

M

藏　文	中　文	條　碼	梵　文
ma ḥgags pa	不滅、止滅	11-2.	a-niruddhā
ma rig pa	無明、煩惱	17-1.1	a-vidyā
ma skyes pa	不生、不生起	11-1.	an-utpanna
mdo	修多羅，經	1-6.	sūtra
med pas	由於……不存在之故	23-2.	nāstitvāt
mi mñam pa daṅ mñam pa	無與倫比、無等等	27-6.1	a-sama-sama
mi rdsun pas na	由於不虛假之故	29-1.	a-mithyātvāt
mig	眼、眼識	14-1. 及 16-1.1.	cakṣus
mṅon par	方向、上方（前置詞）	25-7	abhi-
mṅon par rdsogs par saṅs rgyas	已證得、了知、正覺、現當覺	25-7.	abhi-saṃbudda
mṅon par rdsogs par saṅs rgyas	已證悟、遍覺	25-7	saṃbuddha
mtshan ñid	相，特徵	10-3.2	lakṣaṇa

藏　文	中　文	條　碼	梵　文
mya ṅan las ḥdas pa	涅槃	24-7.2	nirvāṇa
mya ṅan las ḥdas paḥi mthar	究竟的、達至的	24-7.1	niṣṭha

P

藏　文	中　文	條　碼	梵　文
pā-ra-ga-te	已去彼岸的、已完成事業的	32-2.	pāra-gate
pā-ra-saṁ-ga-te	遍已行去彼岸的、遍超越彼岸的	32-3.	pāra-saṃgate
pha rol tu	到達彼岸、到達彼岸的狀態、（德的）完滿達成	1-4.1.2	pāramitā
phuṅ po	蘊，聚，集合	4-2.	skandha
phyag ḥtshal ba	歸命、敬禮	1-1-2.	namas
phyin ci log	顛倒	24-2.1	viparyāsa
phyin paḥi	渡對岸，到達終局，完全	1-4.1.2.1	itā

R

藏　文	中　文	條　碼	梵　文
raṅ bshin	自性、本性	4-6.1	svabhāva
rdsogs	已圓滿結束	33-2.	samāpta
rdsun pa	邪，邪性，邪位，虛假	29-2.2	mithyā

藏 文	中 文	條 碼	梵 文
reg bya	觸、觸境	15-5	sprașțavya
rga	老、老耄	18-2.1 及 18-4.1	jarā
rig pa	明、知識、覺智	17-1	vidyā
rna ba	耳、耳識	14-2.	śrotra
rnam par bshugs pa	安住的	25-1.2	vyavasthita
rnam par lta	照見、觀察	4-1.	vyavalokayati
rnam par śes pa	識、認識	9-2.4 及 13-3 和 16-3.2	vijñāna
ro	味、汁	15-4	rasa

S

藏 文	中 文	條 碼	梵 文
saṅs rgyas thams cad	一切諸佛	25-2.	sarva-buddhās
sñiṅ po	心臟、心、肝要	1-5.	hṛdaya
sdug bsṅal ba	苦	19-1.	duḥkha
sems dpaḥ	薩埵，有情	2-2.2	sattva
sems la sgrib pa med pas	（具）沒有心的罣礙的……	22-5.	a-citta-āvaraṇas
sgra	聲	15-2	śabda
sgrib pa	翳，蓋；遮，障，礙，障礙，罣礙	22-5.3.2	varaṇas

藏文	中文	條碼	梵文
shes bya ba	如是，此是，如此；言；前說	33-1.	iti
shi ba	止息的、使止息	28-1.3	praśamana
skrag pa	恐、怖	23-3.2	Trastas
skrag pa med	無恐、無怖	23-3.	a-trastas
smras pa	已被說	30-2.	ukta
sna	鼻、鼻識	14-3.	ghrāṇa
spyan ras gzigs	觀	2-1.2.1	avalokita
spyan ras gzigs dbaṅ phyug	觀自在	2-1.2	avalokiteśvara
spyod pa	加行，行	3-3.	caryā
spyod pa ñid	正在行，行	3-4.	caramāṇa
stoṅ pa	空	4-6. 及 6-1-2.	śūnya
sṅags	真言、咒	26-3.2	mantra
svā-hā	娑婆訶、究竟、成就	32-5.	svāhā

Ś

藏文	中文	條碼	梵文
Śā-riḥi bu	舍利子	6-2. 及 12-2.	Śāriputra
śes rab	慧、智慧、知識	1-4.1.1	prajñā

藏　文	中　文	條　碼	梵　文
śes rab kyi pha rol tu phyin pa	般若波羅蜜多	1-4.1、22-2 及 25-3 及 30-1 和 33-2.	prajñā-pāramitā
śes rab kyi pha rol tu phyin paḥi sṅags	非常有效驗之咒文、大咒	26-3.	mahā-mantra
śi	死、死亡	18-3. 及 18-4.1	maraṇa
śin tu	通過、超越、甚、極、最極（前置詞）	24-2.2.1	ati-
śin tu ḥdas	超越的	24-2.2	ati-krānta

T

ta dya tha	即說咒曰	31-1.	tad yathā
thams cad	一切、諸、所有、全部	1-1-3.1 及 10-2.1	sarva
thob pa	得、獲得、到達	20-3.	prāpti
thob pa med paḥi phyir	以無所得之故	21-1.	aprāptitvāt
tshor ba	受、感覺	9-2.1 及 13-3	vedanā

Y

藏 文	中 文	條 碼	梵 文
yaṅ dag pa	正、真實的，三藐	25-6.1	samyak
yaṅ dag par rdsogs paḥi byaṅ chub	正等菩提、三菩提、正	25-6	saṃbodhi
yaṅ dag par rdsogs paḥi byaṅ chub tu	正等正覺、三藐三菩提	25-6.	samyak-saṃbodhim
ye śes	智，覺智	20-1.	jñāna
yid	意、心	14-6 及 16-3.1	manas

Z

zab mo	深，甚深	3-1.	gaṁbhira
zad pa	盡、滅盡	17-2.1.2 及 18-4.2	kṣayas

梵藏漢心經對照

編　　著／林光明．林怡馨
封面設計／方麗卿
責任編輯／林怡馨
企畫選書人／賈俊國

總 編 輯／賈俊國
副總編輯／蘇士尹
編　　輯／高懿萩
行銷企畫／張莉榮．蕭羽猜

發 行 人／何飛鵬
法律顧問／元禾法律事務所王子文律師
出　　版／布克文化出版事業部
台北市中山區民生東路二段 141 號 8 樓
電話：(02)2500-7008　傳真：(02)2502-7676
Email：sbooker.service@cite.com.tw
發　行／英屬蓋曼群島商家庭傳媒股份有限公司城邦分公司
台北市中山區民生東路二段 141 號 2 樓
書虫客服服務專線：(02)2500-7718；2500-7719
24 小時傳真專線：(02)2500-1990；2500-1991
劃撥帳號：19863813；戶名：書虫股份有限公司
讀者服務信箱：service@readingclub.com.tw
香港發行所／城邦（香港）出版集團有限公司
香港灣仔駱克道 193 號東超商業中心 1 樓
電話：+852-2508-6231　　傳真：+852-2578-9337
Email：hkcite@biznetvigator.com
馬新發行所／城邦（馬新）出版集團 **Cité** (M) Sdn. Bhd.
41, Jalan Radin Anum, Bandar Baru Sri Petaling,
57000 Kuala Lumpur, Malaysia
電話：+603- 9057-8822　　傳真：+603- 9057-6622
Email：cite@cite.com.my
印　　刷／卡樂彩色製版印刷有限公司
初　　版／ 2020 年 09 月
訂　　價／ 680 元

城邦讀書花園　布克文化
www.cite.com.tw　WWW.SBOOKER.COM.TW